CW01664604

Nicolas

Un livre plein,

seul contre tous...

qui aura raison ?

[illegible]

L'imposture climatique

ou La fausse écologie

Du même auteur

La science est le défi du XXIe siècle, Plon, 2009.
La Géologie : passé, présent et avenir de la Terre, Pour la science, 2009.
Figures de proue, Plon/Fayard, 2008.
La Science et la vie, Fayard, 2008.
La Défaite en chantant (conversations avec Dominique de Montvalon), Plon, 2007.
Ma vérité sur la planète, Plon, 2007.
Un peu plus de science pour tout le monde, Fayard, 2006.
Vous avez dit matière grise ?, Plon, 2006.
Le Défi du monde, avec Denis Jeambar, Fayard, 2006.
Dictionnaire amoureux de la science, Plon, 2005.
Géologie isotopique, Belin, 2005.
Quand on sait tout, on ne prévoit rien, Fayard, 2004.
Un peu de science pour tout le monde, Fayard, 2003.
Galilée, Plon, 2002.
Changer de politique, changer la politique, Editions de l'Aube, 2002.
Histoire de la Terre, Fayard, 2001.
Les Audaces de la vérité (entretiens avec Laurent Joffrin), Robert Laffont, 2001.
Vive l'école libre !, Fayard, 2000.
Toute vérité est bonne à dire, avec Laurent Joffrin, Robert Laffont, 2000.
Dieu face à la science, Fayard, 1997.
Questions de France, Fayard, 1996.
La Défaite de Platon, Fayard, 1995.
L'Age des savoirs, Gallimard, 1993.
Ecologie des villes, écologie des champs, Fayard, 1993.
Introduction à une histoire naturelle, Fayard, 1992.
De la pierre à l'étoile, Fayard, 1992.
Economiser la planète, Fayard, 1990.
Douze clés pour la géologie (entretiens avec Emile Noël), Belin, 1987.
Les Fureurs de la Terre, Odile Jacob, 1987.
L'Ecume de la Terre, Fayard, 1983.
Introduction à la géochimie (en coll. avec G. Michard), PUF, 1973.

Claude Allègre

L'imposture climatique

ou La fausse écologie

Conversations avec Dominique de Montvalon

Dessins d'Alain Bouldouyre

PLON
www.plon.fr

© Plon, 2010
ISBN : 978-2-259-20985-4

Prologue

Voici une histoire unique, improbable, fantastique et pourtant bien réelle.

Une histoire qui, nous l'espérons, ne se reproduira jamais

Comment un commando d'hommes – les uns scientifiques, les autres politiques – a-t-il pu utiliser tous les rouages de notre société moderne – mondialisée, médiatisée, « internetisée » à outrance – pour mobiliser la Planète autour d'un mythe sans fondement ?

Comment 112 chefs d'Etat ont-ils pu se réunir d'urgence à Copenhague pour se pencher gravement – avec, à la clé, débats, disputes, compromis, conciliabules, tractations, pétitions et, finalement, désunion – sur un enjeu virtuel : le climat de la Terre dans un siècle ?

Comment a-t-on pu mobiliser autour d'un modèle informatique prédisant un réchauffement climatique de deux degré dans un siècle – la belle affaire ! – le gratin d'une planète qui vient déjà d'essuyer les dégâts, dans le domaine bancaire, d'un autre monde virtuel informatique ?

Alors qu'une partie du monde s'enfonce dans la crise, que le chômage atteint des niveaux inégalés, que tant de jeunes choisissent le suicide par peur du lendemain, on s'empoigne autour d'une théorie aussi incertaine qu'inutile. On croit rêver.

Au travers d'un dialogue entre un scientifique acquis depuis toujours à la nécessité de promouvoir une meilleure harmonie entre l'Homme et « sa » planète et un journaliste inquiet de l'affaiblissement d'un système médiatique miné par l'uniformisation et le culte du sensationnel – un système médiatique pourtant plus que jamais indispensable à l'équilibre de nos sociétés –, nous voulons vous faire découvrir les coulisses de cette incroyable dérive. Car telle est, hélas, la réalité : l'ambition des hommes, le patriotisme d'une discipline, l'appât de l'argent et de la notoriété, la démarche chaotique d'organismes internationaux, la naïveté ou le pseudo-mysticisme de quelques politiques de haut rang ont amené le monde aux frontières de l'absurde.

Cette histoire abracadabrantesque, la voici, de l'intérieur.

D'abord, les enjeux. On affirme, à longueur de journaux télévisés, que la Terre serait menacée par un réchauffement climatique – une espèce de canicule généralisée – qui, demain, détruirait la planète. Un réchauffement dont l'homme – c'est-à-dire nous tous – serait « le » responsable ou – pardon ! – l'irresponsable. Mais, d'un autre côté, depuis trois hivers, tout le monde patauge dans la neige, le froid, parfois la glace. Et nous ne sommes pas les seuls : les Américains comme les Chinois sont logés à la même enseigne. Alors, que se passe-t-il ? Les climatologues nous auraient-ils affolés à tort ?

Nous répondons dans les chapitres 2 et 3 en vous demandant un peu d'attention, et en faisant confiance à votre bon sens et votre intelligence : voici les faits.

Depuis longtemps, quelques-uns – dont l'un des auteurs, qui en a payé le prix tant il a été, à cause de cela, calomnié – disent leur scepticisme face à la « vérité officielle ». Le chapitre 4 décrit le paysage de la Résistance. Résistance à quoi ? Résistance face au « consensus », résistance face à une opinion majoritaire, résistance face à ce qui a été trop longtemps vendu comme une « évidence ». Dans ce pays, il n'est jamais aisé de prendre l'opinion dominante à rebrousse-poil, encore moins d'avoir raison trop tôt. Qui sont ces hommes qui ont osé dire non ?

Le chapitre 5 fait revivre l'histoire de cette « idée » du « réchauffement climatique ». D'où sort-elle, cette idée ? Comment a-t-elle pu émerger, se propager et s'imposer jusqu'à cet extraordinaire sommet de Copenhague ? Voici ceux qui ont joué, dans cette aventure, un rôle essentiel. Certains d'entre eux sont connus parce qu'ils ont eu d'importantes responsabilités politiques : l'Américain Al Gore, les Britanniques Margaret Thatcher et Tony Blair, le Suédois Olof Palme. En fait, vous connaissez leur côté pile : nous vous faisons découvrir le côté face. D'autres sont des inconnus. Ils ont pourtant énormément compté, et pesé. Ils s'appellent Maurice Strong, James Hansen, John Houghton, Mickael Mann ou encore Phil Jones. A quoi correspond la montée en puissance, à travers le monde, des mouvements écologistes ? Clairement, depuis l'effondrement du marxisme et le recul des religions, ils remplissent, jusqu'à la griserie, le vide idéologique. De leur côté, profitant de ce vide, quelques technocrates de l'ONU n'ont pas hésité à manipuler l'opinion mondiale comme les chefs d'Etat… avec succès.

Si le chapitre 6 est peut-être le plus délicat, c'est qu'il tente de répondre à cette troublante question : si la théorie du *global warming* est un mythe, comment ce mythe a-t-il pu s'imposer à l'échelle planétaire ? On y verra comment l'idéalisme naïf et une forme de mysticisme – avec la séculaire culpabilité de l'homme – ont servi de relais à l'affairisme, à l'ambition politique mais aussi, à la faveur d'un douteux mélange entre science et politique, au retour de la tentation néocoloniale dans le « peuple blanc ». C'est là une autre interprétation du cinglant échec de Copenhague. Car ce sommet était bel et bien – de façon camouflée, en tout cas non assumée – une tentative pour préserver la suprématie occidentale sur une planète qui change, qui bouge, qui n'aura plus demain les mêmes chefs ni les mêmes repères.

Mais pas question de céder à la désespérance . nous croyons en l'Homme, à sa capacité à corriger ses erreurs, à s'adapter, à inventer, à innover, bref à faire des problèmes qui se posent à la planète de vrais leviers pour un nouveau développement de l'Humanité. Tel est le sens du chapitre 7. Convaincus de la nécessité – et de la possibilité – d'une renaissance où l'écologie, la vraie, tiendra toute sa place, nous en esquissons les chemins. Ce sont ceux de l'espoir.

C. A.
D. d. M.

Chapitre 1
La triple imposture

« L'Homme est de glace aux vérités.
Il est de feu aux mensonges. »

La Fontaine

Dominique de Montvalon. – Notre planète est-elle menacée d'un réchauffement climatique qui, non content de bousculer nos modes de vie et nos habitudes, pourrait à terme, à écouter certains, mettre en cause purement et simplement notre survie collective ? Annoncé, orchestré, salué par avance, le désormais « historique » sommet de Copenhague devait, pensait-on, nous aider à y voir clair. Patatras : il s'est soldé en décembre dernier à Copenhague (Danemark) par un « flop » magistral, au lieu du triomphe programmé et des éclaircissements attendus. Mis en échec, certains des tenants de la thèse – car, en l'état, c'en est une – du réchauffement climatique en sont venus, par amertume, à mettre en cause la « démocratie » : on aurait eu tort de vouloir donner la parole à tout le monde. Il aurait fallu la laisser aux seuls experts, aux hommes qui savent. Vous qui dénoncez ce que vous appelez « L'imposture climatique », comment avez-vous vécu ce fiasco ? Indirectement, comme une « victoire » personnelle ?

Claude Allègre. – Pas le moins du monde, détrompez-vous !… Certes, j'avais prévu et écrit que Copenhague serait un échec, mais cet échec, je ne le souhaitais pas pour autant. Outre qu'aucun homme responsable ne peut applaudir – même s'il a tout fait pour mettre en garde, et l'éviter – l'échec d'un sommet planétaire, les dégagements de CO_2 qui acidifient l'océan, et pourraient à terme perturber le climat, me préoccupent. Cela dit, je crois, en l'état, que, aux teneurs actuelles, l'influence majeure du CO_2 sur le climat n'est pas démontrée, et qu'elle est même douteuse. Je crois surtout qu'outre la préservation de l'océan, le fait de réduire l'usage des combustibles fossiles – surtout le pétrole – pour ne pas épuiser trop vite nos réserves mondiales, c'est la bonne stratégie. Mais on s'y est mal pris, et non sans arrière-pensées…

Il reste que Copenhague a été un échec ou, pour les plus indulgents, une énorme déception, compte tenu des attentes créées…

Je crains qu'avoir mis cette conférence sous la bannière du climat sonne la fin de ce type de show mondial. Après l'échec de Kyoto, l'échec de Copenhague dix ans plus tard est un signal grave et probablement définitif. Pour ne rien arranger, je suis convaincu que, d'ici cinq ans, toutes les prédictions climatiques fondées sur les modèles informatiques apparaîtront comme fausses et qu'une nouvelle fois on mettra en accusation la science.

Comment aurait-il fallu s'y prendre pour obtenir un accord à Copenhague ?

Ne pas présenter la réduction des émissions du CO_2 comme des sanctions ou des interdictions pour ralentir le développement – surtout des pays du Sud – mais, au contraire, comme des opportunités pour promouvoir un nouveau modèle de développement. La logique des interdictions, des quotas et des allocations carbone est rétrograde, néocolonialiste et, on l'a vu, inefficace. Cet alarmisme climatique sur une prétendue augmentation de 2 °C ou 3 °C dans un siècle – qu'on pourrait éviter en réduisant les émissions de CO_2 – a tout mis sens dessus dessous. Les écologistes tempêtent mais, dans leurs rangs, les ultras se frottent les mains. Ils ont atteint leur but, à peine caché : faire la démonstration de l'inaptitude des dirigeants politiques, puis dénoncer la société dans laquelle on vit (et qu'ils veulent détruire) et, chemin faisant, la mondialisation (qu'ils combattent).

Le spectacle de Copenhague – par moments affligeant, parfois très révélateur – n'a-t-il pas été dominé, au fond, par un affrontement entre le Nord et le Sud de la planète ?

C'est, très exactement, un échec pour le Nord dans sa volonté de contrôler le développement du Sud. Lorsqu'on entend dire que la Chine n'a pas le droit de se développer comme nous-mêmes l'avons fait, qu'elle doit inventer un nouveau modèle de développement, les Chinois répondent : « C'est notre problème. Vous n'aviez qu'à éviter d'épuiser et de polluer la planète… » Lorsque Jean-Louis Borloo propose à l'Afrique un plan de développement reposant sur des sources d'énergie nouvelles, les Africains lui répondent : « Ces sources d'énergie sont plus chères et moins efficaces que les sources classiques. C'est à nous, et à nous seuls, de choisir notre mode de développement. » S'agissant de l'Afrique, les discours d'Obama et de Sarkozy étaient, sur le fond, identiques. Ils disaient : « Prenez votre destin en main, développez-vous. » A contre-courant de cet état d'esprit, la démarche de Borloo s'est soldée, comme c'était prévisible, par un échec.

C'est un « classique », une vieille ambition des pays riches…

Certes, mais cette ambition a été longtemps masquée, au nom des impératifs écologiques planétaires, par le flou qui entourait la guerre mondiale anti-CO_2. On disait aux pays du Sud : « Attention, nous sommes tous concernés, on va endommager la planète ! » Le second échec de Copenhague est celui de la technostructure internationale onusienne, qui prétend gouverner le monde par-delà les procédures démocratiques. Pourquoi un petit groupe autoproclamé, avec l'onction de l'ONU, aurait-il le droit de dire au monde la « vérité » scientifique, et ce qu'il doit faire au nom d'une science incertaine et d'une stratégie de communication que j'estime malhonnête car privée de débats libres ?

Pourquoi dites-vous « malhonnête » ?

Elle est malhonnête parce qu'elle a cherché à faire peur – et elle y est parvenue – en extrapolant de façon non scientifique des prévisions dites « scientifiques ». Et le tout sans laisser la parole aux scientifiques qui ne pensaient pas comme eux, en leur coupant les crédits, en les empêchant de publier leurs idées, en les empêchant d'avoir accès aux données, puis en les calomniant, afin de propager peur et fausses vérités… dont certaines sont grotesques.

Vous songez à ceux qu'on a appelés les « réfugiés climatiques » ?

Je songe à tous les excès. A l'attribution des typhons au CO_2 ou à la montée du niveau de la mer censée tout submerger en quelques années, etc. Lorsque le Premier ministre d'une île du Pacifique – Tuvalu, je crois – demande une aide internationale parce que son île est inondée par la montée du niveau de l'océan, je crois qu'on dépasse les limites du bon sens. Si les îles du Pacifique s'enfoncent un tout petit peu, ce n'est pas que le niveau de l'océan les submerge – il monte de 2 millimètres par an –, c'est à cause du phénomène bien connu des guyots, que nous analyserons. Pareillement, lorsqu'on me dit que les paysans des mangroves du Bangladesh sont menacés par une migration des tigres à cause des émissions de CO_2, on se moque du monde ! Pour parachever le tout, que lit-on dans *Le Monde* ? Qu'il ne faudrait plus manger du bœuf parce que c'est mauvais pour... le climat. Trop, c'est trop !

Le climat serait devenu, à vous suivre, quasiment un prétexte pour réclamer des subventions ?

Des subventions contre la promesse de non-développement !... Avec la peur planétaire, on espérait que tout le monde, d'une certaine façon, y trouverait son compte. La suite a prouvé que non.

Si Copenhague a été un échec, n'est-ce pas aussi parce que, depuis quelque temps – pas très longtemps –, le doute s'est insinué dans les esprits, pas seulement dans la communauté scientifique mais aussi dans la classe politique ? Est-on assuré, se demandent certains, que les équipes du GIEC disent vrai ? Le *climategate* semble avoir encouragé et renforcé ceux qui, pour des raisons multiples et pas toujours convergentes, ne voulaient pas d'un accord sur le réchauffement...

Pourtant, pour les Etats-Unis et l'Europe, la volonté de réduire de 20 % les émissions de CO_2 en 2050 était un objectif certes ambitieux, mais pas totalement hors de portée. Pour la Chine et l'Inde, il était plus difficile de fixer des chiffres, et donc il ne fallait pas le faire. Mais, encore une fois, l'approche répressive – avec les bons carbones à polluer, et une multiplicité d'interdictions –, ce n'est pas la bonne formule. Ce qui doit primer, c'est l'innovation et le développement de nouvelles sources d'énergie bon marché. C'est en proposant de partager l'innovation avec les pays du tiers-monde qu'on peut sortir de l'enlisement de Copenhague. Réduire les émissions de CO_2 de 20 % pour les pays industrialisés, cela ne veut pas dire revenir en arrière : cela veut dire se doter – à la place – de sources d'énergie nouvelles.

Que mettez-vous derrière l'expression « écologie positive » que vous employez si souvent, vous qui fustigez, à longueur d'interventions, les avocats de la décroissance, des restrictions, de la frugalité et, pour y parvenir, des interdictions et des taxes ?

Nous y viendrons ! En attendant, ce qui me sidère, c'est l'oubli du simple bon sens par tant d'experts et de politiques. On a délibéré à Copenhague sur un éventuel réchauffement de la planète de deux degrés, alors qu'une tempête de neige s'abattait sur l'Europe et les Etats-Unis, et qu'en bien des régions, il faisait soudain un froid polaire. Qui en a fait la remarque ? Quel journaliste ? Mais il y a le mythe – celui du « réchauffement climatique » – et ce mythe est intouchable. Tant pis pour la réalité ! Nous vivons désormais dans le cybermonde, dans la planète numérique et, dans cette planète-là, le fantasme supplante souvent le réel, trop banal ! Cela dit, je mets en garde les grands prêtres de ce cybermonde : se rendent-ils compte que les citoyens commencent à être fatigués par ce catastrophisme répétitif, par ces alarmes successives – le futur sera dramatique –, alors qu'ils vivent au quotidien tant de difficultés, tant d'épreuves ? On les invite à lutter contre un possible et supposé inquiétant réchauffement climatique : en attendant, ils meurent de froid et ils sont au chômage. On dépense des sommes mirobolantes pour alerter les chefs d'Etat africains sur un danger éventuel alors que, chez eux, la misère et la désespérance ne cessent de s'amplifier. Les gens en ont assez d'une écologie de posture : ils sont d'accord pour introduire l'écologie dans les préoccupations politiques, mais voudraient que cela ait des résultats concrets et positifs, qu'on s'occupe davantage d'eux et de leurs problèmes d'aujourd'hui. Pas du climat dans un siècle !

N'êtes-vous pas trop sévère ? Vous dites vous-même que le réchauffement de la planète, avec les dangers qui lui sont liés, ne peut être exclu !

Il faut être prêt, c'est sûr, à toutes les éventualités, réchauffement comme refroidissement. Mais en changeant de logique, de philosophie. Il faut dire que le changement climatique est réel et, quel qu'il soit, demain, qu'il faudra s'y adapter. Mais on ne sait pas ce qu'il sera ni si les causes en sont naturelles ou humaines. Depuis 10 000 ans, l'homme fait la démonstration qu'il sait s'adapter à des changements climatiques qui n'ont jamais cessé. Décider que le CO_2 est le seul et unique responsable et qu'il suffirait de réduire ses émissions pour tout résoudre, c'est, pour le moins, mettre tous ses œufs dans le même panier. Il faut une attitude plus pragmatique, plurielle, en diversifiant les précautions.

Longtemps, vous avez été seul en France – ou presque – à dénoncer la thèse du réchauffement climatique causé par l'homme. Même si, depuis peu, un nombre croissant d'experts partagent votre combat…

Ce n'est pas un « combat » contre une thèse. C'est un doute scientifique. Mon combat, c'est contre l'extrémisme sous toutes ses formes, contre l'alarmisme, la peur, le totalitarisme vert, contre les excès de toutes origines. Mon combat, c'est celui du bon sens et de la mesure.

En fait de réchauffement climatique, l'hiver 2008-2009 aura été, il est vrai, très froid et, dès le début, l'hiver 2009-2010, vous l'avez dit, n'a pas crédibilisé l'idée d'un réchauffement de la planète…

Depuis dix ans – et pas seulement ces derniers mois – le climat ne donne guère raison aux prévisions alarmistes des experts du GIEC[1]. L'hiver 2008-2009 a été, comme le précédent, froid en France, au Canada, en Sibérie. Les stations de sports d'hiver ont enregistré une excellente saison et, alors que certains augures annonçaient il y a peu, avec des mines apitoyées, la prochaine disparition des sports d'hiver, on a su très vite cette année que la saison 2009-2010 allait être, elle aussi, excellente. Même si on ne prend en compte que les indices fournis par les climatologues officiels, la situation n'évolue donc pas comme certains s'obstinent à le dire. La température moyenne de l'océan n'augmente pas depuis 2003. Depuis dix ans, la température moyenne du globe a désormais tendance à décroître. Et lorsque l'on voit en plein été, comme cela s'est passé en 2008, des éléphants patauger dans la neige au Kenya, beaucoup de gens de bonne foi s'interrogent : cela fait un peu désordre comme indice du réchauffement ! Il faut que le GIEC se décide à tenir compte des faits observés et si les modèles ne « collent » pas avec la réalité, le GIEC doit avoir l'honnêteté de l'admettre.

Vous avez le GIEC en ligne de mire !

Je m'intéresse à lui – on le verra – car il a joué et joue encore un rôle clé. Mais, en l'occurrence, je lis aussi les journaux. Qu'a annoncé *Le Monde* en première page le 21 octobre 2009 ? Que la température va peut-être diminuer pendant vingt ou trente ans !

1. Groupe d'experts intergouvernemental sur l'évolution du climat. Il a été créé en 1988 sous l'égide de deux organisations de l'ONU : le programme des Nations unies pour l'environnement (PNUE) et l'OMM (Organisation météorologique mondiale). Il se compose de trois groupes. G I : aspects scientifiques ; G II : impacts d'un changement climatique ; G III : conséquences socio-économiques. Il a produit quatre rapports : 1990, 1996, 2001, 2007. Une synthèse de ces rapports comprend une analyse de 1000 pages, un résumé de 100 pages et un résumé pour décideurs de 20 pages. Les scientifiques n'y sont majoritaires que dans le groupe I.

Il est aussi écrit que « le climat va se refroidir, ce qui prouve bien que ça se réchauffe »...

Le propos est, pour le moins, singulier. Qu'apprend-on, en fait, ce jour-là dans *Le Monde* ? Un membre éminent du noyau dur du GIEC, Mojiv Latif, qui dirige une équipe de modélisateurs localisée à Kiel en Allemagne, a fait une conférence. Il a d'abord dit : « Les observations ne correspondent pas aux modèles. Il faut donc modifier les modèles. » Il s'agit, de sa part, d'une attitude honnête et même courageuse. Puis il a ajouté · « D'après mon nouveau modèle, le globe va se refroidir pendant vingt ou trente ans. » Prédiction très intéressante fondée sur un modèle d'analyse du climat dans lequel, c'est le fait important, l'océan est pleinement intégré. Or cette prédiction rejoint celle des spécialistes du Soleil, et notamment d'un groupe d'astronomes hollandais[1] : sur la base des cycles solaires, ils affirment, eux aussi, qu'il va y avoir un refroidissement.

Sont-ils jugés sérieux ?

Depuis trois ans, leurs prédictions fondées sur l'abondance des taches solaires se sont vérifiées

Vous devez tenir cela pour une reconnaissance spectaculaire de votre propre combat ?

Laissez de côté le mot « combat » ! De plus, je ne cherche aucune gloire scientifique dans ce domaine. Je note simplement que ces nouvelles prédictions sont en totale contradiction avec les modèles du GIEC, dont je ne cesse de dénoncer l'imposture liée à la sous-estimation grave des incertitudes. Et pourtant on nous en rebat les oreilles

1. C. de Jager, S. Duhan, « Episodes of relative global warming », *Journal of Atmospheric and Solar-Terrestrial Physics*, vol. 71, 2009, pp. 194-198.

depuis dix ans ! Pour autant, je ne m'emballe pas : je suis, en effet, très méfiant vis-à-vis de toutes les prédictions climatiques, quelles qu'elles soient ! Fondamentalement, je crois que le climat est imprédictible. Il faut l'observer, l'extrapoler un peu, s'adapter progressivement.

Mais vous admettez tout de même qu'il y a un changement climatique !

Bien sûr, mais cela relève de l'observation, pas de spéculations théoriques ! Les contrastes climatiques – extrême sècheresse-pluies diluviennes, par exemple – semblent se multiplier. Il y a un changement climatique, comme il n'a pas cessé d'y en avoir tout au long de l'histoire géologique. Je persiste : on ne connaît pas les causes exactes de ce changement et, en l'état actuel des choses, on ne peut en prévoir exactement l'évolution, ni intervenir efficacement pour l'infléchir !

Vous ne niez pas que les teneurs en gaz carbonique augmentent dans l'atmosphère depuis l'ère industrielle ?

Bien sûr que je l'admets !... C'est un fait d'observation. C'est une évidence. Ce sont mes collègues géochimistes, Hans Suess et Charles Keeling, qui l'ont démontré. Permettez-moi d'ajouter que je suis leurs travaux depuis 1965 alors que les météorologistes – rebaptisés entre-temps climatologues – n'y attachaient, à l'époque, qu'une importance secondaire[1].

Admettez-vous aussi que cette augmentation du CO_2 est due aux activités humaines ?

Bien sûr !... C'est établi par diverses observations géochimiques, notamment sur le carbone 14. Et j'affirme en

1. Bien qu'un colloque organisé à Wick (Suède) en août 1974 sur la modélisation ait parlé du rôle possible du carbone sur le climat avec un modèle présenté par Manabe.

comprendre sans doute mieux que certains climatologues les tenants et les aboutissants.

Croyez-vous aussi au phénomène physique de l'effet de serre causé par le CO_2 ?

Là encore, ma réponse est oui. Mais attention aux déductions que certains font à partir de ce constat, compte tenu des faibles teneurs en CO_2 dans l'atmosphère terrestre !

Les déductions en question, tout le monde les connaît : si le CO_2 augmente et puisque le CO_2 est un gaz à effet de serre, la température du globe, forcément, augmente, et la cause centrale en est l'activité humaine…

Vous avez bien résumé le raisonnement simpliste des tenants de la thèse du GIEC. Il a une énorme vertu pédagogique : il est simple à dire et, en apparence, à comprendre. Il paraît tomber comme un syllogisme.

A l'appui de leur analyse, les experts du GIEC, dans leurs interventions publiques, citent à l'envi l'exemple de la planète Vénus. Pour les non-spécialistes, c'est impressionnant.

Parlons-en de Vénus !… La teneur en CO_2 dans l'atmosphère de Vénus est de 80 %, et la température qui règne à la surface est de 450 °C. C'est une fournaise !

Une fournaise créée par l'effet de serre du CO_2 ?

Bien sûr !… Seulement la question est de savoir si cet exemple spectaculaire a un rapport quelconque avec la situation terrestre. Or la réponse ne souffre aucune discussion : aucune. La teneur en CO_2 de l'atmosphère terrestre est de 0,038 %, soit 2 000 fois moins que sur

Vénus. Quel peut être le rôle exact de ce CO_2 terrestre sur la température d'un système aussi complexe que l'atmosphère terrestre dans laquelle le premier gaz à effet de serre est la vapeur d'eau, vingt fois plus abondante que le CO_2 ? A mon avis, nul n'en sait rien.

Donc, à vous suivre – car c'est cela l'enjeu – l'homme n'est pas « coupable » ?

N'allons pas trop vite en besogne ! Bien sur que l'homme pollue l'atmosphère et lui impose beaucoup de « cochonneries », notamment dans les villes, mais quelles sont celles qui agissent sur le climat ? La vapeur d'eau est un gaz à effet de serre beaucoup plus efficace sur terre que le CO_2. L'activité agricole et l'arrosage qui favorisent l'évaporation contribuent-ils au changement climatique ? En l'état de nos connaissances, je réponds : peut-être. Car beaucoup de paramètres entrent en jeu : quel est le rôle quantitatif des plantes vertes qui absorbent le CO_2 pour fabriquer de la matière vivante par photosynthèse ou encore celui de l'océan, cet immense réservoir de CO_2, d'eau et de chaleur ? Quel est le rôle des nuages ? Une étude parue dans la revue *Science* suggère que l'augmentation de la température dans l'hémisphère nord de 1970 à 2000 est peut-être due à l'élimination des poussières de charbon dans l'atmosphère, ce qui a facilité l'ensoleillement. L'augmentation n'aurait donc rien à voir avec le CO_2[1]. Une autre étude a porté sur l'absorption de CO_2 par la forêt africaine…

Et que prouve cette étude ?

Elle montre que cette absorption par la forêt augmente en même temps que la teneur dans l'atmosphère. Une

1. K. S. Law, A. Stohl, « Arctic Air Pollution, Origins and Impacts », *Science*, vol. 315, mars 2007, pp. 1537-1540 ; M. Mishchenko *et al.*, « Long-Term Satellite Record Reveals Likely Recent Aerosol Trend » *Science* vol 315, mars 2007, p. 1543.

observation fondamentale, car on pourrait penser que l'absorption de CO_2 par les plantes joue le rôle d'un régulateur naturel du CO_2. On sait, en effet, qu'au cours des temps géologiques les teneurs en CO_2 de l'atmosphère ont varié : elles ont été beaucoup plus importantes au crétacé (il y a 100 millions d'années) qu'aujourd'hui et, depuis, ces teneurs ont décru. Il y a donc bien un mécanisme naturel qui régule les teneurs en CO_2 de l'atmosphère. S'agit-il des plantes vertes ? Est-ce l'océan ? Comme le dit l'excellent journaliste météo Laurent Cabrol : « Et si la nature s'en sortait toute seule[1] ? » J'insiste, et je suis extrêmement sérieux : ces phénomènes sont très, très complexes. Einstein le disait : pour comprendre la nature – en apparence si complexe – il faut trouver des explications simples, mais pas simplistes. Les exemples historiques de fausses vérités scientifiques, hélas, abondent.

Vous voulez parler de la rotation de la Terre autour du Soleil, de Galilée…

Entre autres. Mais arrêtons-nous sur cet exemple-là. L'évidence, dont chacun peut aujourd'hui vérifier la « véracité » (*sourire de Claude Allègre*), c'est qu'on « voit » le Soleil apparaître à l'est, être au plus haut à midi et disparaître à l'ouest. On « voit » donc le Soleil tourner autour de la Terre. A l'époque de Galilée, un argument scientifique s'ajoutait à cela : les éphémérides, c'est-à-dire les tables qui permettent de prévoir la position des astres dans le ciel – position calculée par Ptolémée en posant pour principe que le Soleil tournait autour de la Terre –, étaient meilleures et plus précises que celles qu'avait calculées Copernic avec l'idée inverse. Bon sens

1. L. Cabrol, *Climat, et si la terre s'en sortait toute seule ?*, Le Cherche-Midi, 2008.

et observations méthodiques allaient, en apparence, dans le même sens. On comprend pourquoi il était difficile, même aux lettrés, d'admettre l'inverse.

Votre conviction n'est-elle pas qu'avec le dossier du réchauffement climatique la planète est en train de vivre une nouvelle affaire Galilée ?

Si vous voulez suggérer que je suis dans le rôle de Galilée – un scientifique que je connais bien puisque je lui ai même consacré un livre[1] –, c'est non. Si vous voulez dire qu'on cherche à imposer une vérité officielle au forceps, c'est oui.

On utilise contre vous l'argument d'autorité. Vous le connaissez : « Pour qui se prend Allègre ? Le GIEC comprend 2 500 scientifiques. Pourquoi aurait-il raison seul contre tous ? »

Deux réponses à cela. La première, c'est que la science n'est pas une question de démocratie, pas une question de majorité. Comme le dit notre grand mathématicien Alain Connes : « On n'a jamais démontré un théorème par un vote. » Un progrès scientifique se fait généralement contre l'avis moyen de la communauté. Sinon, ce n'est pas une découverte. Si, dans ma vie scientifique, j'ai pu apporter un certain nombre d'idées qui sont aujourd'hui intégrées dans le savoir, c'est en m'opposant chaque fois au consensus ambiant de mes collègues. En 1970, nous étions trois en France à défendre la tectonique des plaques contre… 5 000 adversaires ! L'acceptation d'une idée scientifique se fait toujours au bout d'un délai plus ou moins long. Pour une théorie comme la relativité

1. *Galilée*, Plon, coll. « Si j'avais défendu », 2002.

restreinte, qui pourtant se démontre mathématiquement, il aura fallu trente ans ! Pour la dérive des continents de Wegener, il aura fallu cinquante ans ! Dans ce cadre, le consensus présenté comme un argument est suspect.

Mais vous dites aussi que vous n'êtes pas si seul que cela !

Effectivement, je ne suis ni seul ni même le premier à contester le point de vue du GIEC. Simplement, pendant longtemps, les voix des opposants aux thèses officielles ont été étouffées. Dans mon cas – compte tenu de ce que je suis, donc de mon indépendance –, la « majorité climatique » n'a pas eu les moyens de m'empêcher de m'exprimer. D'ailleurs, Nicolas Hulot l'a dit nettement : « Claude Allègre est une personne honorable. Il nous gêne parce qu'il défend une thèse différente des nôtres et qu'il a une certaine influence. Il écrit dans les journaux, il a accès aux médias… »

Un parallèle me tente, même s'il a évidemment ses limites : « Allègre, pensez ce que vous voulez, mais taisez-vous. » N'est-ce pas ce que le cardinal Robert Bellarmin disait déjà à Galilée en 1615 ? Car votre « thèse », c'est qu'il y a dans cette affaire de réchauffement climatique, comme au temps de Galilée, une « vérité officielle »…

Ce n'est pas une thèse, c'est avéré. Il y a une vérité imposée avec des méthodes dignes des régimes totalitaires. Sinon, comment comprendre la violence des attaques dont j'ai été l'objet dans la presse, alors que mon seul tort était – et reste – de mettre en doute une affirmation scientifique ? Le doute méthodique, n'est-ce pas un illustre français – René Descartes – qui l'a inventé ? Doit-on en France être condamné pour cela ?

A ce degré-là, ces attaques vont ont surpris, vous qui y êtes pourtant habitué ?

Elles m'ont paru disproportionnées. La violence est, pour tous les scientifiques, inacceptable. Mais ce qui l'est peut-être le plus, c'est la tentative d'imposer une vérité officielle, comme en URSS du temps de Lyssenko. Je ne parle pas aujourd'hui à la légère d'« imposture climatique ». Chaque fois que des esprits indépendants et ayant une formation scientifique solide – qu'ils soient physicien, géophysicien, ingénieur ou même climatologue – ont examiné le dossier du « réchauffement climatique », ils ont soit émis des doutes, soit réfuté les thèses alarmistes du GIEC. Tous ont souligné l'énorme marge d'incertitudes qu'il fallait associer aux résultats, et aussi un certain nombre d'erreurs techniques. Chaque fois ils ont été immédiatement et violemment attaqués, calomniés, injuriés par les « grands prêtres du réchauffement » sans que ces derniers argumentent. Il faudra se demander pourquoi car cette posture est, à ma connaissance, unique dans la science moderne. En général, en science, on débat en échangeant des arguments contradictoires et, en général, la science y gagne. Ici, pas de débats : « Circulez, il n'y a rien à voir ! Le GIEC a établi la vérité. Il y a un consensus. Vous n'avez qu'à l'admettre. Un point, c'est tout. » Pour trouver des situations équivalentes, il faut remonter au Moyen Age ou décrypter le phénomène au regard de ce qu'ont été les systèmes totalitaires. Refuser le débat, c'est sortir de la science ! C'est pourtant ce que l'on fait depuis dix ans.

Pourquoi ? Parce qu'il y a interférence entre science et politique ?

Oui, sans doute, mais c'est plus compliqué que cela. Je soutiens que la tendance profonde de l'écologie politique est d'être totalitaire.

A votre tour d'être carrément violent !

Je n'invente rien. Je cite strictement Nicolas Hulot[1] : « Les bons sentiments ne suffisent plus. C'est désolant, mais nous devons aller vers le coercitif. » Et cette déclaration n'est pas unique[2]. C'est Daniel Cohn-Bendit en personne, dans une interview à *Marianne*, qui a mis en garde contre cette dérive[3] ! « Attention, a-t-il lancé, l'écologie pourrait devenir totalitaire. » Pourquoi, à de trop rares exceptions près, la classe politico-médiatique a-t-elle été – passez-moi le mot – « contaminée » par la théorie du réchauffement climatique qui prévoit une augmentation de la température de 2 °C en un siècle ? C'est une vraie question. A-t-on, par exemple, mesuré le ridicule de la bande-annonce qu'a choisie, pour son livre, Yann Arthus Bertrand : « Deux degrés de trop » ? Entre le jour et la nuit, il y a 10 degrés de différence. Entre le pôle et l'équateur, plus de 100 degrés. La température a augmenté à Paris de 3 °C depuis le début du XXe siècle, et qui s'en est aperçu ? Cette contagion de la peur – au nom d'une menace hypothétique – est, pour notre société, un signe inquiétant[4].

Expliquez-nous, détaillez-nous vos réserves et critiques vis-à-vis de la position du GIEC...

Je le ferai le plus pédagogiquement possible afin que chacun puisse trancher. A l'origine, je n'étais pas un spécialiste du climat, mais je suis devenu un connaisseur. La polémique où l'on m'a entraîné m'a obligé à lire les articles originaux, à discuter avec les divers scientifiques impliqués dans

1. *La Voix du Nord*, 21 octobre 2007.
2. Faisant la promotion de son film, il a déclaré : « Les choses vont changer, de gré ou de force », *Métro*, 6 octobre 2009.
3. *Marianne*, 3-9 octobre 2009
4. Les figures p. 52 et 56 vous éclaireront mieux qu un long discours.

ces recherches, à réfléchir aussi. Comme je suis un familier des systèmes naturels complexes, de l'élaboration des modèles des phénomènes naturels et du traitement des données d'observation, je crois être à même de me faire une bonne idée du sujet, d'en situer les enjeux et de mesurer les incertitudes scientifiques. Et aussi, excusez-moi, de juger du niveau scientifique de ceux qui travaillent sur le dossier !

Mais, admettez-le, on s'achemine aujourd'hui – enfin, pourrait-on dire – vers une approche plus équilibrée. L'écologie dénonciatrice est en train de reculer. La taxe carbone a été en France très, très mal reçue. Le film-catastrophe de Nicolas Hulot n'a eu aucun succès. Pour beaucoup de citoyens, dirait-on, la « pensée unique scientifique » ou présumée telle, ça suffit…

Si cela se confirme, ce sera une véritable victoire qui justifiera le combat de ceux qui se sont battus contre cette pensée unique. Car les conséquences en seront immenses. On se préoccupera enfin des vrais problèmes. Je dis bien les « vrais » problèmes : l'eau, l'énergie, l'océan, la nourriture pour les 2 milliards de nouveaux humains à venir Il faut imaginer et construire de nouvelles voitures, de nouveaux bateaux, demain de nouveaux avions, imaginer des centrales nucléaires de quatrième génération qui ne génèrent pas de déchets dangereux et consomment mieux l'uranium, développer des plantes génétiquement modifiées (ou mieux sélectionnées) qui résistent à l'eau saumâtre, qui consomment peu d'eau et n'ont plus besoin ni de pesticides, ni d'engrais. Et je peux continuer. C'est non pas un, mais cinq ou dix changements technologiques majeurs qui sont devant nous et, comme chaque fois qu'il y a eu dans le passé de grandes transitions technologiques, c'est une période de croissance économique extraordinaire qui s'annonce. Si, du moins, nous, Européens (car en Amérique et en Asie, c'est lancé !), nous savons saisir notre chance !…

En vous écoutant, je me pose une question : cette « mode » – appelons-la comme cela – du réchauffement climatique n'est-elle pas à l'origine de cette prise de conscience citoyenne que vous voulez exploiter pour amorcer la croissance verte ? Dit autrement : vos adversaires en matière d'interprétation scientifique ne sont-ils pas finalement vos meilleurs alliés sur le plan politique ?

Historiquement, c'est incontestable, ce sont les partis verts qui ont fait prendre conscience au monde politique de l'urgence des questions environnementales. Dont acte. Pour ce qui est de l'alarmisme climatique, c'est autre chose. Je me suis posé – avec effroi, je l'avoue – la question : ce que vous exprimez est, en effet, exactement le point de vue de beaucoup de mes collègues américains qui ne croient pas un mot des prédictions du GIEC, mais considèrent que son action et celle de son porte-voix, l'ancien vice-président Al Gore, sont finalement... bénéfiques pour l'Amérique. Avec des analyses fausses, avec des méthodes discutables, avec des raccourcis et des généralisations, les hommes du GIEC ont réveillé, disent-ils, la conscience d'une Amérique engourdie dans le confort, le dollar, les bonus et le productivisme.

Et si c'était vrai ?

Pour moi, cette idée – qui est peut-être sociologiquement et politiquement exacte en Amérique – est terrible, car elle valide l'idée qu'une imposture scientifique pourrait être utile, et que l'alarmisme serait la seule méthode efficace pour défendre des idées. C'est la négation de ce en quoi je crois depuis toujours. En tout cas, si c'est peut-être vrai en Amérique, ce n'est pas vrai en Europe. D'ailleurs, il faut voir comment l'Amérique réagit : non pas en arrêtant le progrès mais, au contraire, comme l'explique excellemment Dominique Nora[1], en développant de nouvelles technologies pour résoudre les problèmes. En Amérique, personne ne parle de « décroissance » ni, comme Hulot le fait, de la mort programmée de notre type de société !

Cette philosophie « américaine », c'est, au fond, la vôtre !

Bien sûr !... C'est la philosophie que je défendais dès 1990 avec mon livre *Economiser la planète*[2]. Obama, aujourd'hui, a adopté la même philosophie. Mais en France – et même en Europe – ce n'est pas cela dont il s'agit. C'est plutôt « Halte à la croissance, halte au progrès ». Voilà ce contre quoi je lutte : la philosophie de la peur et, au fond, du déclin.

Aujourd'hui, vous êtes dans une situation paradoxale car vous refusez de rester passif, contrairement à ce que vos adversaires prétendent, face à une possible augmentation des teneurs en CO_2 de l'atmosphère...

... Encore une fois, je n'y suis évidemment pas favorable parce que cela acidifie l'océan, et que je souhaite économiser le pétrole. Mais ce qui me différencie de la « meute »...

La « meute », bigre !

Oui, la meute. Ce qui me différencie d'elle, c'est que je n'en conclus pas pour autant qu'il faut arrêter le développement, multiplier les taxes et les interdits, et casser le progrès. Je crois qu'il faut développer des nouvelles tech-

1. D. Nora, *Les Pionniers de l'or vert*, Grasset, 2009.
2. *Economiser la planète*, Fayard, 1990.

nologies, avoir de nouvelles idées. Par exemple, la séquestration du CO_2 ou le nucléaire de quatrième génération. Mon point de vue, je peux le résumer facilement. Il y a des problèmes ? Eh bien, tous ensemble, trouvons des solutions pour les résoudre, mais sans arrêter le progrès, la croissance, le développement. Je le dis d'autant plus fortement à l'adresse d'un certain nombre d'idéologues verts que leur stratégie des taxes, des interdictions, des décrets pour faire reculer la pollution, tout cela a conduit à un fiasco total. A Kyoto, on proposait de réduire les émissions de CO_2. Résultat : elles ont augmenté de 50 %. Et voyez la débandade à Copenhague !

Ceux qui défendent l'accord de Kyoto ont une autre analyse. Ils disent que les résultats sont décevants parce que les Etats-Unis de George Bush ont refusé de signer, et se sont tenus à l'écart…

Les Etats-Unis, certes, mais surtout la Chine et l'Inde, et c'est le même processus qui s'est reproduit à Copenhague. Croyez-vous que ces pays-continents vont signer un protocole qui empêcherait leur développement ? Les Etats-Unis prennent des postures, mais qui ne les oblige pas, car il n'est pas question qu'on porte atteinte à leur propre développement. La Chine et l'Inde, elles, voient dans les pressions occidentales, qu'elles dénoncent, une machine à contrôler leur développement. Songez que la Chine construit une centrale électrique à charbon chaque semaine ! Va-t-elle y renoncer ? Quand ils entendent des gens comme Nicolas Hulot proclamer – non sans condescendance, voire mépris – qu'il faut les empêcher de faire les mêmes erreurs que nous, que ces pays ou plutôt ces continents ne doivent pas se développer comme nous, les Chinois et les Indiens répondent : néo-colonialisme.

Mais comment contrôler les émissions de CO_2 et modérer notre propre consommation de pétrole ?

En changeant de logique !... Au lieu de proposer la régression, il faut s'appuyer sur le progrès. Il faut totalement changer de stratégie !

Assez des interdits et des blocages, dites-vous...

Oui, assez de tout cela ! Il faut, comme au judo, accompagner le mouvement, et faire de la nouvelle donne le moteur d'une nouvelle croissance. Il ne faut pas avoir peur. Il faut s'adapter en innovant. Faut-il le redire ? Je n'ai jamais été un partisan du capitalisme sauvage, de la mondialisation échevelée, des traders, des produits dérivés et de la domination insensée des banques et de la Bourse sur l'ensemble de l'économie mondiale. Je ne suis pas, pour autant, pour une société totalitaire, encadrée par des taxes et des interdictions à gogo. Je vais plus loin : cette idéologie risque de constituer pour l'Occident un handicap insurmontable dans sa compétition économique avec l'Asie.

Vous y allez tout de même fort en utilisant le mot *imposture* !

Je le fais sciemment et posément. Une imposture, c'est faire passer une idée pour une autre. Oui, c'est une imposture de prétendre qu'on peut prévoir le climat du globe dans un siècle, et que cette augmentation serait apocalyptique pour le monde. Les scientifiques – les vrais – ne savent rien de cela. La deuxième imposture, c'est d'affirmer, au nom de la science, qu'il y aurait un lien dominant entre les dégagements d'origine anthropique du CO_2 et le climat. Tous les graphiques utilisés pour défendre cette idée se sont révélés, à l'examen, faux et truqués, comme nous le verrons en détail au chapitre 2. C'est donc une imposture de la part des partis politiques verts de s'emparer de cette affirmation pour tenter de désorganiser notre société, alors que leurs leaders n'ont, pour la quasi-totalité d'entre eux, aucune formation scientifique, et ne savent pas de quoi il s'agit. Et c'est, là encore, une imposture que de faire croire qu'ils y comprennent quelque chose ! D'ailleurs, notez-le bien, c'est le seul cas de figure où les Verts évoquent positivement la science...

Vous devriez vous en réjouir même si cette contribution est, à vos yeux, modeste !

Elle n'est pas modeste : elle est purement tactique. Quelle est la réalité ? Les scientifiques sont en quasi-totalité pour une énergie nucléaire propre, pour les OGM, pour les nanotechnologies, pour les cellules souches embryonnaires. Et les Verts sont chaque fois contre. L'imposture – j'y reviens – du groupe des scientifiques qui s'occupent du climat, c'est de profiter de cet appui politique ambigu et intéressé des Verts pour obtenir, par pur corporatisme, des crédits et un début de reconnaissance scientifique ! Mais cela ne veut surtout pas dire qu'il n'y a rien à faire pour mettre en place – ou rétablir – de meilleures relations homme/planète. C'est même très urgent car la fièvre du réchauffement a occulté tous les autres problèmes. Voilà une autre imposture : prendre la place des problèmes les plus urgents pour se mettre en valeur ! Il faut le dire et le répéter : le débat sur le climat masque les problèmes écologiques les plus réels, les plus vitaux.

Si vous éclairiez sur le fond ceux qui ne sont pas spécialistes, et n'ont pas d'a priori...

Il faut alors, pour commencer, distinguer correctement ce qui est observation et ce qui est explication. La confusion des deux n'apporte rien de bon. Il faut décrire ensuite comment, petit à petit, un groupe, au départ relativement restreint, est parvenu à déclencher une telle peur, au point qu'elle s'est emparée de la planète entière et qu'elle est devenue, hélas, un incontournable phénomène. Cette histoire doit être analysée avec soin, car si elle se généralisait ou se reproduisait, cela menacerait les relations sciences/société tout au long des prochaines décennies et, à terme, la société tout entière. Ce qui est en jeu, ce sont des aspects d'organisation et de financement de la science (réels mais mineurs), des aspects psychosociologiques aussi et, plus encore, économiques et politiques.

Les médias ont-ils joué un rôle d'accélérateur ?

Vous voulez rire ? Dans leur grande majorité, les médias, saisis par la fièvre verte, se sont montrés non objectifs et même, dans quelques cas, intellectuellement malhonnêtes… En même temps, il faudra examiner quelles sont les positions et propositions de ceux – nombreux parmi les scientifiques, les ingénieurs et même les responsables politiques – qui sont opposés à la théorie officielle. Ce qu'ils suggèrent est extraordinairement varié, et souvent très intéressant.

On aimerait vous entendre sur les solutions, et pas seulement dans le rôle de l'imprécateur !

Je l'ai déjà fait publiquement, je le ferai. Mais gardez en tête la pensée qui, aujourd'hui, m'habite prioritairement : c'est le doute vis-à-vis de toute affirmation censée prédire l'avenir. Suis-je sûr que, dans un siècle, il n'y aura pas de catastrophe climatique ? La réponse est non. Ce que je dis, c'est qu'aujourd'hui rien ne laisse entrevoir une telle occurrence.

Mais si, demain, une catastrophe climatique se révélait possible, pourrions-nous l'empêcher ?

Je crois que non. Je ne pense pas que l'homme puisse agir globalement sur le climat. Ce que je crois, en revanche, c'est que l'homme a tous les moyens pour s'adapter face au changement climatique. Ma conviction tient en deux maîtres mots : adaptation, innovation. Et cette attitude offre une extraordinaire opportunité de développement. Je suis conscient des périls, et volontariste pour les solutions. Si les spécialistes du climat avaient été honnêtes et dit ce qu'ils savaient, j'aurais travaillé avec eux pour définir une stratégie efficace et qui ne casse pas l'économie…

« S'ils avaient été honnêtes », dites-vous. Cela signifie quoi ?

S'ils avaient dit, par exemple : le CO_2 augmente dans l'atmosphère, le CO_2 est un gaz à effet de serre, donc cette augmentation peut être – à terme – dangereuse pour l'homme, donc il faut s'organiser pour en réduire les émissions…

Et ils n'ont pas dit cela ?

Nullement. Ils ont affirmé que le CO_2 aux teneurs actuelles avait un effet majeur sur le climat, et que son augmentation allait entraîner à coup sûr des catastrophes irréparables pour l'humanité. Avec des scénarios purement imaginaires faits d'accumulation de désastres, ils ont fait croire que c'était la priorité première, et qu'il fallait s'en occuper de toute urgence. Ils ont propagé la peur, la pire chose pour une société. Et, avec cela, ils ont occupé le terrain écologique, occultant tout le reste. Or certains dossiers, que cela plaise ou non, qu'ils soient ou non politiquement « porteurs », sont plus importants, plus urgents, plus vitaux que le problème du climat qu'il fera – ou ferait – dans un siècle !

Les dossiers de l'eau et de la faim, répétez-vous…

Alors que 10 000 personnes meurent chaque jour par manque d'eau potable, le sommet de l'eau à Ankara l'an dernier s'est déroulé dans l'indifférence générale. Aucun chef d'Etat ne s'est déplacé, ni non plus à Rome en novembre 2009 pour le sommet de la FAO. Cela leur a évité d'entendre le président Diouf terminer la séance finale solennelle en demandant à l'auditoire de se lever, et de compter jusqu'à six : « Un, deux, trois, quatre, cinq, six… Eh bien, pendant que vous comptiez, un enfant de plus dans le monde est mort de faim. » Cela leur a évité de faire la simple division qui leur aurait montré que les sommes dépensées pour le sommet de Copenhague – plus d'un demi-milliard d'euros – auraient permis de sauver 100 000 enfants ! Alors, à côté de cela, quand on a observé le cirque de Copenhague, on ne peut que s'écrier, pour échapper au malaise : « Messieurs et Mesdames, assez ! Occupez-vous des vrais problèmes ! » Ce livre est un cri de révolte. Je souhaite que tout le monde l'entende.

LUTTE CONTRE LE RÉCHAUFFEMENT CLIMATIQUE…

Chapitre 2
Observations

« Un modèle sans observation
n'est qu'un exercice mathématique gratuit.
Des observations sans modèles n'apportent que confusion. »

Jacques-Louis Lions[1]

Peut-être, pour commencer, faut-il bien clarifier la situation – à l'intention de tous – du point de vue scientifique…

… En distinguant clairement, j'insiste, ce qui relève des faits d'observation, des lois de la physique et ce qui ressort de l'interprétation des modèles informatiques et de leurs prédictions. Pour moi, les sciences de la Nature commencent toujours par de bonnes observations, qu'on essaie ensuite d'interpréter pour bâtir un modèle, qu'on confronte en retour à de nouvelles observations. C'est, depuis Galilée, le processus dual de la science.

Alors, commençons par les observations sur le climat car c'est sans doute la partie la plus solide et qui, sauf erreur, prête le moins à controverses !

Justement non !… Ce n'est pas la partie la plus solide, ni la plus exempte de controverses. Mais c'est à partir

1. Jacques-Louis Lions était un grand mathématicien français, professeur au Collège de France.

d'observations que tout ce débat sur le climat futur a commencé. La première démarche a eu lieu à la fin des années 1950, lorsque les géochimistes de la Scripps Institution of Oceanography à La Jolla (Californie) – Hans Suess, Roger Revelle et Charles Keeling – ont décidé de s'intéresser à l'augmentation des teneurs en CO_2 dans l'atmosphère. Leur motivation initiale était de voir comment cette augmentation pouvait perturber l'usage du carbone 14 comme traceur des phénomènes océan/atmosphère, et aussi comme chronomètre archéologique. Mais, bien vite, à cette préoccupation de Hans Suess s'en est ajoutée une seconde : Roger Revelle voulait tester une vieille idée du Suédois Svante Arrhenius – une idée datant de 1896 – suivant laquelle les dégagements humains de CO_2 réchauffaient l'atmosphère.

Le *global warming*, selon la formule consacrée, n'est donc pas une idée nouvelle...

Non. L'idée initiale revient même à Joseph Fourier, préfet de l'Isère de Napoléon et véritable inventeur de la théorie de la chaleur, mais c'est Arrhenius qui l'a approfondie et popularisée en 1896, et développée. A ceci près que Svante Arrhenius, prix Nobel de chimie suédois, voyait cela comme une possible « bonne nouvelle », annonçant des hivers plus doux pour les Scandinaves[1]. Revelle a donc convaincu son élève Charles Keeling d'installer un observatoire au sommet du Mauna Loa à Hawaï, loin de toute source de pollution, à 5 000 mètres d'altitude, et d'y mesurer quotidiennement les teneurs en CO_2 Objectif : voir si le CO_2 augmentait dans l'atmosphère.

1. S. Arrhenius, « On the Influence of Carbonic Acid in the Air upon the Temperature of the Ground », *Philosophical Magazine*, n° 41, 1896, pp. 237-276.

Avec quels résultats ?

Au bout de quelques années, Keeling a montré que la teneur en CO_2 de l'atmosphère augmentait. Mais avec des fluctuations fortes entre l'hiver et l'été, ce qui est logique car le CO_2 est absorbé par les plantes lors de la photosynthèse et rejeté lors de la respiration et que l'activité des plantes varie avec les saisons et surtout avec l'ensoleillement. Puis, petit à petit, par-delà les fluctuations saisonnières, on a noté un accroissement continu. On possède ainsi un enregistrement direct des teneurs en CO_2 de l'atmosphère depuis 1958. C'est une donnée fondamentale, d'autant plus que des études ultérieures ont permis de vérifier, dans plus de cent stations réparties un peu partout dans le monde, que c'était un phénomène mondial, et non local.

Quelle leçon tirer de ces observations ?

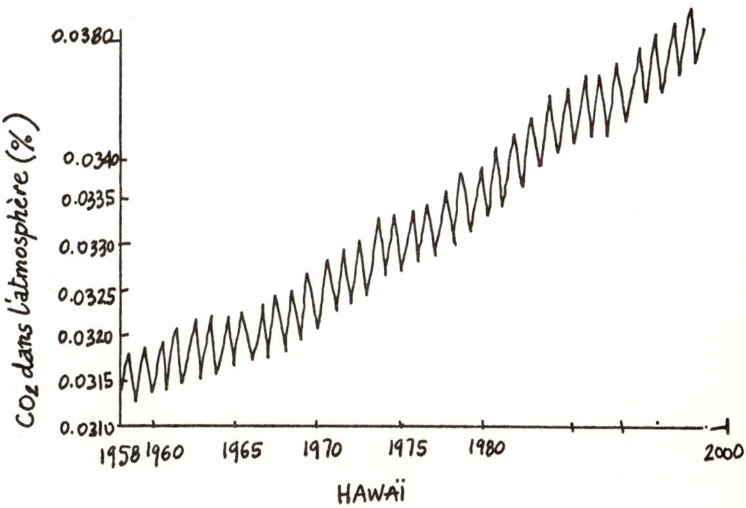

Fig. 1 : Voici l'enregistrement des teneurs de CO_2 dans l'atmosphère à la station placée au sommet du Mona Loa à Hawaï installée par Charles Keeling en 1958 à la demande de Roger Revelle.

En gros, sauf dans le voisinage des grandes villes, le CO_2 a une répartition homogène sur tout le globe, et il augmente continûment depuis l'ère industrielle. On a pu savoir ce qu'il en était autrefois – une sorte de retour vers le passé – grâce à l'analyse des bulles d'air piégées dans les couches de glace anciennes de l'Antarctique. Une équipe franco-suisse a remarquablement travaillé à cela[1]. Au total, on a pu montrer qu'avant l'ère industrielle, la teneur en CO_2 de l'atmosphère était de 280 parties par million, et qu'avec de faibles fluctuations elle était restée constante jusqu'au XIXe siècle. Elle est aujourd'hui de 380 parties par million. Ces deux figures (1 et 2) sont le départ de tout. Cela, personne ne le conteste. J'insiste : les teneurs en CO_2 de l'atmosphère ont augmenté continûment depuis le début de l'ère industrielle après avoir été quasi stationnaires durant le millénaire précédent.

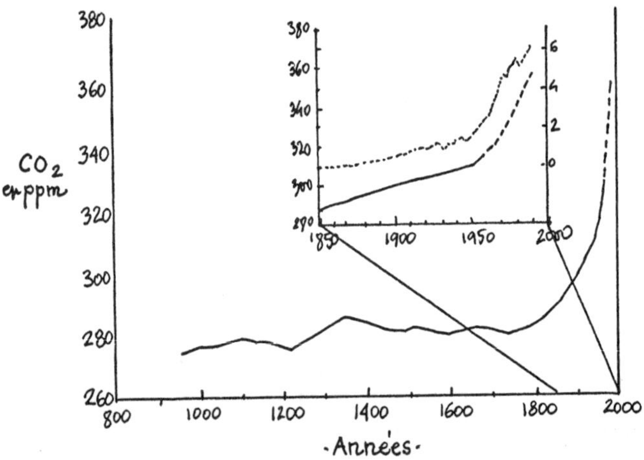

Fig. 2 : Courbe des teneurs en CO_2 des bulles d'air emprisonnées dans les couches de glace antarctique datées depuis l'an 800 déterminées par les équipes de Grenoble et de Berne.

---

1. R. J. Delmas *et al.*, « Polar ice evidence that atmospheric CO_2 20 000 yr BP was 50 % of present », *Nature*, n° 284, 1980, pp. 155-157 ; A. Neftel *et al.*, « Ice core sample measurements give atmospheric CO_2 content during the past 40 000 yr », *Nature*, n° 295, 1982, pp. 220-223 ; C. Lorius *et al.*, « A 150,000-year climatic record from Antarctic ice », *Nature*, n° 316, 1985, pp. 591-596.

Cette augmentation n'est-elle pas imputable, pour le coup, à l'activité humaine, avec le charbon que l'on fait brûler, le pétrole ou encore les forêts que l'on dévaste ?

C'est l'explication classique, dont la première démonstration a été faite à partir des mesures de carbone 14 par Hans Suess. Professeur à l'université de Californie à San Diego, c'est le petit-fils du grand géologue autrichien Eduard Suess. Depuis, on a évalué quantitativement les dégagements de CO_2 dus à l'activité humaine, et on les a comparés à ceux accumulés dans l'atmosphère.

Coïncident-ils ?

Justement pas ! Seul 1/3 du CO_2 dégagé par l'homme se retrouve dans l'atmosphère. On pense que les 2/3 restants sont absorbés par les plantes vertes – lors de l'activité de photosynthèse – et par l'océan. Cette absorption par l'océan est en elle-même un problème sur lequel nous reviendrons car elle a pour effet d'acidifier l'océan.

Mais nous sommes d'accord : une partie du CO_2 va tout de même s'accumuler dans l'atmosphère ?

Tout à fait.

Donc, il paraît naturel d'admettre que si le CO_2 augmente, compte tenu du fait que le CO_2 est un gaz à effet de serre, la température de l'atmosphère aura tendance à augmenter ?

Si on s'en tient à ce raisonnement, il n'y a rien à dire. Mais, pour le moment, cela reste une hypothèse de travail qu'il faut démontrer et chiffrer. Car, figurez-vous, il n'est pas facile de savoir ce qui détermine la température de l'atmosphère. Le premier facteur, c'est, bien sûr, le soleil. C'est pour cela qu'il fait plus froid la nuit que le jour, l'hiver que l'été. Mais il y a aussi les nuages qui arrêtent les rayons solaires, les vents qui déplacent les nuages, la pluie, les vagues, etc. Bref, vous savez comme moi la difficulté qu'il y a à prévoir le temps. Il ne suffit pas qu'un processus soit théoriquement possible pour qu'il existe. C'est tout l'art de la démonstration scientifique dans les sciences de la nature !

Quelle est la démonstration sur laquelle se sont appuyés les tenants du réchauffement climatique créé par le CO_2 ?

Sur le parallélisme qu'il y aurait entre cette courbe d'augmentation des teneurs en CO_2 de l'atmosphère et celle décrivant l'évolution de la température moyenne du globe… Elle aurait été plate depuis des millénaires, puis se serait redressée brutalement au XIXe siècle. C'est là le point clé.

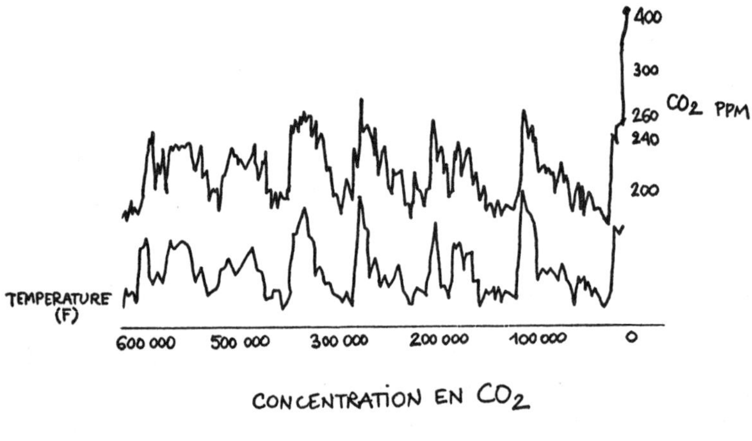

Fig. 3 : Courbe de Gore présentée au début de son film montrant les variations concomitantes de CO_2 et de température depuis 600 000 ans. (La courbe de CO_2 a été extrapolée vers le futur pour impressionner !)

C'est, vous l'avez souligné, le début du film d'Al Gore[1], avec cet ascenseur artisanal qui l'emmène droit vers le

1. Al Gore, *Une vérité qui dérange*, 2006 (oscar à Hollywood).

ciel pour montrer ce que serait la température de l'atmosphère future. En gros, invivable…

La démarche d'Al Gore – conseillé par l'alarmiste en chef James Hansen – consiste à nous asséner d'abord la pseudo-démonstration que la température est déterminée par le CO_2. Une fois cela « établi », il considère les conséquences du changement climatique, donc les effets du CO_2 qui en est responsable. Malheureusement pour lui, les bases n'étaient pas solides ! Patatras : la démonstration première se révélera fausse et tout le reste relèvera de l'intoxication !

C'est ce que vous affirmez ?

Oui, c'est ce que j'affirme. Et je vais vous le montrer ! Nous allons, pour la commodité du raisonnement, séparer la courbe montrée par Al Gore en deux épisodes temporels : la période historique – disons depuis Jésus-Christ jusqu'à aujourd'hui – et la période avant l'Histoire, celle que l'on appelle en géologie le quaternaire. La courbe de la période historique a été construite dans un premier temps par des historiens en se fondant sur des estimations qualitatives.

Et cela donne quoi ?

On sait depuis longtemps qu'au Moyen Age il a fait chaud : c'est ce qu'on appelle l'« optimum médiéval ». Ensuite, le climat s'est refroidi : c'est le « petit âge glaciaire ». Depuis 1850, il s'est réchauffé. Pour ce qui est de l'optimum climatique, on dispose de divers témoignages « qualitatifs », très significatifs. Lors de la découverte du Groenland par Eric le Rouge, cette terre était verte (d'où le nom de « Greenland »). Leif Erikson a navigué jusqu'à Terre-Neuve[1] dans un climat nettement plus chaud qu'aujourd'hui. A cette

1. A l'anse des Meadows.

époque, le nord de l'Angleterre était un pays viticole, et en hiver on pouvait aller à pied à travers les Alpes, d'Allemagne en Italie. Puis le climat s'est refroidi entre le XIVe et le XIXe siècle. Au XVIe siècle, la Tamise était gelée presque tous les hivers, et la Seine à Paris, une année sur deux. En même temps, ce qui montre bien l'instabilité du système climatique, il faut mentionner que, durant cette même période, ont eu lieu des canicules mortelles. En 1719, on a dénombré 450 000 morts. En 1706 et en 1747, 200 000 chaque fois[1].

Ce qui aide les experts à déterminer quelles températures il faisait, ce sont aussi les anneaux d'arbres...

Oui. Chaque année – et, évidemment, cela reste vrai aujourd'hui – les troncs des arbres s'épaississent en ajoutant une nouvelle couche de bois. Cette couche se constitue au printemps, d'abord par de longues cellules de couleur claire pour faire place progressivement à de petites cellules sombres. On peut compter ces couches, et dater ainsi d'une manière très précise chaque arbre. En outre, on a montré que l'épaisseur d'un anneau était fonction de la température (mais aussi des précipitations) qu'il faisait lors de sa formation. On s'est donc lancé dans une étude systématique des anneaux d'arbres pour connaître les températures passées. Cette méthode est déjà ancienne[2], et elle a donné des résultats fiables depuis longtemps. De nombreuses publications y ont été consacrées depuis 1945, mais elles n'ont pas toujours été réalisées de façon très rigoureuse. Quoi qu'il en soit, à l'aide des témoignages historiques épars, on traça une première

1. E. Le Roy Ladurie, *Histoire humaine et comparée du climat*, Fayard, 2004.
2. A. E. Douglass, « Climatic cycles and tree-growth », *Carnegie Institution of Washington Publication*, n° 289, 1928 ; W. S. Glock, « Principles and methods of tree-ring analysis », *Carnegie Institution of Washington Publication*, n° 486, 1937.

courbe : celle publiée dans le premier rapport du GIEC (voir Fig. 4 ci-dessous).

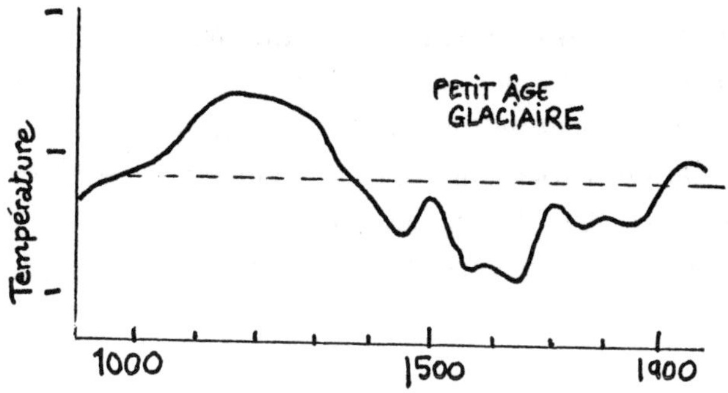

Fig. 4 : Courbe de température de l'hémisphère Nord au cours des temps historiques telle qu'elle a été présentée dans le rapport GIEC.

Mais ce n'est pas celle que nous a montrée Al Gore !

Pas du tout. Tout commence vers la fin des années 1990. Deux scientifiques vont en être les principaux protagonistes : Michael Mann et Phil Jones. Mann est un physicien, qui ne connaît rien aux sciences naturelles et qui, à peine diplômé de l'université du Massachusetts, a entrepris de rassembler toutes les informations historiques sur les divers résultats concernant les anneaux d'arbres, sur les couches de croissance des coraux, sur les observations qualitatives des historiens. Pour analyser tout cela, il utilise des méthodes mathématiques prétendument rigoureuses (qui, en termes savants, s'appellent analyse multifactorielle). Après un traitement statistique sophistiqué, il a produit une courbe d'évolution de la température moyenne des temps historiques[1]. C'est la fameuse courbe « en crosse de hockey » (*hockey stick* en anglais), qui va devenir célèbre sous ce

1. M. Mann, R. Bradley, M. Hughes, « Northern hemisphere temperatures during the past millennium : Inferences, uncertainties, and limitations », *Geophysical Research Letters*, 1999, vol. 26, n° 6, pp. 759-762.

nom et dont Al Gore va faire un usage répété. Pour comprendre comment cette courbe est devenue la « mascotte » du GIEC et des « modélisateurs », il suffit de regarder côte à côte (Fig. 5) les courbes d'augmentation du CO_2 et de la température depuis l'an 800. On voit deux courbes parallèles, quasi horizontales jusqu'au milieu du XVIIIe siècle. A partir de cette période, elles se mettent toutes les deux à croître très vite. C'est bien la preuve, n'est-ce pas, que l'augmentation du CO_2 est responsable de l'augmentation de température !

Où est le problème ? Où est le « cactus » ?

Le problème, c'est que cette courbe ne montre ni « optimum médiéval », ni « minimum glaciaire », épisodes dûment enregistrés par les historiens avec des indices multiples (dates des vendanges, floraison des blés, etc.). Aussitôt, certains – dont, bien sûr, les historiens – affichent leur méfiance, qui devient vite doute. Deux spécialistes de la statistique – McIntyre et McKitrick – se penchent alors sur les méthodes statistiques et le programme d'ordinateur utilisé par Mann, et ils y décèlent de grossières erreurs de méthode. L'approche de Mann mêlait, il est vrai, carottes et navets et, dans ce mélange, il n'est pas toujours facile de s'y reconnaître, surtout lorsqu'on utilise des procédés mathématiques qu'on n'a pas soi-même élaborés ! Il avait voulu, sans maîtriser la technique, appliquer une méthode sophistiquée à des données éparses et ayant une fiabilité aléatoire.

Il y avait chez Mann, dites-vous, du sérieux et du pas sérieux…

Surtout du « pas sérieux » !… Il avait voulu paraître sérieux en utilisant une méthode mathématique, mais

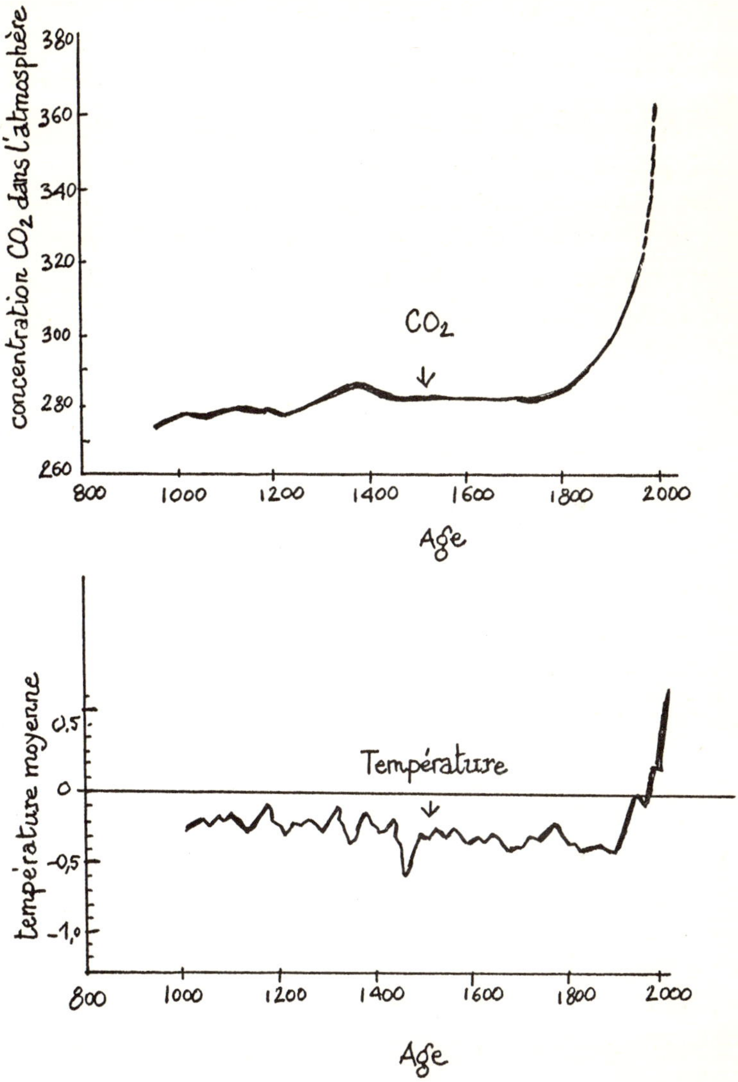

Fig. 5 : Courbes dites en crosse de hockey. On y voit très bien le parallélisme entre l'évolution du CO_2 et l'évolution des températures. Les âges sont exprimés en années. Cette courbe de température est celle « calculée » par Mann et Jones [1]

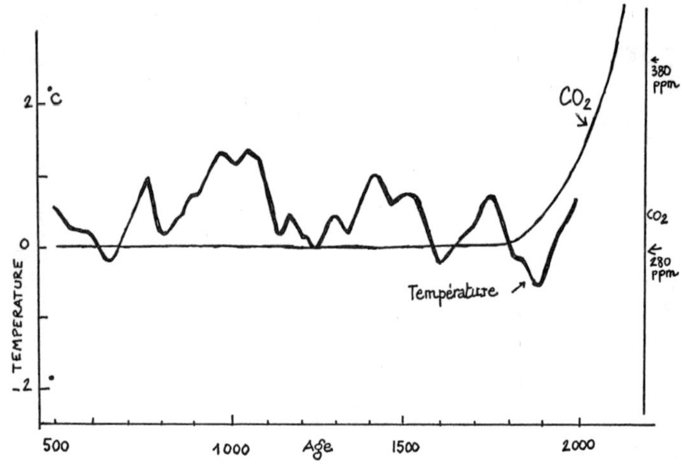

Fig. 6 a : Voici la courbe de température en fonction du temps, établie pour les périodes historiques par Grudd en 2008, pour la Scandinavie, et, en regard, la courbe d'augmentation du CO_2 atmosphérique.

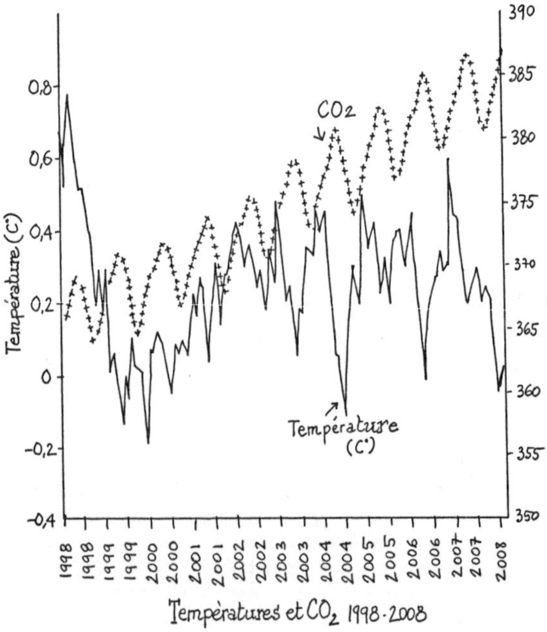

Fig. 6 b : Voici pour la période très récente les deux courbes de CO_2 et de température.

c'était, hélas pour lui, très mal fait. Il reste que Mann était donc devenu la mascotte des partisans du *global warming*, en particulier des « modélisateurs ». Par fierté absurde, il a refusé de reconnaître ses erreurs. Une polémique violente s'est déclenchée. Statisticiens et historiens se sont relayés pour l'interpeller, le critiquer... Deux commissions de statisticiens ont été nommées pour examiner la polémique. L'une par le Département de l'Energie, présidée par Edward Wegman, l'autre par l'Académie des Sciences, présidée par Gerald North. Toutes deux ont conclu que McIntyre et McKitrick[1] avaient raison et que la technique de Mann souffrait de nombreuses erreurs.

Comment ont réagi les scientifiques du GIEC ?

Le GIEC s'est, pendant un temps, accroché à la courbe en crosse de hockey pour l'abandonner lors de son dernier rapport. Le coup de grâce a été porté en 2008 avec une étude très fine du Suédois Håkan Grudd[2] sur les anneaux d'arbres. Ce chercheur a mis l'accent sur l'existence d'un phénomène physiologique dans la croissance des anneaux d'arbres : les nouveaux anneaux sont toujours, a-t-il montré, plus épais que les anciens par suite d'un processus de compaction. Autrement dit, les jeunes anneaux sont plus épais que les vieux. Si on ne tient pas compte de cet effet, on surestime les températures récentes puisque c'est l'épaisseur qui est liée à la température. C'est l'erreur qu'ont faite beaucoup des auteurs, dont Grudd lui-même, qui a confessé son erreur passée. Or, ce sont les données qu'a utilisées Mann. Ce qui est amusant et que l'on a

1. S. McIntyre, R. McKitrick, « Corrections to the Mann *et al.* (1998) Proxy Data Base and Northern Hemispheric Average Temperature Series », *Energy and Environment*, vol. 16, n° 1, 2005, pp. 751-771.

2. H. Grudd, « Torneträsk tree-ring width and density AD 500-2004 : a test of climatic sensitivity and a new 1500-year reconstruction of north Fennoscandian summers », *Climate Dynamic*, 2008, n° 31, pp. 843-857.

ignoré après la guerre de 1940, un phénomène pourtant déjà signalé par Douglas en 1929.

Que se passe-t-il lorsqu'on corrige l'erreur ?

Eh bien, on trouve la courbe de la figure 6a. Précision importante : cette courbe est assez proche de la courbe qualitative établie par les historiens, qui figurait dans le premier rapport du GIEC. La comparaison des évolutions (CO_2, température) ne démontre plus rien du tout comme relation de causalité ! S'il faut extraire *un* résultat simple de ce travail, c'est qu'en l'an 1000 (et trois ou quatre fois depuis lors), il faisait plus chaud qu'aujourd'hui : il n'y avait pourtant pas d'activité industrielle dégageant du CO_2 ! Il doit donc y avoir d'autres facteurs que le CO_2 qui contrôlent le climat !

Chez les tenants du réchauffement climatique, toutes les analyses ne reposent plus, aujourd'hui, sur la courbe de Mann…

C'est vrai. Elle est de moins en moins utilisée, sauf pour la propagande dans les médias. Les « néo-climatologues » se sont appuyés sur une seconde courbe d'augmentation de la température moyenne du globe depuis l'ère industrielle. C'est la partie la plus récente de la courbe de Mann. Cette fois, c'est Phil Jones, du Climate Research Unit (université d'Est Anglia, en Grande-Bretagne), qui a entrepris ce travail. Après avoir traité de nombreuses données et fait diverses moyennes – le tout dans des conditions d'opacité totale, en refusant de fournir par la suite les données brutes qu'il a utilisées –, il a déclaré que la température moyenne du globe avait augmenté depuis le XIXe siècle de 0,6 °C[1].

1. P. D. Jones *et al.*, « Surface Air Temperature and its Changes Over the Past 150 Years », *Reviews of Geophysysics*, 1999, 37(2), pp. 173-199.

Et vous n'êtes pas d'accord ?

C'est en effet, et je l'ai dit publiquement, mon premier sujet de contestation. Il porte sur les bases mêmes de l'établissement de cette courbe. Ma critique se fonde non pas sur des notions complexes, mais sur le simple bon sens : comment définir la température moyenne du globe ? Entre les zones polaires et la zone intertropicale, il y a 120 °C de différence. Entre le jour et la nuit dans la zone tempérée, 10 °C de différence. Entre l'été et l'hiver, 20 °C de différence (11 °C en moyenne pour l'hémisphère Nord). Comment définir une température moyenne dans ces conditions de variabilité ? Déjà, définir une température annuelle moyenne à 0,1 °C près en un lieu précis n'est pas un problème simple, mais à l'échelle du globe, ça paraît impossible.

On peut supposer que c'est en installant des stations à divers endroits du globe, en mesurant la température le jour et la nuit dans chaque station, puis en faisant la moyenne…

Oui. Mais la notion même de température exigerait une procédure un peu plus élaborée. Cela dit, en première approximation, on peut considérer cette méthode comme acceptable. Mais vous êtes bien conscient que les deux tiers de la surface du globe sont constitués par des océans où les stations permanentes sont plus difficiles à installer et à maintenir (a fortiori au XIXe siècle). Songez que jusqu'à la seconde partie du XXe siècle, les seules mesures faites dans les océans l'étaient à partir des bateaux de commerce qui mesuraient la température de l'eau après l'avoir prélevée dans des baquets. La précision de telles mesures était de + ou – 2 °C. De plus, l'échantillonnage était concentré sur les trajets des lignes maritimes. Ainsi,

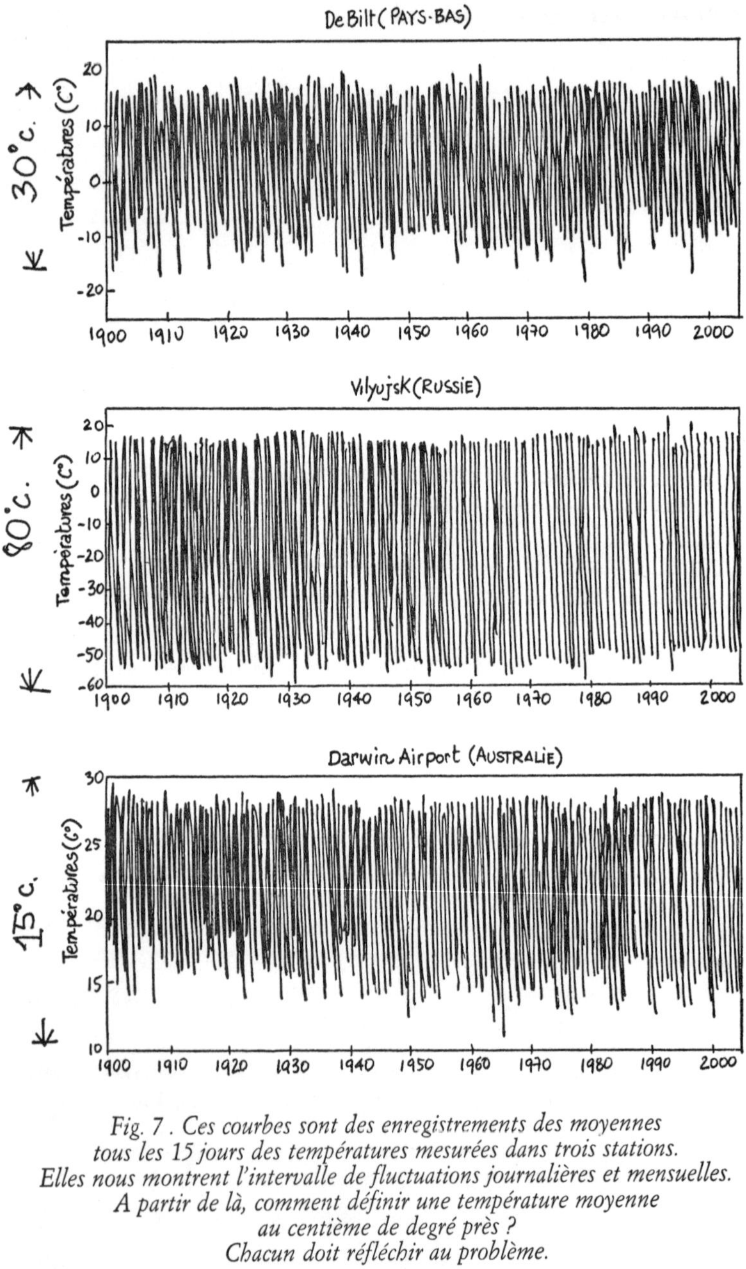

Fig. 7 . Ces courbes sont des enregistrements des moyennes tous les 15 jours des températures mesurées dans trois stations. Elles nous montrent l'intervalle de fluctuations journalières et mensuelles. A partir de là, comment définir une température moyenne au centième de degré près ? Chacun doit réfléchir au problème.

lorsqu'on a ouvert le canal de Panama en 1914, l'échantillonnage dans l'Atlantique Sud et le Pacifique Sud-Est a brusquement chuté.

Toute reconstitution historique à partir de ces bases est donc, selon vous, aventureuse...

Bien sûr !... Il suffit de regarder la carte de répartition des stations de mesure depuis le XIXe siècle (Fig. 8). On voit bien qu'avant 1950, la densité des stations et leur couverture géographique étaient très insuffisantes pour définir une moyenne mondiale (surtout à 0,1°C près !). De plus, beaucoup de stations de l'hémisphère Nord étaient situées dans les villes. La station de référence française est située à Paris, au parc Montsouris, dans le XIIIe arrondissement. Or, c'est une évidence, le développement urbain, avec l'usage de l'électricité et le chauffage des habitations, a provoqué une augmentation des températures moyennes, mais qui n'a rien à voir avec les phénomènes globaux. A Paris (Fig. 9), la température a augmenté au cours du XXe siècle de 3 °C. Malgré cela, Jones annonce que, depuis le début du siècle, la température moyenne du globe a augmenté de 0,6 %. Si l'on veut attacher de l'importance aux courbes tracées depuis le XIXe siècle, il faudrait, pour cela, que la précision, s'agissant des moyennes mondiales, soit meilleure à chaque époque que le dixième de degré. Comment admettre une telle précision avec de telles erreurs d'échantillonnage ? Cela étant, Hansen-le-« fanatique », sans non plus communiquer ses sources, cautionne immédiatement la courbe de Jones [1]. Ceux qui ont fait des statistiques à partir de telles carences d'échantillonnage sont, à mes yeux, discrédités comme

1. J. Hansen *et al.*, « A closer look at United States and global surface temperature change », *Journal of Geophysical Research*, 2001, 106 (D20), 23, 947-23, 963.

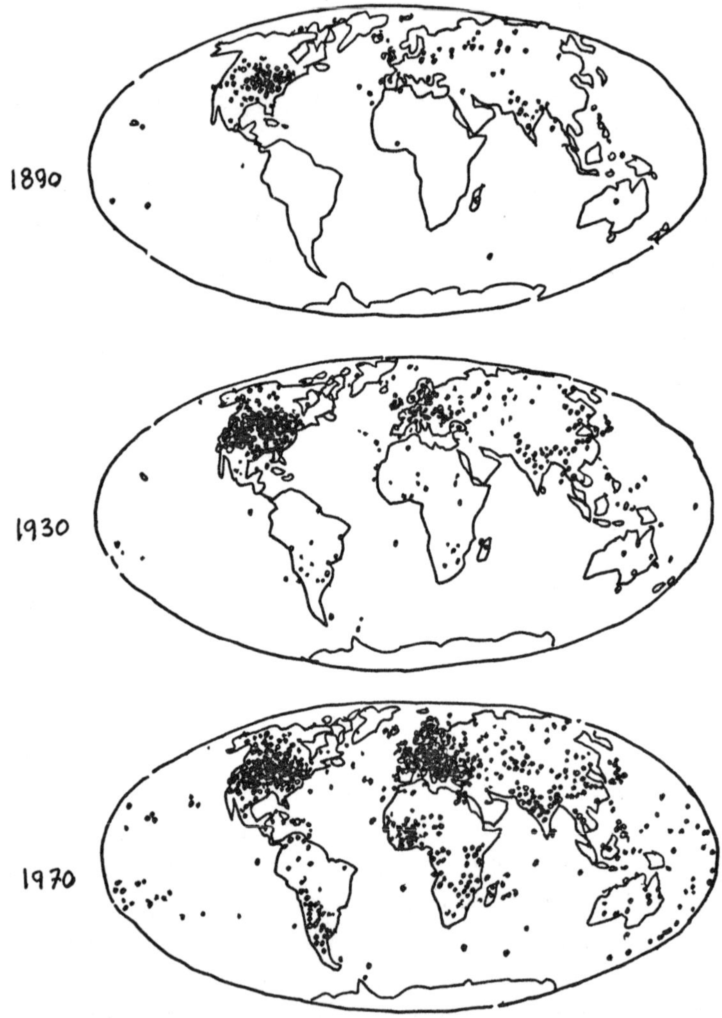

Fig. 8 . Répartition des stations de mesures utilisées pour définir une température moyenne du globe à trois époques : 1890, 1930, 1970. Je laisse le lecteur apprécier les conclusions de Ph. Jones sur l'évolution d'une température moyenne du globe depuis le début du XXe *siècle considérée comme fiable à 0,1 °C près.*

scientifiques. Et, pour dire cela, pas besoin d'attendre un quelconque « climategate » !... Le désastre, ce sont d'abord leurs méthodes de travail.

Cela signifie-t-il que, pour vous, il n'y a pas eu de réchauffement climatique depuis le XIXe siècle ?

Il faut être précis, et surtout ne pas me faire dire ce que je ne dis pas ! Je nie que les courbes de température moyenne du globe, présentées par Jones, prouvent quoi que ce soit ! La notion de température moyenne du globe est, intrinsèquement, un paramètre difficile à définir. Avant 1950, elle n'a aucune pertinence car l'échantillonnage était insuffisant. Par ailleurs, la plupart des mesures fiables – journalières depuis le début du XXe siècle – ont été faites dans les villes (ou les aéroports). Il est donc difficile de distinguer les effets globaux de ceux liés à l'urbanisation croissante, à Paris ou Marseille par exemple. En abandonnant les statistiques mondiales et en se fixant sur les statistiques fiables de l'hémisphère Nord, mes collègues Jean-Louis Le Mouel et Vincent Courtillot pensent qu'il y a eu un léger réchauffement depuis le XVIIIe siècle mais avec des rythmes très variables suivant les régions. Tout cela, j'en suis conscient, fait un peu désordre quant à la méthodologie utilisée par les scientifiques ! En tout cas, je note que mes critiques ont trouvé quelque écho – ou même ont été partagées – puisque, dans le rapport 2007 du GIEC, on n'évoque plus ces courbes d'augmentation des températures moyennes depuis le XIXe siècle. Il est seulement question d'une augmentation des températures entre 1970 et 2000.

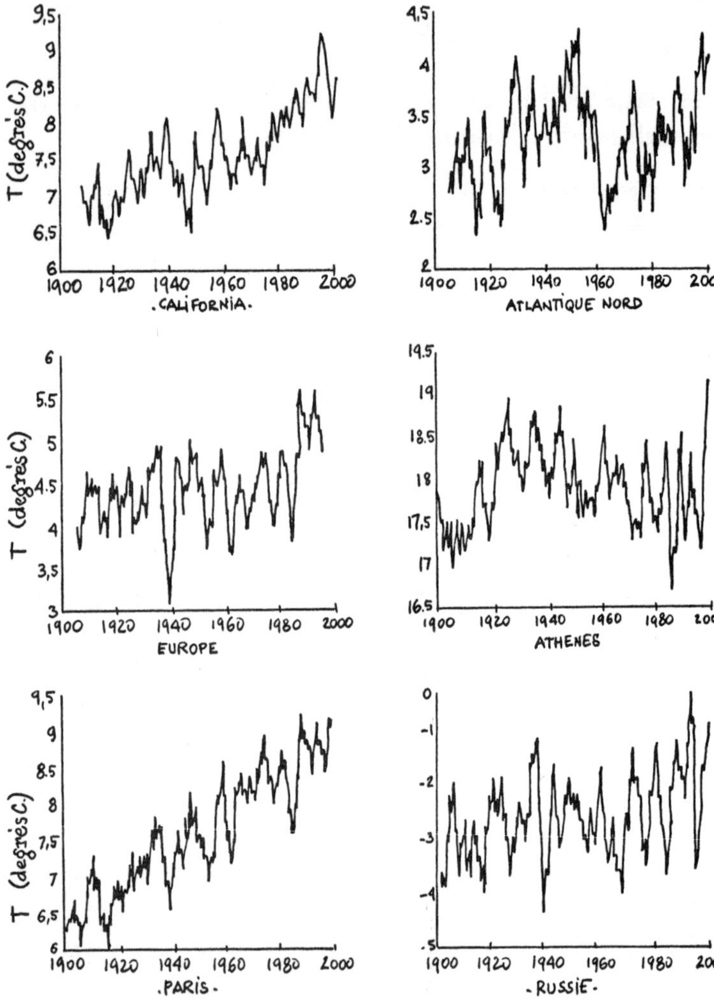

Fig. 9 : Courbes d'évolution des températures journalières dans diverses régions ou villes du monde. Plus qu'un long discours, on verra ici la variabilité géographique du climat.

Et là vous dites oui ?

C'est plus recevable d'un point de vue statistique, encore que ce soit compliqué. Pour la région Europe-Amérique, où l'on dispose de données fiables, les évolutions de températures sont très différentes suivant les régions[1] (voir Fig. 9).

Mais vous admettez qu'il y a un réchauffement climatique ?

Oui, il semble y avoir eu un réchauffement – surtout dans les trente années précédant l'an 2000 – mais il faut « encadrer » cette affirmation. Entre 1950 et 1970, il y avait eu en Amérique un refroidissement, au point qu'un rapport avait été envoyé à Richard Nixon le mettant en garde contre la possible arrivée d'un nouvel âge glaciaire. Cet épisode était moins apparent en Europe malgré une année 1940 très froide. Pour l'ensemble de l'hémisphère Nord, depuis le pic atteint en 1998, il y a eu un palier qui semble maintenant se transformer clairement en refroidissement. Il faut donc, je l'ai dit, « encadrer » la période de réchauffement en question. Si on met bout à bout les diverses informations, on constate qu'il y a des fluctuations de la température moyenne du globe depuis – disons – le premier millénaire.

Quels sont les rapports qui existent entre cette température fluctuante et les teneurs en gaz carbonique de l'atmosphère ?

En apparence, aucun. C'est là, bien sûr, un point fondamental. Contrairement à ce qui a été affirmé et même martelé, les deux courbes – teneur en CO_2 d'une part,

1. Pour l'Europe, il y a eu un saut brusque en 1983. Pour l'est des Etats-Unis (Atlantique nord sur le graphique), la courbe est plus compliquée.

température du globe de l'autre – ne se suivent pas (voir Fig. 6). La teneur en CO_2 de l'atmosphère a augmenté depuis cent ans, et en contraste la température du globe a fluctué depuis cent ans, comme elle a fluctué au cours des derniers millénaires, à des époques où le CO_2 atmosphérique était hors de cause. Les températures de surface fluctuent avec des oscillations de l'ordre de la trentaine d'années, alors que les teneurs en CO_2 augmentent de manière monotone depuis la fin du XIXe siècle, avec des variations saisonnières. La fameuse égalité chère aux tenants du réchauffement – variation de température = variation des teneurs en CO_2 de l'atmosphère – est donc tout simplement fausse. La célèbre courbe en double crosse de hockey est fausse. L'argument massue d'Al Gore qui a le plus frappé les responsables politiques et les médias est fausse. Tout est faux dans les affirmations d'Al Gore, qui les présentait pourtant comme des… démonstrations.

Pour autant, cela ne signifie pas, dites-vous, qu'il n'y a *aucune* relation entre teneur en CO_2 et température moyenne du globe…

Précision importante : aux teneurs actuelles de 380 ppm de CO_2 !… Si cette relation existe, elle est complexe, avec des phénomènes de retard, de décalage, de déphasage. Peut-être aussi n'y a-t-il aucune relation ! Utiliser une corrélation fausse pour promouvoir une idée est une imposture. J'assume ce mot, car c'est abuser de la confiance des citoyens envers les scientifiques. Les données historiques pour tenter de démontrer l'existence d'un réchauffement climatique continu clairement lié à l'augmentation des teneurs en CO_2 de l'atmosphère sont donc, en l'état actuel des choses, nulles et non avenues. Je soutiens cela depuis plus de dix ans, simplement en examinant comment ont été obtenues ces données et en utilisant mon expertise dans le traitement des données géophysiques ou géochimiques. Je suis heureux de voir que mon point de vue recueille, depuis peu, un large assentiment.

De la part de qui ?

De ceux qui sont des spécialistes reconnus du climat, et font partie de cette communauté. Je songe, par exemple, à Pierre Morel, fondateur à la fois du programme d'étude du climat de l'ONU et de l'Ecole française des météorologues-climatologues dynamiques. Pardonnez-moi, mais je crois capital de le citer *in extenso*. Voici ce qu'il écrit : « Toute reconstitution climatologique, fondée sur des mesures instrumentales directes ou non, est sujette à interprétations et corrections systématiques du même ordre de grandeur que les variations attendues pour des quantités globales moyennes. On ne saurait donc trouver un terrain plus fertile aux controverses et arguties de toutes sortes, à base d'interprétations plus ou moins partisanes d'informations quantitatives forcément triturées par les spécialistes. L'évolution du climat global est tout simplement trop petite jusqu'à présent (en regard des variations météorologiques aléatoires et de l'incertitude des données d'observation) pour autoriser un diagnostic assuré des changements à long terme, encore moins l'identification de relations putatives de cause à effet basée sur des corrélations entre deux ou plusieurs "signaux climatiques" incertains. En matière d'interprétation des signaux climatiques, l'examen intensif (et passionnel) des données globales s'apparente au test de Rorschach : on y trouve ce que l'on veut. Il est impossible d'aboutir à une conclusion scientifiquement indiscutable basée sur la seule considération de quantités moyennes globales déduites d'observations archivées (a fortiori de reconstitutions historiques ou paléo-climatiques)[1]. »

1. P. Morel, « Réchauffement planétaire et science du climat », conférence au Bureau des Longitudes, 7 octobre 2009.

Mais tout le monde ne s'appelle pas Pierre Morel. Jean Jouzel, secrétaire du GIEC, ne perd pas une occasion de soutenir – et il l'a encore fait au sommet raté de Copenhague – que le CO_2 est responsable de l'élévation de la température. Il assure même l'avoir démontré...

Jouzel est un spécialiste de l'étude des calottes glaciaires comme mémoire de l'histoire de l'atmosphère[1]. C'est un sujet que moi-même je connais particulièrement bien. Il se trouve que l'étude des calottes glaciaires a été initiée par des géochimistes dont j'étais très proche. J'ai suivi depuis le début leurs travaux, lisant leurs articles, discutant avec eux. Le premier qui a montré que la température de la formation des couches de glace avait varié au cours du quaternaire a été Sam Epstein, un ami, professeur à Caltech[2]. Un autre pionnier de cette étude des archives glaciaires a été Edgard Picciotto, un brillant Italien, professeur à l'Université libre de Bruxelles, que j'ai accueilli pendant deux ans à Paris. Puis le relais a été pris par Willi Dansgaard à Copenhague. Il a fait faire le pas décisif à l'étude des archives glaciaires grâce aux rapports isotopiques de l'oxygène et de l'hydrogène[3]. Il a reçu pour cela le prix Crafoord, trois ans après moi. Il l'a partagé avec Nick Shakelton, de Cambridge, pour ses études sur les sédiments océaniques enregistreurs du climat. Une étude a conforté l'autre !

1. J. Jouzel *et al.*, « Les archives glaciaires du Groenland », *La Recherche*, 1994, n° 261, pp. 38-45.

2. S. Epstein et R. Sharp, « Oxygen and Hydrogen Isotope Variations in a Firn Core, Eights Station Western Antarctica », *Journal of Geophysical Research*, 1967, vol. 72, p. 5595.

3. W. Dansgaard, « Stable Isotopes in Precipitation », *Tellus*, 16, 1964, pp. 436-468.

Et Jouzel dans tout cela ?

J'y arrive. Vous m'obligez à disséquer les contributions des uns et des autres, ce que je n'aime pas beaucoup faire. A l'époque où l'étude des calottes glaciaires relevait d'une activité à mi-chemin entre l'explorateur polaire et la science, un homme a joué en France un rôle essentiel, c'est Claude Lorius. Il a été l'un des organisateurs des grands forages dans les calottes glaciaires polaires. Il a passé plusieurs années en Antarctique dans des conditions particulièrement rudes. Il a développé à Grenoble un laboratoire pour étudier ces « carottes de glace », qui est vite devenu l'un des meilleurs du monde. J'ai suivi son ascension parce que les circonstances de la vie scientifique ont fait que j'ai été – pendant plus de cinq ans – le rapporteur des crédits de son laboratoire. Alors que ses recherches ne rencontraient chez nos collègues des géosciences et de l'astronomie qu'un intérêt poli, je l'ai défendu sans relâche, et j'ose ajouter... avec succès. Il ne m'en a jamais été reconnaissant, mais peu importe, car son groupe a joué un rôle clé dans la recherche sur les climats passés. Jean Jouzel a été, au sein de ce groupe, l'homme qui mettait en œuvre les méthodes isotopiques inventées par Epstein et Dansgaard. Il l'a fait avec beaucoup de dynamisme et de talent. La contribution fondamentale de ce groupe a consisté, comme je l'ai déjà dit, à démontrer que, parallèlement à la variation de température, le CO_2 dans les bulles d'air emprisonnées par la glace variait de manière concomitante.

Vous voyez bien que le CO_2 et la variation de température sont liés !

Oui, sans doute, mais qui gouverne qui ? C'est une grande question car la solubilité du CO_2 dans l'océan dépend de la température. Plus la température est élevée, moins il est soluble. On peut donc imaginer deux scénarios. Scénario 1 : le CO_2 augmente, l'effet de serre joue à plein, provoquant une hausse de la température, laquelle entraîne un dégazage de l'océan, et le nouveau CO_2 dans l'atmosphère réchauffe encore plus. Ainsi de suite. Mais il y a un second scénario plausible, celui-là inverse : la température augmente, du coup le CO_2 se dégaze de l'océan, donc sa teneur dans l'atmosphère augmente, et celle-ci augmente la température.

Alors, qui est responsable ? Qui est « coupable » ?

Avant de vous répondre, je dois évoquer un événement humain qui va, en France, jouer un rôle non négligeable. Spécialiste de l'atmosphère, Gérard Megie est, en 2000, président du CNRS. Il veut honorer sa discipline par la médaille d'or du CNRS, la plus grande distinction scientifique donnée à un Français. C'est humain. Il choisit Claude Lorius, mais ce dernier est à la retraite. Il lui adjoint donc Jean Jouzel qui travaille depuis dix ans auprès de Lorius, mais qui appartient à son propre laboratoire ! Or lorsqu'on donne une médaille scientifique, l'habitude est de dire pourquoi. C'est ce qu'on appelle « rédiger une citation ». Gérard Megie, donc, rédige la citation suivante : « ... Pour avoir montré l'influence de l'homme sur le climat. » Il me téléphone pour me l'annoncer. Je lui fais remarquer qu'il est curieux de mentionner l'homme dans un travail fait à une époque où les premiers hommes avaient bien du mal à se développer, alors qu'il suffisait d'évoquer l'excellent travail des deux scientifiques sur les archives glaciaires pour justifier la distinction.

Que vous répond-il ?

Il me dit que c'est pour donner plus de publicité à un événement – la médaille d'or du CNRS – souvent ignoré des médias. Certes, l'équipe de Grenoble (aidée par une équipe suisse de Berne) avait montré la covariation entre CO_2 et température, mais bien avant toute influence humaine.

Cette affaire de médaille d'or est-elle si importante que cela ?

Je tends à le croire, car cette récompense a associé de façon irréversible Jean Jouzel à la « cause » du réchauffement climatique causé par l'homme *via* le CO_2. Supposons qu'on montre que le CO_2 d'origine anthropique n'a aucune influence sur le climat : cette médaille d'or serait injustement minorée. Jouzel se croit donc lié à la théorie dominante, et il la défendra désormais contre vents et marées. C'est-à-dire même contre les évidences. Il est – avec Hansen, Houghton et l'Allemand Ramsdorf – l'un des quatre cavaliers de l'apocalypse, ceux qui défendent la « cause » jusqu'au bout ! Ils considèrent même cela comme un devoir !

Mais a-t-on établi qui était premier, qui avait précédé l'autre ? Le CO_2 ou la température ?

Lorsque Lorius est venu donner un séminaire à l'Institut de physique du globe à Paris en 1996, il a expliqué que c'était probablement le CO_2, mais qu'il restait à le démontrer !... Le problème a été résolu grâce à un travail franco-américain, auquel participait d'ailleurs Jouzel.

Et alors, le résultat ?

Le résultat est clair : la température a augmenté à peu près 800 ans avant le CO_2. C'est donc la température qui est le facteur déclenchant, contrairement à ce qu'espérait Lorius. C'est d'ailleurs ce que les auteurs de l'article écrivent explicitement[1].

1. N. Caillon *et al.*, « Timing of Atmospheric CO_2 and Antarctic Temperature Changes Across Termination III », *Science*, 14 mars 2003, vol. 299, n° 5613, pp. 1728-1731.

Qu'a dit alors Jouzel ?

Il a signé le papier en faisant ajouter que le résultat ne prouvait pas que le CO_2 n'avait aucune influence (ce qui est, bien sûr, évident). Il a cherché des explications tarabiscotées. Et le malheureux chercheur qui avait fait cette découverte essentielle a été versé dans le corps des techniciens. Jouzel, lui, continue aujourd'hui encore, sur tous les plateaux de télévision, à proclamer la coïncidence entre les fluctuations du CO_2 et de la température, le tout présenté comme la preuve que le CO_2 est bien la cause première de la variation du climat.

C'est ce qu'affirme Al Gore dans son film !

Oui, et c'est grave. Cette analogie a été présentée par Al Gore pour *démontrer* l'influence de l'homme sur le climat. Contrairement à Jouzel, Hervé Le Treut, pourtant grand défenseur des modèles informatiques en faveur du CO_2, admet aujourd'hui qu'Al Gore a utilisé des arguments scientifiquement inexacts.

Il y a tout de même d'autres indices d'un réchauffement climatique : la fonte des glaciers, l'élévation du niveau de la mer. Vous n'allez pas jusqu'à nier cela ?

Il y a, incontestablement, un changement climatique. Non seulement je ne l'ai pas nié, mais j'ai même été, je crois, l'un de ceux qui ont souligné son importance il y a déjà vingt ans[1]. Ce que j'ignore, ce sont les causes de ce changement. Comme je viens de vous le montrer, rien dans les observations – je dis bien : les « observations » – ne permet de lier températures et augmentation des teneurs de l'atmosphère

1. *Economiser la planète*, Fayard, 1990.

en CO_2. La démarche d'Al Gore a été de dire : conjointement, la courbe en crosse de hockey et la courbe en dents de scie de Jouzel (*et al.*) démontrent que la variation de température (donc du climat) est due au CO_2. Donc, toutes les conséquences terribles dues au changement climatique sont dues au CO_2, donc à l'homme, donc à vous !

Tout de même, cette fonte des glaciers n'est-elle pas la preuve qu'il y a un réchauffement climatique ?

Oui, bien sûr. Il y a un changement climatique, comme il y en a eu tout au long des temps géologiques. Un réchauffement suivi de périodes de refroidissement. Répétons-le . l'idée de changement climatique est une banalité pour celui qui connaît l'histoire de la Terre. Rappelez-vous la découverte du Groenland ! Dissocions cette observation de la question beaucoup plus difficile : quelles sont les causes de ces changements ? Est-ce le Soleil ? Est-ce une modification de la répartition de la pluie (donc de la neige) ? Prenons un exemple qui a été bien étudié et a d'ailleurs servi d'exemple à Al Gore, mais avec un complet contresens, voire un brin de malhonnêteté, à savoir le cas du Kilimandjaro, le plus haut sommet d'Afrique.

Tout le monde a vu les photos d'Arthus-Bertrand montrant le Kilimandjaro sans son chapeau neigeux. Cela a même fait la Une du *Journal du Dimanche* !

Ce n'étaient pas des photos truquées. Simplement, on n'a pas montré le Kilimandjaro deux mois après, au moment où il était à nouveau coiffé d'une calotte de neige. D'une manière plus fondamentale, deux spécialistes, Philip Mote et Georg Kaser, tous deux membres du GIEC, ont étudié cette question avec soin. Voici leur conclusion, je les cite : « Le recul des glaciers du Kilimandjaro n'est pas imputable au réchauffement global de la Terre. Des chutes de neige moins fréquentes et moins abondantes en sont responsables[1]. » Soyons clair : il s'agit de l'une des conséquences de l'assèchement de l'Afrique, qui se poursuit depuis trois millions d'années.

Et quelle en est la cause ?

Une modification des courants océaniques dans l'océan Indien. C'est une évolution à très long terme. Il faut en rechercher l'origine dans la fermeture des relations entre l'océan Pacifique et l'océan Indien au niveau de l'Indonésie. Une modification qui a débuté il y a au moins 3 millions d'années. Pour avoir écrit cela dans *L'Express*, j'ai eu droit à deux articles « assassins » : l'un dans *Libération*, l'autre dans *Le Monde*. Et pourtant, Mote et Kaser, qui ne sont pas suspects de ne pas croire au *global warming*, disent la même chose. Je prends maintenant un second exemple. Il figure, là aussi, dans la bande-annonce du film d'Al Gore. Cela consiste à dire : « La banquise arctique fond, donc le niveau de la mer va monter. » Cette affirmation est physiquement absurde. La banquise est un immense morceau de glace flottant sur l'océan. Si vous mettez des morceaux de glace dans votre verre de whisky, le niveau du liquide va monter, bien sûr. Mais si vous attendez que la glace fonde totalement, le niveau du liquide ne s'élèvera pas d'un millimètre de plus.

Vraiment ? Pourquoi ?

Parce que la densité de la glace étant inférieure à celle de l'eau, le niveau d'enfoncement des glaçons est déterminé par cette différence de densité. Lorsque la glace fond, le liquide produit va occuper le même volume que le glaçon immergé. C'est Archimède qui à découvert cela il y a plus de 2 000 ans !... Une ânerie de plus, pour abuser le bon peuple.

1. P. Mote et G. Kaser, « Les glaces du Kilimandjaro, pourquoi elles ont régressé », *Pour la science*, n° 362, décembre 2007.

Mais si ce sont les glaces du Groenland ou de l'Antarctique qui, demain, fondent ?

Là, bien sûr, le niveau de la mer va monter en raison du fait que le Groenland et l'Antarctique sont des continents. Cette menace est sans doute lointaine, mais elle est potentiellement sérieuse. Si toute la calotte glaciaire antarctique fondait, le niveau de la mer monterait de 80 mètres. Cela veut dire, concrètement : jusqu'au premier étage de la tour Eiffel ! C'est une menace géologique.

Pour le coup, il y a de quoi être inquiet !

... A l'inverse, dans le passé, au cours des époques glaciaires, le niveau de la mer était de 100 mètres inférieur à ce qu'il est aujourd'hui. Ces mouvements de va-et-vient du niveau de la mer sont bien répertoriés au cours des temps géologiques[1]. Au crétacé, par exemple, il y a 100 millions d'années, c'était l'inverse : le niveau des mers était beaucoup plus élevé. Tout le Bassin parisien, toute l'Afrique de l'Ouest étaient sous la mer.

Mais y a-t-il un danger aujourd'hui ? Al Gore dit que le niveau de la mer va s'élever de 6 mètres, que la Floride, Manhattan, la Hollande vont être, tôt ou tard, submergés. Al Gore a même montré de telles situations dans son film. Des images terrifiantes...

Il s'agit d'une pure fiction. En effet, rien pour l'instant, aucune observation, aucune analyse ne vient appuyer, crédibiliser ces scénarios catastrophes. Pour que le niveau de la mer monte de 6 mètres, il faudrait que la totalité de la glace du Groenland ou qu'une partie importante de la

1. En termes savants, on appelle cela les transgressions et régressions marines. Les causes de ces phénomènes restent un sujet de débats.

calotte antarctique fondent. Pour que cela se produise, il faudrait au moins un millénaire.

Et la glace de l'Antarctique ne fond pas ?

Non, elle ne fond pas. Pour l'instant en tout cas. Il faut bien préciser que, même en été, les températures de l'Antarctique sont toujours au moins de 15 degrés en dessous de zéro. Or, comme vous le savez, la glace fond au-dessus de zéro. C'est même comme cela qu'on définit le zéro dans le système centigrade. Ce qui veut dire une chose simple : pour que l'Antarctique fonde, il faudrait une élévation de température importante dans l'hémisphère Sud qu'on n'observe pas.

Donc, j'insiste, l'Antarctique ne fond pas ?

Non. Mais, pour être plus précis, il faut indiquer que la glace de mer de la péninsule antarctique diminue de volume par détachement de morceaux d'iceberg sur les marges, alors que la calotte glaciaire s'épaissit davantage au centre. Au total, l'Antarctique ne semble pas fondre. En tout cas, ce n'est pas perceptible.

Mais le Groenland, lui, fond…

C'est incontestable et, par endroits, c'est même spectaculaire. C'est là que des scientifiques ont amené Jean-Louis Borloo et Angela Merkel pour bien les endoctriner. Les politiques ont été, c'est normal, impressionnés par les énormes pans de glace glissant du continent vers la mer. Mais il faut ajouter qu'au Moyen Age, lorsque les Vikings ont découvert le Groenland, il y avait encore moins de glace qu'aujourd'hui. C'est pour cela qu'ils l'ont appelé le « pays vert », comme je l'ai dit. Or il n'y avait pas de CO_2 d'origine anthropique à cette époque.

Tout de même, on n'a pas la berlue, les glaciers des montagnes des Alpes, des Andes, de l'Himalaya fondent, eux aussi…

Oui, même si, en Norvège, quelques glaciers semblent s'étendre, et si les glaciers de l'Himalaya fondent, d'après les derniers constats, beaucoup moins qu'on ne l'a prétendu [1].

Quelle est la cause de cette fonte des glaciers ? Pour la majorité des gens, c'est bien la preuve qu'il y a un réchauffement global.

Peut-être, peut-être pas. Nous en discuterons lorsque nous parlerons des interprétations et des modèles, car ce peut être la même chose que pour le Kilimandjaro. Peut-être neige-t-il aujourd'hui moins l'hiver…

Notre trouble subsiste. Si les glaciers fondent, le niveau de la mer va s'élever…

Le niveau de la mer peut monter effectivement en fonction de plusieurs causes. Si la température moyenne augmente, l'océan se dilate, donc « se gonfle », et le niveau monte. Si le flux d'eau douce venant des continents augmente – soit du fait des variations du débit des fleuves, soit du fait de la fonte des glaciers –, le niveau monte également. Ces phénomènes sont aujourd'hui observés avec soin.

Comment ?

A l'aide de satellites qui mesurent les échos radars à la surface de la mer. C'est une opération très délicate car il faut savoir qu'entre un endroit du globe et un autre, la

1. P. Bagla, « No Sign Yet of Himalayan Meltdown, Indian Report Finds », *Science*, 13 novembre 2009, vol. 326, n° 5955, pp. 924-925.

différence du niveau de la mer peut atteindre jusqu'à 100 mètres. En plus, il y a les vagues, les tempêtes, les pluies... Mais grâce aux satellites qui passent et repassent, on arrive, en accumulant les passages successifs, à faire des mesures de plus en plus précises. Les spécialistes affirment qu'ils obtiennent une précision au millimètre, et assurent aujourd'hui que le niveau de la mer augmente de 2 à 3 mm par an[1]. Cela fait 20 à 30 centimètres par siècle. Pas de quoi engloutir Manhattan ou la Hollande !

Il y a pourtant, paraît-il, des « réfugiés climatiques », ceux qui, à cause de cela, quittent les îles du Pacifique ou les deltas du Bangladesh. Un Conseil des ministres des îles Maldives ne s'est-il pas symboliquement tenu un jour en scaphandre autonome sous la mer ?

J'ai vu cela, mais je n'en suis pas sûr. C'est du folklore opportuniste derrière une possible réalité dont la cause serait non pas climatique, mais géologique. Là encore, le film d'Al Gore ment. On sait notamment depuis Darwin que les volcans qui forment des îles s'enfoncent petit à petit au fond de la mer. Comme il se forme autour de ces volcans une ceinture de coraux et que ces derniers ont besoin de lumière pour se développer, ils se maintiennent près de la surface. On observe, au fur et à mesure de cette évolution, des structures avec volcans entourés de coraux (c'est le cas de Tahiti), des structures avec volcans érodés et un grand lagon (comme à Bora Bora), puis des coraux formant des cercles autour d'un volcan sous-marin. Ce phénomène – qu'en termes savants on appelle « guyots » – est connu depuis au moins cent ans. J'ai moi-même enseigné cela pendant trente ans. Donc, il est possible que la mer envahisse petit à petit ces îles, bien que les vitesses

1. Je dirais au maximum car beaucoup de gens – dont les pionniers de ce type de mesures – pensent que la précision du millimètre est exagérée.

imposées par la géologie me paraissent beaucoup plus faibles que le temps des hommes, mais il est totalement faux de dire que c'est par suite de la montée du niveau de la mer, donc du réchauffement climatique.

Mais dans le delta du Brahmapoutre, il n'y a pas, dit-on, de volcans et pourtant la mer gagne sur la terre…

Oui, comme dans l'embouchure de la Meuse !… Il s'agit d'un autre phénomène géologique, mais qui a pour origine le même processus physique. Lorsqu'une masse s'accumule à la surface du globe, elle pèse sur l'intérieur et, finalement, elle s'enfonce sous l'action de son propre poids. On appelle cela la « subsidence ». Dans les deltas, l'apport de sédiments par les fleuves conduit à cette subsidence. Ce qui est caractéristique de ce phénomène, c'est qu'il se produit par saccades. Il y a donc un délai entre l'apport de matières sableuses par les fleuves et l'enfoncement. Or, aujourd'hui dans les deltas, s'ajoute à ce phénomène naturel une série de phénomènes dont l'homme est, pour le coup, responsable.

Cette fois, c'est vous qui le dites !

Mais j'ai été l'un des premiers à dénoncer les dégâts causés par l'homme à la planète !… Pour en revenir à l'affaissement des deltas, il s'agit souvent des conséquences de l'exploitation pétrolière. C'est le cas du détroit du Mississippi, de l'Orénoque, du Niger, du Congo ou de l'Irrawaddy. L'extraction du pétrole et du gaz crée des cavités dans le sous-sol qui favorisent l'effondrement de ce dernier. Il serait souhaitable qu'on exige demain des compagnies pétrolières qu'elles « compensent » ce phénomène. Voilà une action concrète, et qui serait efficace. Autre cause : ce sont les barrages qui arrêtent les sédiments, ce qui fait que le delta s'enfonce, mais ses matériaux de surface ne sont pas pour autant remplacés, renouvelés. La mer a donc tendance à gagner sur la terre. Au total, le résultat est souvent dramatique, car dès qu'il y a une crue, elle devient dévastatrice. Cette situation est angoissante. Depuis dix ans, 80 % des grands deltas ont subi des inondations dévastatrices. Certains cherchent à rattacher ce phénomène au changement climatique, mais c'est totalement artificiel. Les causes sont essentiellement géologiques et humaines, et la migration des tigres du Bangladesh n'est pas une conséquence climatique !

Comment répondre à ce défi-là ?

Il faut se préoccuper très vite de contrôler l'évolution des grands fleuves et d'aménager les deltas. Des projets existent pour le Brahmapoutre au Bangladesh : il suffirait de les financer. C'est simple, et ce serait efficace. Jacques Attali a beaucoup milité à une époque pour une telle action. Comme vous le voyez, on est loin des affirmations alarmistes du film d'Al Gore, relayées par les médias, qui attribuent tout cela au réchauffement climatique. Du coup, on ne traite pas ces vrais problèmes comme ils devraient l'être.

Vous n'avez pas parlé des typhons, de la sécheresse, des inondations…

Je sais qu'on met tout sur le dos du réchauffement climatique ! J'ai même entendu qu'on lui attribuait les tsunamis !… Encore une fois, il y a un changement climatique, et ce changement est effectivement caractérisé par des phénomènes extrêmes qui alternent très vite dans le temps et l'espace. Cela, c'est une réalité. Il y a une sécheresse ici et des inondations cinq cents kilomètres plus loin. On l'a vu plusieurs fois entre la Grèce et la Turquie. Cette alternance se produit aussi dans le temps, à quelques semaines d'intervalle, comme en Roumanie il y a trois ans. Cela est une observation incontestable. Quant aux cause, je ne le dirai jamais assez, un scientifique digne de ce nom ne sait pas, aujourd'hui, expliquer ou modéliser ces alternances de phénomènes extrêmes. Je dis bien : ne sait pas.

Rien sur les typhons et les cyclones ?

L'augmentation des cyclones ou de leur puissance est un sujet débattu. Certains spécialistes comme Webster (Georgia Tech) ou Kerry Emmanuel (MIT) pensent que c'est vrai. D'autres comme Landsea (NOAA) ou Gray (Colorado State University) sont d'un avis opposé[1]. Il reste donc à travailler.

Au total, devant tout ce qui est énoncé ou asséné, quel est votre sentiment ? Vous dites que tout cela est mensonges ?

Je vous propose de récapituler. En passant en revue d'abord les affirmations énoncées par Al Gore dans son film et dans son livre.

1. La fameuse double courbe en « crosse de hockey » pour le CO_2 et la température. C'est l'argument-choc. Il est faux.
2. La fonte des neiges du Kilimandjaro est due au réchauffement climatique. C'est faux.
3. Le niveau de la mer s'élève très vite, et va submerger Manhattan sous six mètres d'eau. C'est de la science-fiction.
4. Les îles du Pacifique sont évacuées à cause de la montée du niveau de la mer liée au réchauffement climatique. Outre qu'on n'a pas pour l'instant d'exemples concrets

1. Landsea a démissionné du GIEC parce qu'on lui faisait dire l'inverse de ce qu'il avait affirmé. En effet, le leader du groupe Cyclone, Kevin Trenberth, a donné une conférence de presse pour affirmer qu'il y avait consensus pour dire que le réchauffement augmentait les cyclones. Landsea a démissionné et le GIEC a été obligé de désavouer Trenberth.

d'une réelle évacuation, l'envahissement progressif des îles volcaniques par l'océan est, on l'a vu, un phénomène géologique.

5. Le réchauffement planétaire est la cause de l'ouragan Katrina. Affirmation gratuite.

6. La fusion de la banquise arctique ne provoquera aucune élévation du niveau de la mer.

7. La mer d'Aral s'est asséchée parce qu'on a trop pompé pour la culture du coton les deux fleuves Amou Daria et Sir Daria. Cela n'a rien à voir avec le réchauffement climatique. En plus, depuis qu'on a réglementé l'arrosage pour le coton, la mer d'Aral se reconstitue.

Pour le reste, il n'est pas sans intérêt se savoir qu'Al Gore a été condamné par la Haute Cour de Londres et le juge Burton pour diffusion de fausses preuves scientifiques, et qu'en conséquence le film d'Al Gore n'a pas pu être projeté en Grande-Bretagne dans les écoles sans un avertissement préalable identifiant neuf erreurs (décision de janvier 2007). La presse française n'a pas fait état sur le coup de cette mise en garde, qui en dit long. De nombreux journaux n'ont appris la nouvelle, semble-t-il, que beaucoup plus tard, la relayant lorsque Al Gore et son film avaient disparu de l'actualité.

Pour le commun des mortels, n'est-il pas singulier qu'on donne un prix Nobel – certes pas un prix Nobel scientifique – à un homme qui a fait un film en utilisant, à vous suivre, des arguments faux ?

C'est le sentiment de beaucoup de scientifiques, consternés par le choix des Nobel. M. Jouzel a, en revanche, affirmé, lui, que le film était excellent et que ce qu'il montrait était vrai[1].

1. http://lci.tf1.fr/science/environnement/2006-09/cinema-tout-que-dit-gore-est-exact-4896423.html

Toujours Jouzel !

Que voulez-vous ? Il incarne certaines dérives de notre époque. Al Gore montrant dans son film les résultats de Jouzel sur les variations du CO_2 et de la température dans les glaces polaires, il s'est forcément senti flatté. Car, le connaissant, je ne peux croire qu'il puisse cautionner scientifiquement ce produit... Mais reprenons de la hauteur. Loin des salles de cinéma et d'un certain show-biz, il faut replacer tous ces événements dans un contexte historique plus global. Le climat de la Terre a toujours varié avec des fluctuations considérables, parfois brutales. On connaît les perturbations du quaternaire avec les âges glaciaires et interglaciaires. Les périodes glaciaires se développent progressivement, alors qu'elles se terminent brutalement. Mais, superposées à cette tendance générale, les archives glaciaires récentes ont montré l'existence d'oscillations de type chaotique avec des réchauffements brutaux de quelques années. En fait, si on présentait la courbe de température des temps historiques avec ses variations comme une courbe datant des périodes antérieures aux humains, personne ne l'identifierait comme anormale.

Donc, vous dites que le climat de la Terre a toujours varié !

C'est une évidence scientifique. Et j'ajoute : pourquoi n'en serait-il pas de même aujourd'hui ? Moyen Age chaud, suivi d'une période froide (petit âge glaciaire), puis réchauffement cinquante ans après : peut-être n'est-ce pas dans la logique climatique, mais cela tend à prouver que le système naturel Terre a de puissants mécanismes de régulation de la température. Quelle que soit la cause du changement climatique actuel, les fluctuations climatiques ne seraient-elles pas régulées naturellement ? C'est la thèse que défendent le journaliste météo Laurent Cabrol aussi bien que le grand climatologue Richard Lindzen.

N'est-ce pas commode ? Autrement dit : laissons faire la nature, et tout s'arrangera !

Ce n'est pas une question de facilité. C'est même l'inverse : si le climat change, il ne faut pas croire qu'il suffit de contrôler le CO_2 pour l'arrêter ! Il faut, au contraire, s'adapter au changement, prendre des précautions, se préparer au pire...

Mais si l'augmentation du CO_2 n'est pas le facteur dominant du climat, quel est ce facteur ?

L'idée alternative, c'est de considérer que le Soleil est le facteur dominant du climat, mais que son action est modulée par la dynamique des océans et des nuages.

Y a-t-il des éléments à l'appui de cette thèse, voire des preuves ?

Nous y reviendrons. Mais s'il faut le dire d'un mot, j'ai envie de vous renvoyer, tout simplement, à l'histoire de la Terre. Songez qu'il y a 700 millions d'annees la Terre a été une boule de neige, recouverte entièrement de glace, océans compris. Puis elle s'est réchauffée, la glace a fondu, et la Terre a repris son évolution avec une température plus clémente qui a permis, à partir de 550 millions d'années, l'explosion de la vie. Et puis il y a eu la période chaude du crétacé, puis les alternances glaciaires-interglaciaires du quaternaire...

Mais les tenants du réchauffement affirment qu'il n'a jamais fait aussi chaud qu'aujourd'hui !

Ça, c'est tout à la fois absurde et faux. Au crétacé, c'est-à-dire à l'époque où les dinosaures vivaient sur la Terre, il

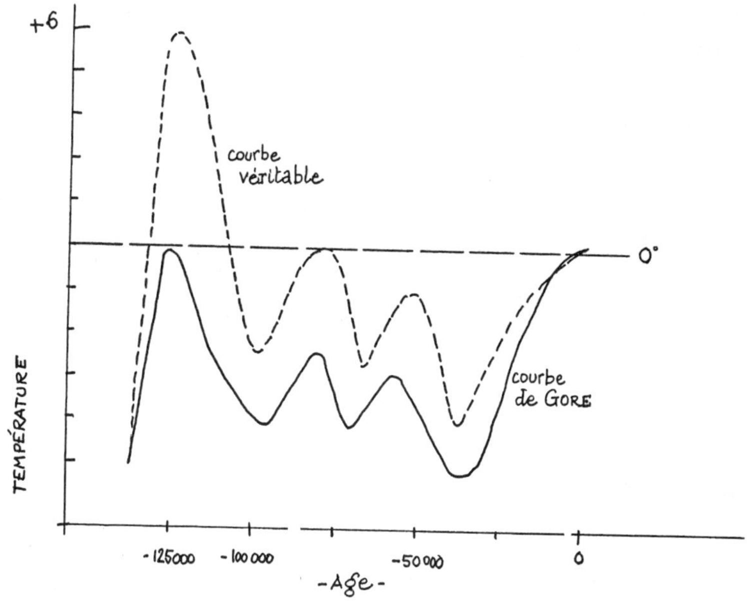

Fig. 10 : Voici (schématisées) deux courbes décrivant l'évolution des températures depuis 125 000 ans. On verra que la courbe telle que les méthodes modernes permettent de la reconstituer montrent qu'en l'an 125 000, la température de la Terre était supérieure de 6 °C à la température actuelle.

faisait en moyenne 15 °C de plus qu'aujourd'hui. Les forêts tropicales avaient envahi l'Europe. Il n'y avait de calotte polaire ni en Antarctique ni en Arctique. Il y avait des crocodiles et des palmiers au Spitzberg. La calotte polaire antarctique a commencé à se former il y a 37 millions d'années, mais surtout après 14 millions d'années.

Tout cela, c'était il y a très longtemps !

Alors revenons aux périodes… « actuelles » ! Au cours du quaternaire, il y a eu alternance. Pendant le dernier épisode glaciaire, les glaciers alpins descendaient jusqu'à Lyon. Les glaciers arctiques s'étendaient en

Amérique du Nord vers le sud jusqu'à Boston. L'entrée dans ces périodes glaciaires a toujours été progressive, avec des fluctuations. Puis, vers 15 000 ans, l'atmosphère s'est réchauffée, et la température a augmenté de 5 à 6 °C. On est passé dans une période interglaciaire. Eh bien, lors des périodes chaudes, il y a 125 000 ans, il faisait plus chaud qu'aujourd'hui. On pensait qu'il faisait 3 °C de plus en moyenne : en fait, il faisait 6 °C de plus, et le CO_2 de l'atmosphère était moins abondant[1].

En regardant les archives historiques et en extrapolant, que conclure ? Que ça va se réchauffer ou pas ?

Si on se focalise sur les périodes historiques, on a tout lieu de penser qu'à l'époque romaine il faisait plus chaud qu'aujourd'hui, puis que la température s'est refroidie avant de se réchauffer à nouveau au Moyen Age. Après la phase qui a suivi – celle du « petit âge glaciaire » –, on pourrait s'attendre à un nouveau réchauffement. Mais rien n'indique que le climat alterne avec régularité et rien ne garantit, comme le pense pourtant Vincent Courtillot, que le climat s'est, en gros, réchauffé depuis cent cinquante ans et que maintenant il va se refroidir.

Le réchauffement ou le refroidissement de la planète, cela peut changer si vite ?

Avec l'Histoire, passez-moi le mot, on a tout en « magasin » ! L'étude détaillée des couches de glace récentes montre que les réchauffements se sont produits parfois en deux ou trois ans, mais qu'il a fallu parfois de trente à cinquante ans. La leçon des études historiques, c'est qu'il

1. L. C. Sime *et al.*, *Nature*, vol. 462, 19 novembre 2009.

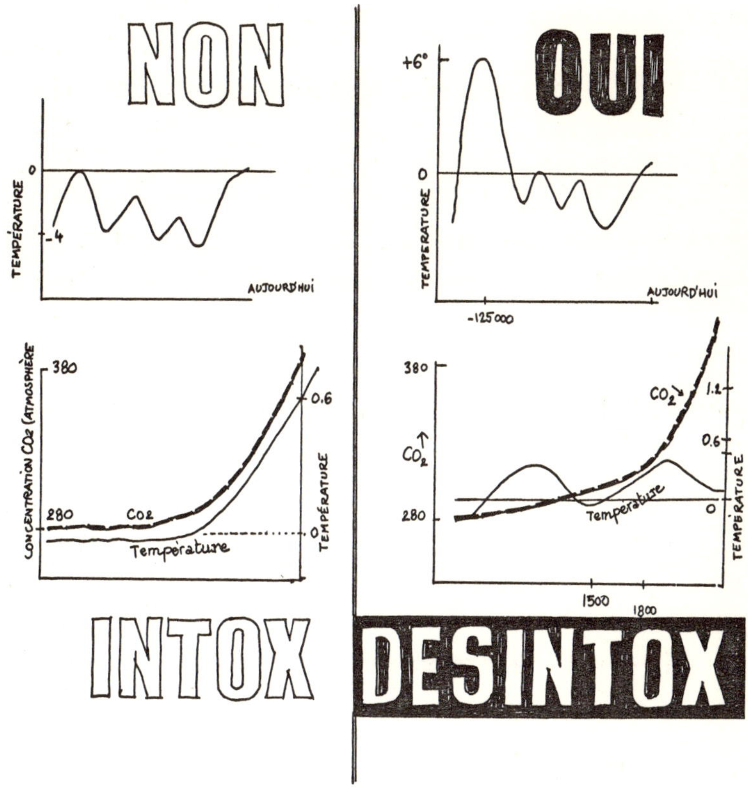

Fig. 11 : Voici un schéma qui résume les observations. D'un côté, ce que l'on nous affirme comme la vérité, de l'autre, la réalité des faits.

faut se préparer à des changements climatiques et, comme l'homme a toujours fait, à s'y adapter. Adaptation, c'est le maître mot. Croire qu'il suffit de réduire les émissions de CO_2 pour contrôler le climat, c'est, nous allons le voir, irresponsable ! C'est une « anti-précaution ». Car ce que m'a appris cette polémique – qui m'a amené à lire beaucoup, à réfléchir, à faire moi-même de petits calculs –, c'est que le phénomène climatique est, bien sûr, global dans ses causes générales, mais local dans ses effets.

Tout le monde se « moque » du climat moyen : cela ne concerne que les experts. Ce que les gens veulent savoir, c'est le climat qu'il fera là où ils sont, là où ils habitent, là où ils vont...

Ce que l'examen des observations concrètes nous apprend, c'est qu'effectivement le climat est un phénomène régional. J'insiste : à travers les changements temporels que l'on peut percevoir, le caractère régional s'impose.

Vous m'avez confié que vous aviez vous-même étudié les climats dans diverses régions depuis deux cents ans. Qu'avez-vous constaté ?

Que chaque région a sa « signature » particulière, et que cette dernière se maintient pendant deux siècles. Bref, les moyennes mondiales n'ont aucune signification claire. Ce qui a une signification claire et traduisible pour la vie des gens, ce sont les évolutions régionales. Malheureusement, ces évolutions sont aujourd'hui hors de portée des « modèles » d'une manière sérieuse. Le dernier rapport du GIEC fait une tentative continent par continent, mais avec des marges d'erreurs telles qu'elles ôtent toute signification aux courbes tracées. Donc, je le répète, si on se focalise sur les observations, le travail effectué sur la moyenne mondiale n'a aucun sens.

Une « moyenne » par ailleurs très difficile, avez-vous dit, à définir !

Vous avez bien retenu ce que nous avons dit... Oui, les températures moyennes du globe sont difficiles à définir et, j'ajoute, inutiles. Concluons en disant que le climat a

une composante régionale déterminante, laquelle est régie par la géographie des lieux.
Jusqu'ici, tous ces paramètres sont hors de portée des modèles. Donc, les modèles sont hors réalité.

Chapitre 3
Modèles

« La grande qualité de l'avenir,
c'est d'être perpétuellement surprenant. »

Jean-Claude Carrière[1]

Nous avons vu, grâce à vous, que les observations portant sur les évolutions comparées des températures et du CO_2 ne démontrent rien de clair quant aux relations entre ces deux courbes. Et cela, aussi bien pour la période historique que pour la période préhistorique. Les observations les plus solides établissant qu'il y a un changement climatique sont, nous avez-vous dit, la fonte des glaciers de montagne, du Groenland et de l'Arctique. On peut, bien sûr, avancer l'hypothèse que cette fonte est due à l'accroissement du CO_2 dans l'atmosphère, mais c'est une relation indirecte. Sur quoi reposent alors les prédictions catastrophistes du GIEC ?

Sur des modèles informatiques, hélas !... Un « modèle » est une représentation simplifiée d'un système, qui permet d'en comprendre le comportement et les déterminismes. Lorsqu'il s'agit de modèles quantitatifs, ce qui est le cas ici, un modèle se ramène (trop souvent) à une suite

1. Dans son dialogue avec U. Eco, *N'espérez pas vous débarrasser des livres*, Grasset, 2009.

d'équations liées les unes aux autres, dont la solution permet de calculer théoriquement les quantités que l'on peut observer. Naturellement, l'informatique – avec sa capacité à faire beaucoup de calculs et très vite – est devenue aujourd'hui un outil indispensable pour calculer les modèles des systèmes naturels. Mais ce n'est qu'un outil. L'essence du modèle, c'est l'exercice intellectuel qui permet de passer du réel à une représentation symbolique, laquelle rend possible de représenter et d'expliquer le réel. L'informatique n'est qu'un outil. Les météorologues-climatologues ont donc élaboré des modèles informatiques et, à partir de là, ils se sont proposé de savoir quel serait le climat du futur si on augmentait (classiquement, on dit « si on doublait ») les teneurs en CO_2 de l'atmosphère.

Mais qu'entend-on par « climat » ? Comment le définit-on ? Quelle est, par exemple, la différence entre météo et climat ?

La météorologie, c'est la science qui étudie le temps qu'il fait à l'échelle de la semaine ou, au plus, du mois. Le climat, lui, s'occupe du temps qu'il fera en moyenne sur vingt ou trente ans.

Le climat, c'est donc une météo moyenne sur trois décennies ?

En quelque sorte !... Définir ce qu'est le climat n'est, en réalité, pas simple. C'est une combinaison de facteurs comprenant la température, les précipitations, l'ensoleillement (et donc la couverture nuageuse), la pression (et donc les vents), l'humidité (et donc le degré de sécheresse). Bref, c'est une notion très complexe car beaucoup de ces paramètres sont eux-mêmes liés.

Et qui s'intéresse au climat, qui le décortique ?

Pendant longtemps, le climat a intéressé surtout les agriculteurs, les marins et les géographes. D'ailleurs, les climatologues classiques sont des géographes. Mais, il y a environ trente ans, les météorologistes ont décidé de devenir climatologues. Nous reviendrons sur cet important virage. Pour cela, ils ont utilisé les modèles informatiques bâtis pour la météo avec l'intention de calculer ainsi... la climatologie. Cette technologie leur a donné une aura de respectabilité scientifique vis-à-vis des géographes qu'ils mépriseront sous le prétexte qu'ils sont des « littéraires ».

Qu'ont-ils fait concrètement ?

Il fallait établir la moyenne des résultats sur les longues durées. Comme ils manipulaient des équations et l'informatique, ils se sont proclamés seuls spécialistes, mettant totalement à l'écart les géographes, se privant du même coup d'une compétence certes qualitative, mais accumulée au cours d'une longue période. En France, par exemple, il faut voir comment les néo-climatologues ont traité le géographe Marcel Leroux, qui était pourtant le directeur du laboratoire de climatologie du CNRS et n'était pas un idiot[1] ! Exactement comme les économètres traitaient les économistes classiques il y a vingt ans !

Donc, la climatologie – la définition serait frappante –, c'est la météo des longues durées ?

Tout à fait !... Ses prédictions sont statistiques. Mais il y a une donnée essentielle : c'est que, comme la météo,

1. M. Leroux « "Global Warming" : mythe ou réalité ? L'évolution réelle de la dynamique du temps », *Annales de géographie*, n° 624, t. 111, 2002, pp. 115-137.

la climatologie est locale. Nous en avons déjà parlé en évoquant les observations ! Comme nous l'avons dit, les déterminismes globaux sont modulés par des facteurs locaux. Pour prendre une analogie avec des phénomènes que je connais bien : la tectonique des plaques est un phénomène global, mais comment savoir s'il y aura ici ou là des tremblements de terre ou des éruptions volcaniques ? Cela relève de la géologie locale.

Est-ce ce que certains ont baptisé, suivant un néologisme discutable : « glocal » ?

Oui. « Glocal » pour global-local... Pour comprendre ces phénomènes climatiques, il faut planter le décor. Ce qu'il faut bien comprendre d'abord, c'est que les conditions qui règnent à la surface de la Terre résultent de l'interaction de trois « enveloppes » distinctes : l'atmosphère, l'océan, les continents. Ces trois entités chauffées par le Soleil – leur seule source d'énergie – échangent de la matière et de l'énergie. Après avoir étudié ce système, les scientifiques ont ajouté deux enveloppes « ponctuées[1] » dont les domaines recoupent les divisions que nous venons de définir. Il s'agit de l'hydrosphère qui est l'ensemble du domaine de l'eau. Un domaine qui comprend l'océan, réservoir majeur, l'eau (aérienne et souterraine) sur les continents, les glaciers et la vapeur d'eau de l'atmosphère. Il s'agit bien là d'une entité spécifique. Les divers réservoirs échangent, en effet, entre eux de l'eau suivant le cycle évaporation → formation de nuages → pluie → ruissellement → transport par les fleuves → océan. C'est ce qu'on appelle le cycle de l'eau. Lui aussi tire toute son énergie du Soleil.

1. « Ponctuées » signifie qu'elles ne sont pas continues : un lac ici, une rivière là, ou pour la biosphère un arbre ici, un renard là, etc.

Et la seconde « enveloppe », comme vous dites ?

La seconde enveloppe, qui est une originalité de la planète Terre, c'est la biosphère. C'est l'ensemble des êtres vivants. C'est une sphère « en pointillé », discontinue bien sûr, mais qui échange de la matière avec toutes les enveloppes. Les processus les plus importants qui s'y déroulent, ce sont sans conteste la photosynthèse chlorophyllienne et la respiration. Les plantes vertes sont capables d'assimiler le gaz carbonique de l'air et, en utilisant l'eau, elles peuvent ainsi fabriquer de la matière vivante. En fait, toute la matière vivante de la planète trouve son origine dans ce processus. C'est donc un processus tout à fait essentiel. Le processus symétrique, c'est la respiration. Tous les êtres vivants – animaux comme plantes – brûlent leur matière pour produire de l'énergie. Ils consomment ainsi de l'oxygène, et rejettent du gaz carbonique. C'est la respiration. C'est la source première du CO_2 dans l'atmosphère !

Donc, s'il n'y avait pas de CO_2 dans l'atmosphère, il n'y aurait pas de vie ?

Exactement. Le CO_2, c'est la source de vie. C'est à partir de là que se construit la matière vivante. Il ne faut jamais l'oublier. Eliminer totalement le CO_2 de l'atmosphère reviendrait à décimer toute la vie sur la planète.

Mais si on augmente les teneurs en CO_2, ne va-t-on pas augmenter la photosynthèse, donc la production agricole ?

On augmente la production de matière vivante. C'est le cas dans les forêts tropicales, comme dans les serres expérimentales. L'augmentation des teneurs en CO_2 augmente la productivité biologique. Les Hollandais savent cela depuis longtemps puisqu'ils augmentent la teneur en CO_2 de leurs serres pour produire des tulipes ! Cela dit, c'est une constatation établie localement. Globalement, c'est plus incertain car au pied des arbres il y a des fermentations qui dégagent du CO_2. Nous reviendrons sur cette question, capitale dans la discussion sur les conséquences de l'effet de serre d'origine anthropique. Certains ne vont-ils pas jusqu'à considérer que cette augmentation du CO_2 est un bienfait pour la planète ?

Abordons la question essentielle du climat : l'effet de serre. Qu'entend-on par là ? En quoi cela concerne-t-il le CO_2 ?

Le Soleil éclaire l'atmosphère. Cet éclairement se fait majoritairement dans des longueurs d'ondes visibles. C'est pourquoi le Soleil nous éblouit. Une partie de ce rayonnement est renvoyée vers l'espace, une partie atteint le sol. Or un rayonnement électromagnétique comme la lumière, cela transporte de l'énergie, et donc cela chauffe ce que cela éclaire.

C'est pourquoi il fait plus chaud au soleil qu'à l'ombre !

Exactement. La surface terrestre – la terre solide comme les océans – est donc chauffée. Comme tout corps chaud, elle émet, elle aussi, des rayonnements. Mais ces rayonnements qu'émettent sans cesse le sol ou la mer sont invisibles à l'œil. Ils relèvent d'un domaine qu'on appelle infrarouge. Or ces rayonnements infrarouges ont comme propriété d'exciter certaines molécules qui les absorbent. C'est un phénomène qui se produit au niveau des atomes et des molécules. Parmi les gaz qui se trouvent dans l'atmosphère, trois absorbent le rayonnement infrarouge : la vapeur d'eau, le gaz carbonique, le méthane. Ces molécules de gaz sont excitées, elles vibrent, entrent en collision et finalement échauffent l'atmosphère qui les entoure, c'est-à-dire toute l'atmosphère. La moitié de cette énergie est réémise vers l'espace, l'autre moitié vers la basse atmosphère. Voilà ce qu'on appelle l'« effet de serre ».

Pourquoi ce nom ?

Parce que dans une serre de jardinier, il y a du verre à vitre qui laisse passer la lumière solaire visible, mais réfléchit la lumière infrarouge (invisible) émise par le sol et les plantes. Du coup, l'énergie portée par le rayonnement solaire est piégée dans la serre et en réchauffe l'air, qui reste tiède même la nuit. Dans le cas de l'atmosphère, c'est un peu le même phénomène qui se produit, mais ce sont les gaz de l'atmosphère qui jouent le rôle du verre à vitre.

Quels sont ces gaz à effet de serre ?

La vapeur d'eau en premier, qu'on oublie trop souvent et qui est essentielle, puis le gaz carbonique et le méthane

Si la vapeur d'eau est le premier gaz à effet de serre, c'est étrange qu'on n'en parle jamais !

Pas assez en tout cas. C'est pourtant grâce à la vapeur d'eau, et à elle seule, que la température moyenne à la surface terrestre est de 15 °C et pas de – 18 °C, ce qui serait le cas s'il n'y avait pas de vapeur d'eau.

Concrètement, cela se passe comment ?

Je vais vous donner quelques exemples simples pour illustrer cet effet de serre par la vapeur d'eau. Vous êtes en hiver, le temps est sec, il fait froid. Supposons qu'il pleuve : le temps se radoucit parce que la vapeur d'eau de l'atmosphère a absorbé du rayonnement infrarouge émis par la Terre, en a réémis la moitié vers le bas et a réchauffé l'atmosphère. Même chose pour la différence de température entre le jour et la nuit : elle est plus grande par temps sec que par temps humide. Par temps sec, rien ne vient compenser durant la nuit l'absence d'éclairement, et les infrarouges réémis par le sol s'échappent vers la haute atmosphère. Par temps humide, en revanche, l'atmosphère absorbe les rayons infrarouges émis par le sol, même la nuit.

Mais que vient faire le CO_2 ?

Le CO_2 est aussi un gaz à effet de serre, dont le rôle s'ajoute à celui de la vapeur d'eau.

Pourtant, il est, dit-on, beaucoup moins abondant que la vapeur d'eau !

Oui, vingt fois moins. Son abondance est aujourd'hui de 0,038 pour cent ! Mais comprendre son rôle très important dans l'effet de serre est un peu plus subtil. Je dois inclure dans mon raisonnement la structure de l'atmosphère. L'atmosphère est divisée en deux couches : en bas la troposphère (jusqu'à 10 à 15 kilomètres), en haut la stratosphère (au-dessus de 50 kilomètres) et entre les deux, zone mal définie, la tropopause. Dans la troposphère, la teneur en vapeur d'eau est très supérieure à celle du CO_2 et c'est elle qui domine l'effet de serre. Que l'on augmente un peu la teneur en CO_2 ne change rien. Mais par suite de la température très froide de la tropopause, la vapeur d'eau ne « passe » pas dans la stratosphère. Par contre, le CO_2 passe bien. Donc, à la base de la stratosphère il y a un peu de CO_2, et pas de vapeur d'eau. C'est là où le CO_2 va jouer un rôle prépondérant dans le régime thermique de l'atmosphère, car il est seul. Dans la basse atmosphère, l'effet de serre est presque complètement dû à la vapeur d'eau. A la base de la stratosphère, c'est le CO_2 qui est responsable du réchauffement.

J'essaie de vous suivre. N'allez pas trop vite ! Donc, si les teneurs en CO_2 de l'atmosphère augmentent, la température de l'atmosphère augmente…

C'est l'idée simpliste aujourd'hui propagée partout. En pratique, c'est plus compliqué que cela, et c'est cette complication que je voudrais vous faire toucher du doigt…

Vous êtes décidément l'apôtre de la complexité !

Méfiez-vous toujours et partout des esprits simplistes !… Oui, nous sommes dans un système complexe, et nous avons affaire à des « scientifiques » qui, formés dans des disciplines mathématiques, sans culture naturaliste, utilisant à tour de bras les ordinateurs et souhaitant en exploiter à fond le potentiel, simplifient tout. Au point de tomber dans une représentation simpliste de l'atmosphère[1].

Pouvez-vous nous en donner un exemple ?

Prenons la vapeur d'eau. Supposons que la température de l'atmosphère augmente. L'évaporation de l'eau de surface, en particulier dans les océans, va augmenter. Donc la teneur en vapeur d'eau de l'atmosphère va augmenter. Ce qui, a priori, va amplifier l'effet de serre puisque la vapeur d'eau est un gaz à effet de serre. Ainsi la température devrait être amplifiée par ce processus. C'est ce

1. Les sciences naturelles, pour les pratiquer, demandent un état d'esprit identique à celui qu'avaient les physiciens du XIXᵉ siècle et de la première partie du XXᵉ siècle : une intuition et une capacité à extraire une logique simplifiée (et pas simpliste) des systèmes complexes. Ce n'est pas à coups d'équations plaquées sur le réel qu'on y parvient.

qu'on appelle une rétroaction positive, un effet amplificateur. C'est ce que certains vous assènent à tour de bras à la télévision. Mais, disant cela, ils oublient l'essentiel ! C'est-à-dire le subtil, la complication essentielle.

Car ce n'est pas ce qui se passe ?

En fait, là encore, il faut faire attention. D'abord parce que l'atmosphère n'est pas inerte. Il y a des vents dont les trajectoires sont complexes, à la fois entre les pôles et l'équateur, d'ouest en est et d'est en ouest. Ces vents vont transporter de la vapeur d'eau à travers le monde, et certains vont rencontrer la grande bande est-ouest des déserts qui, bien sûr, « pompent » l'humidité, sans qu'on sache exactement l'effet quantitatif exercé par ces déserts. Notez – encore une fois – l'importance des différences géographiques.

Dans une certaine mesure, la simple météo nous aide. Les images des satellites nous montrent cela, avec les répartitions compliquées des nuages qui forment des spirales...

Eh bien, justement, parlons des nuages ! C'est le facteur essentiel de complication, et même de... mystère. Les nuages sont, en effet, des structures qui associent des gouttes liquides et de la vapeur d'eau. Ils ont donc la propriété de mobiliser une partie de la vapeur d'eau de l'atmosphère. Nous verrons que ce sont du côté de ces nuages que se situe peut-être la solution.

Vous dites que l'eau de l'atmosphère se répartit entre « vapeur libre » et nuages ?

Exactement. Mais ce qui complique encore la question, c'est qu'il y a nuages et nuages. Il y a les nuages blancs d'altitude qui réfléchissent directement les rayons du soleil, donc qui ont tendance à refroidir l'atmosphère en jouant le rôle de parasol. Et il y a les nuages noirs de la basse altitude qui, eux, sont des agents de réchauffement car ils absorbent les rayonnements infrarouges émis par le sol. Ce sont, dit drôlement Laurent Cabrol, des sortes de « doudounes » pour la surface de la Terre ! Or, aujourd'hui, on ne sait pas quelle proportion de vapeur d'eau se transforme en nuages, et pas non plus quelle proportion de nuages blancs et sombres se forme. Laissons parler Hervé Le Treut, pourtant peu porté à insister sur les incertitudes des modèles informatiques pour qui il a une quasi-vénération : « Tout cet enchevêtrement fait des nuages le plus important des facteurs d'incertitude sur l'évolution future des climats. » Dans un autre article, il écrit, de façon non moins forte : « La capacité de prédire quantitativement l'évolution du climat futur reste éloignée de la capacité à affirmer l'existence d'un problème (*sic*). Cela provient en particulier de la complexité (…) des processus et des rétroactions qui déterminent la modification des nuages et leurs interactions avec les aérosols[1]… »

Il est moins nuancé et plus catégorique, dites-vous, lorsqu'il s'exprime dans les médias…

Parce qu'il faut être solidaire d'une communauté qui a peur de perdre ses moyens… Mais il est moins biaisé et militant que Jouzel ! Jean-Pierre Chalon, dans son remarquable ouvrage sur les nuages[2], nous dit, écoutez bien : « L'impact global des nuages sur le bilan radiatif de la planète est quarante fois supérieur à celui attribué

1. H. Le Treut et C. Gautier, *in* J.-L. Fellous et C. Gautier (dir.), *Comprendre le changement climatique*, Odile Jacob, 2007, pp. 45 et suivantes.
2. J.-P. Chalon, *Combien pèse un nuage ? Ou pourquoi les nuages ne tombent pas*, EDP Sciences, 2002.

aux variations des teneurs des gaz à effet de serre, enregistrées au cours des dix dernières années. » Et, plus loin, parlant des nuages : « Ces processus sont encore assez mal compris. C'est une des difficultés majeures et une des principales sources d'imprécision que rencontrent les tentatives de prévision des évolutions du climat. » Je m'interroge : pourquoi un tel expert n'a-t-il pas été davantage impliqué dans les processus du GIEC ? Pourquoi l'entend-on si peu dans les médias ? Réponse : cela fait partie du « totalitarisme climatique » (dont la France n'a pas été exclue). Emettre des nuances, c'est déjà être un adversaire du « climatiquement correct » !

Mais les gens qui travaillent sur le climat savent bien cela, d'autant plus que beaucoup s'occupent aussi de météo !

Bien sûr qu'ils savent cela !... Mais introduire des marges d'incertitudes importantes (donc réelles) déstabiliserait tout le système !

Alors comment en tiennent-ils compte dans leurs « modèles informatiques » ?

En « bidouillant ». Ils décident, par exemple, d'une certaine relation mathématique liant la production de tel type de nuage avec la teneur en vapeur d'eau, le tout avec des tas de coefficients inconnus. Puis ils font des essais pour reproduire ce qu'on a observé dans le passé, et ils modifient leurs coefficients de manière à reproduire les observations. Mais chaque école a son expérimentation mathématique, et cela conduit à des résultats différents (parfois très différents) les uns des autres.

Comment s'en sortent-ils ?

En faisant des moyennes entre les modèles !... Ils supposent que les différences relèvent du hasard, et ils appliquent donc les lois statistiques. Et vous appelez cela « s'en sortir » ? Trêve de plaisanterie. Nous parlerons du GIEC ultérieurement. En attendant, désolé, mais tout cela est encore trop simple. Chaque fois que de l'eau s'évapore, il est nécessaire de lui fournir une certaine quantité de chaleur. Cela s'appelle la *chaleur latente d'évaporation.* C'est pourquoi, si vous voulez vous rafraîchir en été, vous vous aspergez d'eau ou vous vous mettez une serviette mouillée sur la tête. La « chaleur latente d'évaporation » de l'eau qui est rendue vous refroidit. A l'inverse, lorsque la vapeur d'eau se condense en liquide, c'est-à-dire lorsqu'il pleut, l'eau émet une certaine quantité de chaleur : c'est la *chaleur latente de précipitation.* C'est pour cela que lorsqu'il pleut, l'atmosphère se réchauffe.

Vous aviez raison d'insister : la science du climat est chose vraiment complexe...

Certes !... Je vous disais que la Terre est le siège de mouvements gigantesques de l'hydrosphère. Il s'évapore de l'eau ici, il pleut ailleurs, les nuages transportent l'eau de l'océan vers les continents, de l'équateur vers les pôles. Et les rivières et les fleuves, des continents vers les océans, etc. On appelle cela le cycle de l'eau. Du fait de la chaleur latente, le cycle de l'eau est une sorte d'immense « machine à vapeur » qui transporte sans cesse de l'énergie, qui refroidit ici, chauffe ailleurs. Or on ne connaît pas le déterminisme, ni les flux exacts du cycle de l'eau. Vous imaginez des mégawatts-heure, transportés par un vent et redistribués ici ou là ? Une inconnue gigantesque de plus. Bien sûr, on a des connaissances sur la question, mais approximativement, avec des marges énormes d'erreurs. Naturellement, cette ignorance est aussi intimement liée à la formation des nuages, à leur migration. Dans tout cela, nous retrouvons la géographie : la répartition des terres et des mers, des plaines et des montagnes... Et le caractère local du climat ! Les géographes, eux, savaient cela ! On les a éliminés !

Ai-je bien compris ? L'évaporation et son inverse, les précipitations, autrement dit les pluies (et la neige), constituent, dites-vous, une immense « machine à vapeur », et pas une machine à vapeur simple comme celle de Denis Papin !...

... d'autant plus que l'homme, par son activité agricole ou industrielle, perturbe le cycle de l'eau. Le fait de pomper l'eau des fleuves, des rivières et des nappes phréatiques, et de la répandre en arrosage favorise l'évaporation, puisque la surface d'exposition à l'atmosphère est augmentée. Cela modifie donc les transferts d'énergie. Un climatologue célèbre, Bill Ruddiman, vient d'écrire un livre pour dire que l'homme a modifié le climat depuis le début de ses pratiques agricoles[1].

Vous croyez à cette thèse ?

Je ne crois à rien, comme je vous l'ai dit. Je suis l'agnostique des prédictions climatiques. La piste Ruddiman est une idée qui n'est peut-être pas « la » solution, mais qu'il faut examiner. Le malheur est que, dans ce domaine, on présente une idée comme une certitude. Kelly, un éminent collègue anglais, membre de la Royal Society, pense que cette question de l'irri-

1. W. Ruddiman, *La Charrue, la peste et le climat*, Randall éd., 2009.

gation est fondamentale. Mais l'intervention humaine ne s'arrête pas là. Il y a un autre facteur déterminant et mal connu : les aérosols.

Vous êtes devenu un véritable « expert » en climat, ne vous en déplaise !

Pas un expert, encore une fois, mais un connaisseur intéressé. Regardant ce domaine avec ma vision fraîche de scientifique issu d'un domaine connexe. Mon point de vue, c'est qu'on manque cruellement d'observations précises à la hauteur du formidable défi qui est posé. Certes, il existe des programmes d'observations mais, au regard du formidable problème posé, ils sont modestes et très insuffisants.

En somme, vous reprochez aux climatologues officiels de ne pas avoir su proposer les programmes d'observation assez ambitieux qui auraient permis de résoudre le problème ?

Ou, tout au moins, de mieux l'appréhender[1]. Car je ne suis pas un adversaire de la climatologie, au contraire. Mais je ne pense pas que la climatologie se résume à écrire des programmes d'ordinateur sur un système qu'on ne comprend pas !

Si on revenait à vos aérosols, car vous nous entraînez tout de même dans des recoins du savoir qui ne nous sont pas familiers, vous le savez…

C'est le prix à payer si vous ne voulez pas raconter n'importe quoi.

1. Il existe, certes, des programmes d'observation du climat, mais ils sont modestes et pas à la hauteur des défis. Je parle d'un programme qui devrait mobiliser 1 ou 2 milliards d'euros par an !

Message reçu. Reste la question : qu'est-ce que les aérosols ?

Il s'agit de toutes les particules qu'on appelle, dans le langage courant, poussières, et qui flottent dans l'atmosphère. Elles sont de nature chimique et d'origines différentes. Certaines sont des composés soufrés. D'autres, des particules de carbone ou bien de sel. D'autres, des produits chimiques complexes. D'autres encore, des grains de sable. Certaines particules sont naturelles, comme les sables originaires des déserts, et mises en mouvement par les vents. D'autres résultent de l'activité humaine, comme les morceaux de charbon, etc.

Et comment se comportent ces particules vis-à-vis des rayonnements de l'atmosphère ?

C'est très compliqué. En simplifiant à outrance, et pour donner un exemple, on peut dire, par exemple, que les sulfates refroidissent l'atmosphère et que les particules carbonées, au contraire, la réchauffent. Désolé de le dire là encore, mais c'est un domaine d'étude très compliqué. Depuis cinq ans, par exemple, on a découvert les nanoparticules dont les dimensions sont de l'ordre de 10^{-9} mètres et dont le rôle ne semble pas négligeable sur l'interaction avec le rayonnement, même si on en perçoit mal encore les effets exacts. Oui, tout cela est mal compris. Les aérosols sont, pour beaucoup, des germes pour la formation des nuages. Un nuage n'est-il pas, selon la formule consacrée, une concentration de vapeur d'eau « qui rencontre un amas de poussière »[1] ? Et cette rencontre peut se pro-

1. J'ai moi-même travaillé sur le sujet, et publié un article sur la formation des nuages avec B. Dupré, P. Négrel, F. Seimbille, C. Allègre in *Atmospheric environment*, vol. 28, fév. 1994 un autre sur le cycle du CO_2 : J. Gaillardet, B. Dupré, C. Allègre, P. Louvat in *Chemical Geology*. vol. 159, nov. 1999.

duire dans la haute (nuages blancs) ou basse (nuages noirs) atmosphère. Dans ce cas, l'homme avec ses fumées et ses exhalations de poussière joue un rôle essentiel. Complexité, vous disais-je…

Je croyais naïvement qu'il n'y avait rien d'aussi compliqué et incertain que la politique, et je constate…

… que le climat n'est pas en reste ! Et tout ce que nous avons évoqué ne concerne que l'atmosphère. Or, pour comprendre la climatologie, il faut impérativement y inclure l'océan. C'est même sans doute le facteur dominant pour le déterminisme du climat. Pour la météo, vous pouvez presque négliger l'océan, car les temps de réaction typiques de la météo sont de l'ordre de la semaine ou du mois. L'océan réagit avec des constantes de temps de plusieurs années, voire sur une décennie. Lui aussi est en perpétuel mouvement. Les mouvements de l'atmosphère entraînent ceux de l'océan avec des manifestations diverses : la houle, les tempêtes, les courants marins. L'eau de mer elle-même a des propriétés variables suivant son état. Salée, elle est plus lourde, donc a tendance à tomber vers le fond. Froide, elle est aussi plus lourde, donc elle a tendance au même mouvement. C'est pourquoi les eaux froides et salées au sud du Groenland plongent vers le fond. Mais, naturellement, si des masses d'eau plongent, d'autres doivent revenir vers la surface. Il y a donc dans l'océan certes des mouvements rapides avec des tourbillons, des courants, des vagues, qui concernent essentiellement la surface et qu'on commence à bien connaître grâce à l'observation par satellites. Mais ces mouvements s'additionnent à des mouvements plus lents qui, eux, échangent les eaux de surface et des profondeurs, et brassent les eaux des divers océans. Evoquons ici un « modèle » qui a eu beaucoup de succès ces dernières années mais qui est, semble-t-il, une outrageuse simplification de la réalité.

Vous pensez au fameux « tapis roulant océanique » ?

Oui. Cette idée de « tapis » a été développée d'abord par l'océanographe Stommel, prix Crafoord juste avant moi, et popularisé par le géochimiste Wallace Broecker, prix Crafoord après moi[1]. L'eau de surface salée et froide, donc dense, plonge au sud du Groenland dans les abysses, y enfouissant aussi du CO_2. Elle descend vers l'Atlantique sud où elle rencontre une autre eau froide qui a plongé, elle, au nord de l'Antarctique. Ces courants profonds vont s'étaler autour de l'Antarctique en émettant des « langues », comme on dit, vers l'océan Indien et le Pacifique. Naturellement, les eaux profondes vont revenir à la surface froide, chargées de CO_2, de produits organiques, restes des animaux morts déposés au fond de l'océan. Ces zones de remontée (appelées *upwelling* en anglais) sont les zones de pêche miraculeuse, réparties un peu partout dans le monde : au large du Pérou, de la Somalie, du golfe de Guinée, etc. Finalement, ces eaux de surface reviendront dans l'Atlantique.

Au bout de combien de temps ?

Leur périple aura duré entre 1 000 et 2 000 ans. C'est le temps de transit des eaux océaniques. Mais il faut apprécier ce vaste mouvement à l'aune des paramètres du climat. Par rapport à l'atmosphère, l'océan est de loin le plus grand réservoir de chaleur, mais aussi de gaz carbonique de la planète. La température au fond de l'océan est de 4 °C. A la surface, cela varie de 40 °C à 0 °C, suivant la latitude. On voit bien comment cette immense machine peut réchauffer ou refroidir l'atmosphère – ou

1. Voir par exemple : A. Schmittner, J. Chiang, S. Hemming (dir.), *Ocean Circulation : Mechanisms and Impacts*, AGU Monograph, n° 173, 2007. Grant R. Bigg, *The Oceans and Climate*, Cambridge University Press, 1996.

modifier sa teneur en CO_2 – suivant qu'elle s'accélère ou se ralentit. Rappelons que la masse de l'atmosphère est le quatre millième de la masse de l'océan, soit un lapin comparé à un éléphant. Cela permet de comprendre qui domine l'autre.

A vous suivre, aucun doute : c'est l'océan !

C'est certain. Mais c'est aussi le facteur négligé… ou presque.

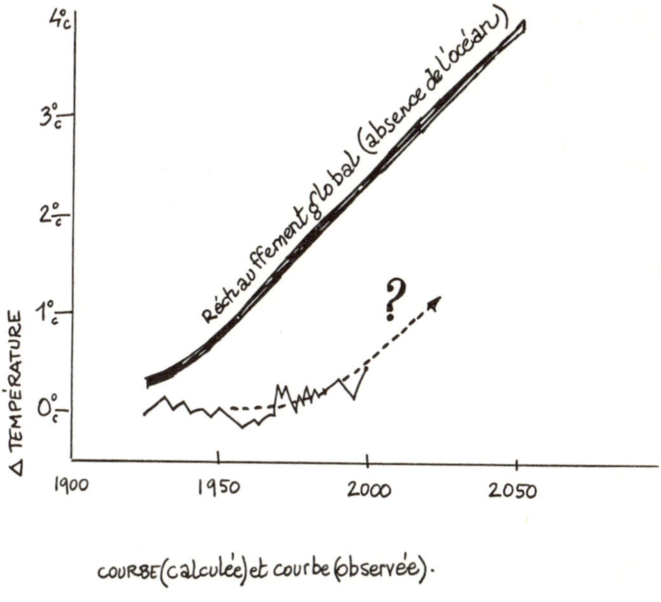

Fig. 13 : Courbes d'évolution de la température moyenne de l'atmosphère calculée sans tenir compte de l'océan. En bas, les courbes traduisant les observations réelles d'après Duplessy et Morel.

Vous allez encore dire que les membres du GIEC n'en tiennent pas compte ?

Si, si, ils essaient bien sûr. Ils sont obligés car, lorsqu'ils calculent des « modèles » sans océans, leurs résultats de température sont décalés de quarante ans par rapport aux observations (Fig. 13). Certes, ils voient bien que l'océan introduit un retard. Mais leurs corrections sont insuffisantes par rapport à la complexité de comportement qu'on soupçonne pour l'océan. La raison principale n'est pas leur mauvaise volonté mais notre ignorance sur le comportement de l'océan. L'océan est capricieux, avec des mouvements rapides, des fluctuations soudaines dont on ne comprend toujours pas les mécanismes[1].

Par exemple ?

Par exemple El Niño.

Qu'est-ce que c'est ?

Une oscillation à travers tout le Pacifique qui répartit la pluie mais aussi les courants marins au niveau de l'Equateur entre les côtes du Pérou et de la Papouasie. On connaît cela depuis le XVIe siècle. On commence à le comprendre, mais les oscillations n'ont pas une fréquence régulière et sont pour l'instant imprédictibles. Selon que ce phénomène se produit ou pas, c'est la pêche miraculeuse ou la disette sur les côtes du Pérou[2]. Il y a aussi une oscillation Nord Atlantique dont la fréquence est plus proche de dix ans. Elle aussi, on ne la comprend pas bien. Or, ces phénomènes amènent vers la surface du CO_2, du froid, des nitrates et des phosphates, donc favorables au plancton, ou

1. C. Wunsch, « The Past and Future Ocean Circulation from a Contemporary Perspective », *in* A. Schmittner, J. Chiang, S. Hemming (dir.), *op. cit.*, pp. 53-74, M. Latif *et al.*, « Decadal to Multidecadal Variability of the Atlantic MOC : Mechanisms and Predictability », *in* A. Schmittner, J. Chiang, S. Hemming (dir.), *op. cit.*, pp. 149-166.

2. Les événements El Niño sont séparés par des intervalles de 2 à 7 ans et ce sont des catastrophes car il n'y a pas de courants de fond, donc pas de nourriture pour les poissons, donc pas de pêche !

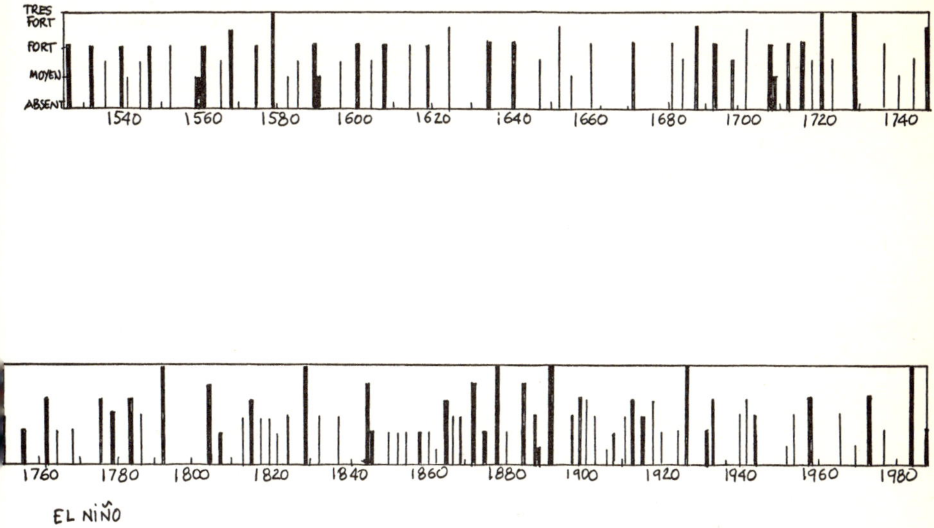

Fig. 14 Voici les rythmes d'El Niño depuis le XVI*e siècle.*

bien, au contraire, enfouissent dans les abîmes du CO_2 et du chaud. Et puis il y a le fameux Gulf Stream qui apporte les eaux chaudes du golfe du Mexique sur les côtes européennes, et nous assure ainsi, paraît-il[1], un climat doux, dont on comprend le processus général mais mal ses vicissitudes.

Ces phénomènes sont-ils intégrés dans les fameux « modèles informatiques » ?

Ils le sont. Mais comment voulez-vous qu'ils soient bien intégrés puisqu'on ne les comprend pas bien ? Ils sont sans doute dénaturés ou chaotiques. Si on voulait les intégrer, il faudrait donc introduire leur caractère imprédictible. Or les champions de la modélisation veulent à tout prix prédire le futur. Ils n'aiment pas introduire l'imprédictible.

Est-ce que, là aussi, vous utilisez le mot d'*imposture* ?

Scientifiquement, faire croire qu'on comprend un phénomène incompréhensible ou tout au moins incompris, comment appelez-vous cela ?

La science, répétez-vous, c'est la prise en compte de la complexité de la nature…

Bien sûr, mais en déchiffrant la simplicité qui y est cachée. Je veux évoquer ici, entre autres, deux grands scientifiques méconnus du grand public, Edward Lorenz et Benoît Mandelbrot, créateur de la théorie du chaos et des fractales. Lorenz était un météorologiste, professeur au MIT, et, en 1969, il a démontré, à l'aide d'expériences numériques simples, que la prévision météorologique au-

1. « Paraît-il », parce que certains aujourd'hui minimisent le rôle du Gulf Stream sur le climat européen.

delà de trois ou quatre jours n'avait pas de sens tant elle était incertaine.

Au-delà de quatre jours, ça n'a pas de sens, vraiment ?

L'observation le montre bien, et la théorie de Lorenz l'explique.

Vous diriez qu'après cela relève de la boule de cristal ?

Je dirais plutôt que c'est le fameux effet papillon. L'effet papillon, c'est l'illustration du comportement du système météorologique pour lequel une petite perturbation peut avoir des conséquences considérables. L'image, pour frapper les esprits, c'est qu'un simple vol de papillons devant Notre-Dame dans un sens ou dans un autre peut modifier le climat qu'il fera à Paris dans les six mois suivants ! Autant dire que la météo, on ne peut pas, on ne sait pas la prévoir. A long terme.

Pourquoi ?

Parce que l'évolution du système dépend, au départ, de toutes petites différences. Je vais prendre une analogie en géographie. Imaginez que vous êtes dans la Montagne Noire au sud du Massif central sur certaines crêtes : eh bien, le devenir d'une goutte d'eau dépend de minuscules paramètres. Si elle tombe sur telle ou telle crête, à un centimètre près, la goutte va finir soit dans l'Atlantique, soit dans la Méditerranée. C'est ce qu'on appelle une « bifurcation » : le « chemin » que suit le système se divise en deux et les deux directions conduisent à des résultats totalement différents. L'approche théorique de ces phénomènes – baptisée « théorie du chaos » – est un des grands apports de la science de la fin du XXe siècle. Une approche à laquelle les Français – Libchabert, Ruelle, Pierre Bergé, Mandeville, Pomeau, Henon, Tresser, Coulet, bien d'autres – ont beaucoup contribué. La physique du chaos, c'est la physique des phénomènes imprédictibles[1]. Bien qu'on puisse écrire pour ces systèmes des équations parfaitement déterministes, leurs solutions sont intrinsèquement aléatoires. C'est ce que l'on appelle la physique non linéaire parce que, pour les phénomènes qui sont traduits par ces équations, les effets ne sont pas directement proportionnels aux causes Petites causes, grands effets ! Grandes causes, pas d'effets !

Parce que certaines choses ne sont pas prévisibles ?

Oui. On aura beau en connaître les lois exactes, on ne pourra jamais prévoir leurs comportements futurs. C'est une notion fondamentale. Connaître parfaitement un système ne signifie plus qu'on peut prévoir son évolution. Joliment, Laplace disait, paraît-il, à Napoléon : « Donnez-moi le comportement passé d'un système et je vous prédirai son avenir, Sire ! » Eh bien, pour les systèmes chaotiques, l'affirmation de Laplace est fausse.

Et elle le restera, malgré les progrès de la science ?

Elle le restera parce que c'est intrinsèque au problème, au système lui-même. Cela n'a rien à voir avec la puissance des ordinateurs. Je pense de même – pour prendre cet exemple – que le comportement de la Bourse ou le fait de savoir quel sera le taux de croissance économique dans les deux ans qui

1. Quant aux fractales, c'est l'idée que les fonctions qui décrivent la nature ne sont pas forcement simples. Il y a des ruptures, des discontinuités. Et ces structures compliquées sont parfois le résultat de structures plus petites, mais de même nature, emboîtées les unes dans les autres. Cela met l'accent sur une évidence : les phénomènes à une certaine échelle ne sont que l'assemblage de processus qui ont lieu à des échelles inférieures. Ainsi un nuage est-il nébuleux à toutes les échelles et le comportement global des nuages (par exemple la pluie) dépend-il sans doute des processus élémentaires qui y ont lieu, mais qui se combinent suivant des règles hiérarchiques spécifiques à chaque système.

suivent sont impossibles à prévoir. Ce qui est, du coup, extraordinaire – même si je ne suis pas un spécialiste de psychologie sociale, cela me fascine – c'est que l'idée de prévision rencontre toujours un si puissant écho…

Cela répond à l'angoisse individuelle et collective. On voudrait connaître l'avenir.

Absolument. Ainsi en 2007, on a dit : « Les taux de la croissance française ne dépasseront pas en 2008 1,5 % ou 1,6 %. » Il s'est révélé que cela a été 2,1 %. Personne n'a dit : « On s'est trompé. Voilà pourquoi on s'est trompé. » Aucun économiste ne l'a reconnu. Ils ont recommencé à faire des prévisions pour l'année suivante. Et tout le monde leur a emboîté le pas. Et les journaux ont consacré des pages entières à ces prévisions ! Or je pense que l'économie n'est pas prévisible à long terme, pas plus que le climat, pas plus que la météo, les séismes ou beaucoup de phénomènes qui dépendent d'au moins trois paramètres indépendants. Les prévisionnistes du long terme ne sont pas plus crédibles que ceux qui accompagnaient César en utilisant l'appétit des poulets pour déterminer s'il fallait ou non livrer bataille. Cette volonté de vouloir « lire » l'avenir est une ambition fondamentale de l'homme, mais elle est utopique. Spécialement pour le climat.

Est-ce pour cela qu'on ne parvient pas à prédire El Niño ?

El Niño est ans doute, en effet, un phénomène chaotique. Sauf si les forçages externes donnent à l'un des paramètres un rôle dominant, dans ce cas[1] on retomberait alors dans un système non chaotique (Fig. 15-16).

1. Le forçage : facteur extérieur qui influence fortement un phénomène.

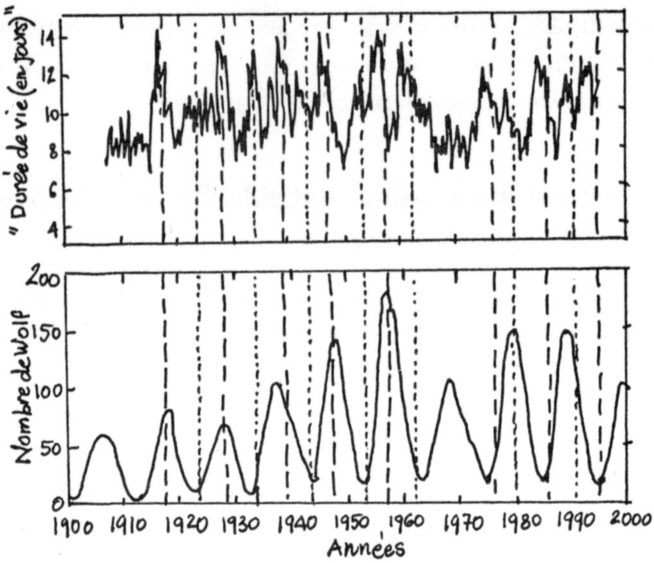

Fig. 15 . Variations des taches solaires et de « durée de vie » de la température moyenne.
On voit un parallélisme avec un décalage progressif. En phase dans la première partie ; en opposition de phase dans la seconde.

Quels sont ces forçages externes qui pourraient rendre le climat plus prévisible, en dehors de l'omniprésent CO_2 ?

Le premier forçage auquel on pense, c'est le Soleil. Le Soleil est responsable de l'alternance jour/nuit, des saisons (hiver/été), des cycles climatiques qui ont ponctué l'ère quaternaire entre 4 millions d'années et aujourd'hui. Certains pensent que le Soleil agit d'une manière encore plus subtile, à travers les émissions d'ultraviolet ou la modulation des rayons cosmiques, dont on ne comprend pas totalement les mécanismes La modulation d'activité du Soleil que traduit la présence des taches solaires – ces fameuses taches solaires qu'a découvertes

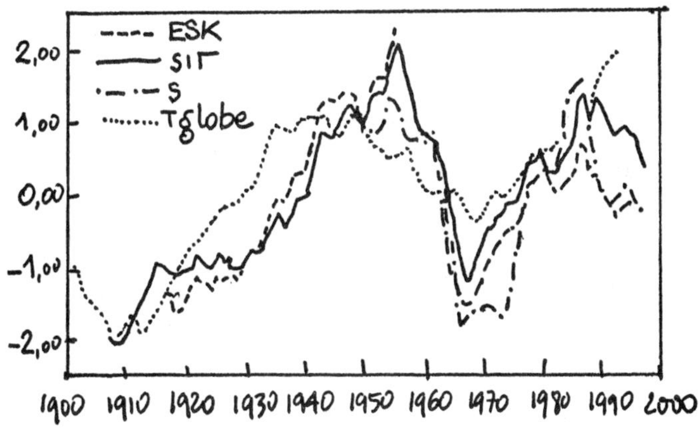

Fig. 16 : Variations de l'irradiance solaire, de la température du globe, de l'activité magnétique (d'après Le Mouël, Kossobokov et Courtillot). La congruence des courbes suffit à montrer leur degré de corrélation.

Galilée avec sa lunette – serait sans doute un facteur déterminant. Le Soleil serait, pour mes collègues Jean-Louis Le Mouël et Vincent Courtillot (et beaucoup d'autres avec eux), le facteur explicatif essentiel du climat. Le CO_2 serait pour eux, en tout cas aux teneurs actuelles, un élément de moindre importance. A l'appui de leur thèse et de nature à la conforter : leur grande compétence dans l'étude du champ magnétique terrestre et les corrélations qu'ils ont mises en évidence entre activité magnétique et températures de l'atmosphère.

Quel est le rapport entre le Soleil et le champ magnétique ? En général, on nous explique que sa source est au centre de la Terre…

C'est vrai, mais le Soleil envoie des rayonnements électromagnétiques qui réagissent avec l'ionosphère, et modifient le champ magnétique terrestre (dont l'origine, pour l'essentiel, se situe dans le noyau terrestre) en induisant des fluctuations rapides[1]. En retour, l'enregistrement du champ magnétique permet d'estimer très précisément l'activité du Soleil. Ainsi, les deux chercheurs précités ont pu montrer que la variabilité de la température « épousait » les fluctuations solaires. Je les cite parce que ce sont des collègues que j'admire beaucoup, que leur travail est parmi les plus solides, et qu'on a cherché à occulter leur bilan par des processus de censure plus que douteux.

Récemment, Vincent Courtillot a eu accès aux médias !

Enfin, mais après bien des crocs-en-jambe, et beaucoup de tentatives pour l'empêcher de publier ses résultats, certains épisodes n'étant pas à l'honneur de la science !... Je vous l'ai dit : c'est le totalitarisme climatique, sur lequel nous devrons revenir en détail. Cela étant, Le Mouël et Courtillot ne sont ni les seuls ni les premiers à avoir évoqué l'influence du Soleil. Les astronomes ont mis en évidence depuis longtemps des fluctuations de températures de l'atmosphère terrestre suivant l'activité solaire. Et les scientifiques qui étudient les climats passés à partir de l'épaisseur des anneaux d'arbres ont également mis en lumière la correspondance entre climat et taches solaires. Plus récemment, des études minutieuses de l'école astronomique hollandaise[2] ont renforcé cette corrélation, ce qui leur a permis d'annoncer que les hivers 2007-2008 puis 2009-2010 seraient plus froids que les précédents, et qu'on va sans doute entrer dans un « petit âge glaciaire » (ils rejoignent ce que dit Mojiv Latif du GIEC à partir d'autres arguments). Si le Soleil est le facteur dominant par-delà tous les autres, alors s'ouvrirait une fenêtre pour la prédiction...

1. Ionosphère : couche supérieure de l'atmosphère dans laquelle les atomes sont partiellement ionisés, c'est-à-dire chargés électriquement. Leurs mouvements peuvent donc créer des champs magnétiques.

2. C. de Jager et S. Duhau, *loc. cit.* C. de Jager, « Solar Forcing of Climate. Solar Variability », *Space Science Reviews*, n° 120, 2005, pp. 197-241.

Comment ? En quoi ?

Parce que l'on connaît depuis longtemps le caractère périodique (et non périodique) des fluctuations des taches solaires. On pourrait, à partir de là, prédire avec un degré de vraisemblance que nous allons vers un refroidissement général pour vingt ou trente ans avec, sans doute, des soubresauts.

Mais n'est-ce pas ce que disait *Le Monde* ?

Il y a aujourd'hui une convergence vers cette idée. Pour ma part, je reste prudent. J'observe. Je m'amuse simplement à voir les tenants du GIEC patauger dans leurs contradictions… En réalité, le grave problème qui se pose avec les « modèles » de climat (qui correspondent à des programmes informatiques gigantesques ayant demandé un travail de programmation considérable), c'est qu'on ne peut pas les tester ni les améliorer simplement.

Comment cela se fait-il ?

D'habitude, lorsqu'on construit un « modèle », on calcule ses résultats et on les compare aux observations. Si le modèle ne reproduit pas les observations, il faut le modifier.

Ce n'est pas ce qui s'est passé ?

Ici, il s'agit de climat, donc de moyennes de températures prises sur 20 à 30 ans. Donc, dans le passé, le nombre de séquences fiables bien observées est forcément limité. En outre, comme dans toutes les équations, il y a des paramètres libres, et on utilise les observations passées pour ajuster les modèles en déterminant les paramètres. Donc ensuite, logiquement, observations et modèles coïncident puisqu'ils ont été construits pour cela !… Lorsque les ajustements se faisaient sur la courbe de Mann (en crosse de hockey), c'était simple. Et c'est pourquoi elle a été si populaire auprès des faiseurs de modèles. Aujourd'hui, c'est plus compliqué. Et pour parachever le tout, les observations faites depuis dix ans ne correspondent pas à ce qui était prévu par les « modèles ». Il doit donc y avoir des forçages qui ont été mal pris en compte par les modèles. Et la réaction intelligente est celle de Mojiv Latif : le reconnaître.

Pourquoi l'équipe du GIEC s'obstine-t-elle à nier cette influence ?

Vous touchez là un point crucial, qui illustre la différence entre deux démarches scientifiques : celle des concepteurs de modèles informatiques (qu'on appelle à tort « modélisateurs ») et la démarche de ceux qui étudient les phénomènes naturels. Les premiers écrivent des équations mathématiques traduisant des lois physiques. Ils les combinent dans des modèles gigantesques et, à partir de là, ils calculent les vents, les précipitations, les pressions, les températures, grande région par grande région. Mais comme leurs résultats sont très imprécis et très instables, ils ont décidé d'insister sur un paramètre qu'ils croient le plus fiable : la température moyenne, qui est en fait la moyenne des températures qu'ils ont calculée pour chaque région. Ces résultats sont entachés de grandes erreurs, mais ils pensent, en faisant des moyennes, qu'elles se compensent, donc que le résultat final est fiable[1]. Seulement, pour écrire ces programmes, ils ont besoin d'une loi physique traduite par une formule mathématique. Or, pour le Soleil, il faut reconnaître la difficulté. Avec les données physiques « traditionnelles », l'effet des fluctuations de l'activité solaire serait dix fois inférieur à celui produit par le CO_2, ce qui n'est pas en accord avec les observations !

1. Cela est une erreur conceptuelle majeure. Ils pensent que les déviations sont aléatoires, donc soumises aux lois du hasard. Dans les sciences de la Nature, sous des fluctuations en apparence désordonnées il y a des structures permanentes

La différence est, de fait, considérable…

C'est incontestablement un obstacle à l'idée que les fluctuations de l'activité solaire sont un facteur essentiel du climat. Les observations indiquent une corrélation entre activité solaire et climat, mais le mécanisme de cette interaction reste, dans le cadre des théories classiques, inconnu. Récemment, des pistes intéressantes se sont ouvertes. Elle ne sont pas encore conclusives à 100 %, mais si elles se révèlent justes, elles bouleverseront tout. A l'inverse, l'effet de serre permettrait d'expliquer une corrélation entre CO_2 et climat, mais, malheureusement, on n'observe pas cette corrélation. C'est bien le drame du GIEC.
Observation sans théorie, ou théorie sans observation ? Que choisir ?

Alors, comment s'en sortir ?

Pour l'instant, c'est un dialogue de sourds. Les « modélisateurs » concluent : l'influence du Soleil est négligeable par rapport à celle créée par une augmentation du CO_2. Et les scientifiques attachés aux observations, répondent : « On observe une influence du Soleil sur le climat. Le mécanisme exact reste à découvrir mais c'est précisément un défi très excitant. » Notez que cette démarche est celle qu'a toujours suivie historiquement la physique. Lorsque Galilée montre, par l'observation, que dans le vide deux objets tombent à la même vitesse, quelle que soit leur masse, il ne connaît pas les équations qui seront établies par Newton. Pas plus que Kepler lorsqu'il montre que les planètes tournent autour du Soleil en suivant des ellipses. Lorsque Roentgen découvrit les rayons X, il a fallu douze ans avant que Van Laue comprenne que c'était des rayonnements électro-magnétiques. Cela n'empêchait pas les médecins de les utiliser. Lorsque les Curie découvrirent la radioactivité, les Anglais les accusèrent d'être des imposteurs parce qu'on n'en comprenait pas le mécanisme. Les scientifiques qui défendent l'influence du Soleil sur le climat se placent dans cette lignée. Ils ont des arguments solides et des références historiques glorieuses !

Quels arguments ? Des arguments indirects ?

Premier argument : bien avant l'ère industrielle, il y avait des changements climatiques autrement plus importants qu'aujourd'hui et, à ces époques, il n'y avait pas de CO_2 anthropique dans le tableau ! Et lorsque le CO_2 a joué un rôle dans le passé géologique, il était 100 à 1 000 fois plus abondant dans l'atmosphère qu'aujourd'hui. Second argument : toute une série d'observations historiques depuis le début du siècle montrent une corrélation entre activité solaire et température.

Il faut donc que les scientifiques découvrent maintenant le mécanisme d'interaction entre le Soleil et l'atmosphère…

Si mes collègues trouvent ce mécanisme, ils feront une découverte importante pour la climatologie ! Ce sera une véritable innovation scientifique.

Y a-t-il déjà des pistes ?

Oui. Grosso modo, il y en a deux. La première piste, c'est celle qu'ont soulevée deux groupes concurrents, Henrik Svensmark et Ilya Usoskin, l'un danois, l'autre finnois, d'une part ; Brian Tinsley et ses collègues de l'université du Texas, de l'autre. Les uns et les autres pensent que l'influence du Soleil se fait par l'intermédiaire de ce qu'on appelle le rayonnement cosmique galactique[1].

---

1. H. Svensmark, « Influence of Cosmic Rays on Earth's Climate », *Physical Review*, Letters 81, 15 oct. 1998.

B. Tinsley *et al.*, « The Terrestrial Cosmic Ray flux : Its Importance for Climate », *EOS Trans. AGU*, vol. 90, n° 44, 2009.

Qu'est-ce que c'est que ce « rayonnement »-là ?

Un flux de particules (chargées surtout de protons) qui traversent l'espace à très grande vitesse, venant de très loin dans notre galaxie. Ce flux de particules de très haute énergie, électriquement chargées, est dévié par le champ magnétique terrestre mais surtout modulé, comme on l'a dit, par l'activité solaire.

L'idée sur laquelle travaillent ces deux équipes rivales, c'est quoi ?

En simplifiant beaucoup, disons que ces auteurs pensent que les rayons cosmiques, à travers des processus complexes, favorisent la formation (ou non) des nuages de la basse atmosphère. Or, cette question de la formation des nuages est l'une des grandes incertitudes des modèles. Si les apparitions de nuages sont modulées par le Soleil *via* les rayons cosmiques, tout change !

Vous y croyez, vous le sceptique… « professionnel » ?

Je ne sais pas, mais je suis très intéressé. Je lis les articles. Je sais qu'une expérience est en cours de réalisation à Genève au CERN. Donc, j'attends de voir. Si cette théorie est vraie, ce serait extraordinaire : on pourrait parler de cosmo-climatologie. L'univers aurait une influence sur le climat de la Terre. On imagine le débat théologique !

Ces rayons cosmiques qui viennent du fin fond de l'univers et qui modifieraient le climat de la Terre, c'est sérieux ?

Ce n'est pas une question de foi. Ce sont les rayons cosmiques qui fabriquent le fameux carbone 14 par réaction nucléaire dans l'atmosphère, et cette réaction est

« modulée » par le Soleil. Alors, pourquoi n'auraient-ils pas un rôle similaire dans la formation des nuages ?

L'autre piste, ce sont les rayons ultraviolets ?

On connaît mal la manière dont le rayonnement ultraviolet d'origine solaire se comporte dans son interaction avec l'atmosphère. Première inconnue : quelle est sa contribution au rayonnement solaire ? Le flux visible venant du Soleil varie de 0,1 % alors que le flux ultraviolet varie de plus de 10 %. Cependant, son intensité est beaucoup plus faible. Là encore, il faut un mécanisme amplificateur. Certains ont développé des arguments allant dans ce sens. Mais je ne peux m'avancer davantage dans un domaine où, pour le coup, je n'ai pas de compétences techniques pointues suffisantes, et que je n'ai pas assez travaillé. En tout cas, les arguments échangés ne me paraissent pas absurdes.

Et comment les « caciques » du GIEC réagissent-ils, eux ?

J'ai tendance à dire : bêtement. Au lieu de regarder les résultats, ils nient en bloc le phénomène, sans aucun argument, sans examens. Comme on ne connaît pas la « loi », ils ignorent le phénomène. Pis : ils ne cherchent pas à la découvrir. Ils s'accrochent à leurs « modèles ». On se trouve en plein « intégrisme scientifique »[1].

1. Donnons quelques ordres de grandeur. La Terre reçoit du Soleil une énergie de 340 watts par mètre carré. Dans la conception classique des tenants du GIEC, un doublement des teneurs en CO_2 de l'atmosphère augmenterait de 3,5 watts/mètre carré, soit 1 % de l'énergie totale, alors que les fluctuations solaires seraient de 0,3 watt/mètre carré, soit dix fois moins. Ce que des travaux récents semblent montrer, c'est que la contribution du CO_2 a été surestimée. D'après Lindzen et Wang, elle serait cinq fois moins importante. A l'inverse, si on prend en compte l'effet soit des rayons cosmiques, soit de l'ultraviolet, l'action du Soleil serait dix à cinquante fois plus importante. Au total, le rôle du Soleil serait beaucoup plus important que celui du doublement du CO_2. D'autre auteurs vont plus loin, et parlent d'un facteur 40 ! Comme on le voit, tout serait inversé, et ce serait l'action du CO_2 qui serait négligeable !

A propos des ultraviolets, quel est le poids sur le climat de cette couche d'ozone dont on parle tant ?

C'est une complication possible de plus. Mais, a priori, il s'agit d'autre chose. Et puis surtout ne mélangeons pas tout. Lorsqu'on a parlé de la déchirure de la couche d'ozone antarctique, il s'agissait de savoir si elle allait disparaître, et laisser du même coup les ultraviolets frapper la surface terrestre sans aucune protection, au risque de provoquer des cancers de la peau, des mutations chez les plantes et les animaux, etc. Si l'ozone joue un rôle sur le climat, il ne semble pas aujourd'hui qu'il soit essentiel.

Les éruptions volcaniques ne jouent-elles pas, elles aussi, un rôle sur le climat ? Vous connaissez particulièrement ces phénomènes. Or vous ne les avez pas, jusqu'ici, mentionnés…

Il y a tellement de facteurs qui entrent en ligne de compte !… Oui, les éruptions volcaniques jouent un rôle sur le climat. Les particules de soufre et les poussières injectées dans la stratosphère réfléchissent les rayons lumineux du Soleil et refroidissent l'atmosphère. On a bien étudié ce phénomène après les éruptions d'El Chicon au Mexique et du Pinatubo aux Philippines. Ce qui semble aujourd'hui clair, c'est que ce phénomène a une influence importante pendant trois à cinq ans. Ensuite, l'atmosphère se nettoie. Les éruptions volcaniques se produisent à un rythme assez peu prévisible, grosso modo à la fréquence d'une éruption par an, mais seules les très grosses éruptions dont les produits éjectés atteignent la stratosphère jouent un rôle facilement décelable. Pour celles-là, la fréquence est de quelques-unes par siècle.

Sont-elles prises en compte dans les modèles informatiques ?

Convenablement, mais c'est pourtant une incertitude de plus. Permettez-moi ici de vous dire que je crois que la géochimie est l'un des éléments clés pour comprendre le climat.

Et là, pour le coup, absolument personne n'osera mettre en doute vos compétences…

Qu'il s'agisse du rôle du CO_2 ou des nuages, les cycles géochimiques du carbone et de l'eau sont essentiels. Or leur compréhension quantitative est encore incertaine, et leur géographie encore moins. Et, dans ces cycles, la portion océanique est essentielle. J'ai insisté sur l'aspect physique de l'océan. Je voudrais, ici, insister sur l'aspect chimique dont l'acidification n'est que l'aspect le plus alarmant, mais où la pollution joue un rôle dont on mesure mal l'importance.

Vous insistez décidément beaucoup sur le rôle de l'océan !

Bien sûr, c'est un facteur essentiel. Or, on le connaît encore très mal. L'observation des comportements de l'océan est, en effet, rendue très difficile par le fait que l'océan est opaque aux rayonnements électromagnétiques[1]. La seule méthode d'imagerie de l'océan, c'est l'imagerie par ultrasons. Malheureusement, ce programme commencé il y a vingt ans a dû être interrompu pour deux raisons. D'abord, il permet de détecter les mouvements des sous-marins atomiques…

Ce que les militaires n'apprécient pas du tout !

… Mais aussi parce que les cétacés communiquent par ultrasons, et que les campagnes océanographiques avaient sur ces

1. Sauf les cent premiers mètres à la surface.

mammifères des conséquences écologiques catastrophiques. On est à la recherche de fréquences qui seraient neutres. En attendant, on met l'accent sur l'étude des courants de surface grâce à l'altimétrie radar et des campagnes en mer. Malgré les lacunes importantes qui existent encore dans nos connaissances sur l'océan, ces dernières années, on a été obligé de modifier radicalement le point de vue ancien qu'on avait sur son comportement. On croyait que l'océan était le siège de mouvements de masse d'eau lents et assez réguliers, on s'est aperçu que l'océan était essentiellement animé de variations rapides et irrégulières. Bref, l'océan reste le maître du climat, mais on connaît encore mal les caprices du maître.

Cela vaut aussi pour la météo ?

L'océan joue un rôle, bien sûr, mais moins décisif que pour le climat. Pour le climat, l'océan avec sa puissance et ses temps de variation de plusieurs années, voire plusieurs décennies, mais aussi ses variations plus rapides a un rôle clé. Ecoutons l'un des plus grands spécialistes de l'océan, le professeur Carl Wunsh du MIT, lors de son discours de réception du prix Albert de Monaco : « Notre insuffisante connaissance de l'océan met toute prédiction du climat à long ou moyen terme hors du champ de la science[1]. » On ne saurait mieux dire.

Donc, d'après vous, on a jusqu'ici trop négligé le rôle de l'océan ?

Oui, et, encore aujourd'hui, on minimise son rôle dans les « modèles ». En 1979, le grand météorologue américain Jules Charney a été interrogé par l'Académie des sciences des Etats-Unis : « Quelle est l'influence de l'augmentation du CO_2 mesuré à Hawaï par Charles

1. C. Wunsh, *loc. cit.*

Keeling sur le climat ? », lui a-t-on demandé. Il a réuni avant de répondre unc escouade de scientifiques. A cette époque, il y avait deux groupes qui avaient commencé à calculer des modèles de climat en tenant compte de l'accroissement du CO_2. L'un avait été développé à Princeton par le Japonais Manabe, l'autre à la Nasa par James Hansen, l'un des futurs fanatiques du *global warming*. Manabe a affirmé que si le CO_2 doublait, la température de l'atmosphère augmenterait de 2 °C. Hansen, lui, a prétendu qu'elle augmenterait de 4 °C. On ne tenait absolument pas compte de l'océan. Aujourd'hui, avec l'inclusion de l'océan, on est toujours dans la même fourchette !

Alors, rien ne bougerait vraiment ?

Si, voyons !... Ce qui a changé, c'est la complexité des modèles, les sommes considérables dépensées, l'augmentation du nombre de chercheurs qui y travaillent. Quant aux résultats, on est toujours dans la même fourchette. A l'aide d'un calcul tout simple utilisant les données d'observations spatiales intersaisonnières entre l'hémisphère Sud et l'hémisphère Nord, Pierre Morel obtient, lui aussi, le même résultat. Et sans l'océan !

Si on obtient le même résultat par trois méthodes différentes, n'est-ce pas la preuve que ce résultat est exact et fiable ?

On peut aussi se dire que, certes, les modes de calculs sont différents, mais que les trois modèles utilisent le même facteur d'influence pour les divers paramètres. Si le paramètre traduisant l'influence du CO_2 sur la tempé rature est exagéré par rapport aux autres, il l'est dans les trois modèles. On peut aussi dire que, si on trouve le résultat final par un simple calcul de physique sans le secours d'un long programme d'ordinateur, c'est que la complexité des modèles ne joue aucun rôle et que les déterminismes du climat sont, au total, simples. Si on a mis des montres à l'heure à la même horloge, elles indiqueront toutes la même heure ! Je crois que ce test démontre qu'on n'a pas compris les véritables déterminismes du climat, et qu'un travail important reste à faire. Le fait que les calculs avec l'océan et sans océan soient identique me fait, à lui seul, douter de la validité des modèles.

Qu'en concluez-vous ?

... qu'il y a beaucoup de recherches encore à faire pour comprendre le climat et que, en l'état actuel, les modèles ne sont pas en mesure de prédire l'avenir avec précision. Je crois que tous les modèles du GIEC sont conceptuellement assez pauvres, très rustiques et peut-être totalement faux, car ils n'ont pas donné leur juste poids aux divers paramètres. Mon intuition – l'intuition est importante en science, mais ce n'est jamais une preuve – c'est que les deux grands paramètres du climat sont le Soleil et l'océan, et que le système global obéit probablement à la logique du chaos.

Donc, c'est imprévisible ?

Tout au moins dans le détail. Mais j'attends. Je crois que la science du climat va entrer dans une phase très excitante. La phase des grandes découvertes, dont on ne sait aujourd'hui rien !... Sauf que le GIEC sera passé totalement à côté de cette révolution. L'échec du GIEC ne marquera pas la fin de la climatologie scientifique mais, en réalité, son commencement !

Vous ne niez pas pour autant la nécessité de limiter les émissions de CO_2 dans l'atmosphère ?

Non, je vous le redis, parce que j'ai peur des conséquences d'une acidification de l'océan. A terme, si les teneurs en CO_2 augmentent, elles auraient sans doute aussi un effet sur le climat. Mais cette réduction – utile aussi pour préserver le pétrole – doit se faire dans l'ordre et la méthode, sans être une source supplémentaire de déséquilibre économique. On n'a pas besoin d'ajouter une crise à la crise ! Et puis, derrière ce débat, qui est malheureusement sorti du domaine de la science pour entrer dans celui plus confus de la politique, se pose une question essentielle pour l'avenir même des jeunes, et de notre culture. Nous avons trop de jeunes scientifiques qui sont fascinés par l'ordinateur. Ils négligent l'observation, le raisonnement, le bon sens. Ils préfèrent les spéculations et le virtuel plutôt que l'observation du réel. On sait pourtant ce que cette attitude intellectuelle nous a coûté dans le domaine bancaire ! Mais à voir ce qui s'est passé à Copenhague, on peut se demander si le virus du virtuel n'a pas atteint aussi le monde politique. Plutôt qu'agir, ne préfère-t-il pas spéculer, s'agiter et promettre ?

Chapitre 4

Les résistants

> « Si tu peux rester calme sur ta route,
> où chacun perd la tête et met le blâme en toi,
> Si tu gardes confiance alors que chacun doute…
> Si entendant mentir, toi-même tu ne mens… »
>
> Kipling

Aujourd'hui, les choses s'équilibrent. Le temps qu'il fait depuis trois hivers – qui n'indique pas vraiment un réchauffement –, les exagérations des écologistes sur les dangers futurs alors que le présent est très dur pour beaucoup, l'échec cuisant de Copenhague, tout cela s'additionne, et de plus en plus de gens sont fatigués des prophètes de malheur. Ils se disent même : « Et si Allègre avait raison ? » On entend désormais dans les médias des voix qui disent des choses voisines de ce que vous-même défendez depuis longtemps. Je songe à Laurent Cabrol, à Vincent Courtillot, à Serge Galam, à d'autres. Il reste que, pendant longtemps, vous avez été seul, en France tout au moins. Et on a utilisé tous les arguments pour vous déconsidérer : vous n'étiez pas un spécialiste du climat ; vous vous opposiez à… 2 500 experts, tous d'accord sur la théorie du *global warming*. Tel vous a même qualifié de « révisionniste ». Une campagne a été faite par les écologistes pour vous

empêcher de rentrer au gouvernement et Nicolas Sarkozy, qui était pourtant tenté, a, *in extremis*, reculé. Pourtant, vous n'avez jamais varié, jamais bougé. Décrivez-moi ce que vous avez ressenti ?

J'ai, je crois, besoin de me situer. Mon activité scientifique a été assez variée. Mon domaine principal a été la géochimie, mais j'ai aussi travaillé en géologie et en géophysique. Dans ce domaine, j'ai été l'un des premiers à introduire l'étude des phénomènes d'instabilité et de chaos dans l'étude des séismes, du champ magnétique ou des éruptions volcaniques. J'ai aussi beaucoup travaillé sur les fleuves et l'érosion des continents, et le rôle que ce phénomène a eu sur les climats passés. Durant toute cette activité, j'ai combiné l'observation et l'élaboration de modèles mathématiques. Aussi je crois pouvoir dire que j'ai acquis une expertise solide dans l'étude et la modélisation des phénomènes naturels complexes.

Vous avez d'ailleurs reçu pour vos travaux – parlons clair – des distinctions prestigieuses : le prix Crafoord (l'équivalent du Nobel pour les Sciences de la Terre), la médaille d'or du CNRS (la plus haute distinction scientifique française) et de nombreux autres prix ou hommages. Vous êtes membre de l'Académie des sciences de France, des Etats-Unis, de Grande-Bretagne, d'Inde, du Portugal, et docteur *honoris causa* de plusieurs universités étrangères. Je rappelle cela parce que les Français ont tendance à n'avoir retenu de vous – un peu par votre faute – que la célèbre phrase controversée, à l'époque où vous étiez le ministre de l'Education nationale de Lionel Jospin : « Il faut dégraisser le mammouth. » Mais tous savent au moins que vous êtes une personnalité qui, politiquement et médiatiquement, défend ses points de

vue avec souvent – comment dire ? – vigueur. Aussi avec courage.

C'est vrai, mais je ne me cache pas derrière tout cela pour asséner n'importe quoi. J'essaie de rester fidèle à ce qui a été ma conduite tout au long de ma vie scientifique : échanger des arguments autour de faits, d'observations irréfutables. Je voudrais préciser un second point. La science est segmentée en grandes divisions historiques : mathématiques, physique, chimie, etc. Les géosciences constituent l'une de ces divisions. A l'intérieur de cette division, il y a des spécialités, dont la géochimie, la géophysique, l'océanographie, la météorologie, la climatologie. Ces spécialités ne sont pas étanches : il y a un fond commun de méthodes et de raisonnements. De plus, nous faisons souvent partie des mêmes associations scientifiques, des mêmes congrès, des mêmes commissions. Ainsi Houghton, l'un des gourous du *global warming*, était-il, pour ne citer que cet exemple, membre du Conseil scientifique des géosciences de l'Otan que je présidais. Lorsqu'on vous dit que je ne suis pas un « spécialiste » du climat, c'est, *stricto sensu*, vrai. Mais c'est un peu comme lorsqu'on dit qu'un chirurgien cardiaque n'est pas spécialiste de la chirurgie de l'appendicite !...

D'autant plus que votre intérêt pour les autres disciplines n'est pas une posture. Vous êtes le scientifique français qui a écrit – et vendu – le plus de livres de vulgarisation scientifique. Au fond, vous êtes l'avocat passionné de ce qu'on appelle la culture scientifique, hélas trop peu développée en France.

C'est pourquoi cette accusation de ne pas être un « spécialiste » ne vient pas des scientifiques eux-mêmes. Ce sont la plupart du temps des « écolos » militants qui disent cela, eux qui sont en général parfaitement ignorants – pour être poli – de la science, de son contenu, de ses méthodes, de ses pratiques. Tout cela fait partie d'une méthode générale odieuse, utilisée aussi bien par les Verts que par quelques scientifiques ultras : par tous les moyens disqualifier l'adversaire, l'accuser d'être seul alors qu'en fait ceux qui doutent d'un réchauffement climatique dû uniquement à l'homme sont des milliers et peut-être même aujourd'hui la majorité des gens qui s'intéressent au problème.

Au demeurant, les pages de notre Histoire sont remplies de non-spécialistes qui ont eu raison contre les experts…

Ils sont même très nombreux !… Pasteur contre la majorité des médecins sur l'existence des microbes ; Wegener, météorologue, contre la majorité des géologues sur la dérive des continents, etc. Mais, dans mon cas, il ne s'agit pas de cela. Car je n'ai pas de « théorie » à défendre pour expliquer le climat. J'émets simplement et radicalement des doutes sur la véracité d'une théorie qu'on cherche à nous imposer, et cela à partir du simple examen des arguments proposés.

Si vous en rappeliez la genèse ?… D'autant que, sauf erreur, au début vous étiez plutôt favorable aux thèses du réchauffement créé par le CO_2…

Dès 1988, dans le cadre d'un livre d'entretiens avec Emile Noël, j'ai, en effet, souligné le danger que les dégagements de CO_2 faisaient courir au climat de la planète. J'étais alors dans la ligne de Roger Revelle. Par contre, en 1990, avant d'écrire *Economiser la planète*, je me suis penché sur les arguments développés en faveur de la thèse officielle du réchauffement créé par le CO_2 et, après une longue discussion avec Richard Lindzen au MIT, j'ai commencé à avoir des doutes. Je dis bien des doutes, pas une hostilité. Et j'ai fait part de ces doutes dans mon livre. Ce qui a accru mon scepticisme, c'est, dix ans plus tard, la publication des courbes de Mann et de Jones sur les températures supposées durant le dernier millénaire. J'ai lu et écouté les critiques que cela a suscitées puis, avec ma propre expertise du traitement des données, je me suis penché sur le problème : j'ai été alors horrifié par – je suis désolé, mais c'est le mot qui convient – l'*incompétence* de Mann et de Jones. Comme j'ai constaté qu'ils étaient soutenus bec et ongles par le GIEC, cela a pour moi été un tournant. En clair : l'indice que tout cela ne tournait pas rond. Ayant eu l'occasion d'entendre Jones présenter ses données à Paris, j'ai été définitivement convaincu de son errance en le voyant manipuler des données statistiques concernant la Terre, tout en ignorant la Terre. La Terre, « celle qu'on a oublié d'inviter à Copenhague », comme l'a dit joliment et sur un mode accablé le philosophe Michel Serres dans *Le Monde*

Dès lors, qu'avez-vous fait ?

J'ai pris mes distances, et mis en garde mes collègues contre la tendance qui s'amplifiait : considérer des « modèles » comme des faits !

Comment votre attitude a-t-elle été ressentie par la communauté scientifique ? Et par le milieu politique ?

Par le milieu politique, d'une manière très neutre. Jusqu'à 2004, en tout cas. Les politiques, certes, parlaient des questions d'environnement, mais ils étaient, passez-moi l'expression, « peu branchés climat », y compris les Verts. Ces derniers étaient surtout anti-OGM, antinucléaires. Dans la communauté scientifique, c'est différent : j'ai été classé dans la catégorie de ceux qui ne croient pas aux gros modèles informatiques. Car, figurez-vous, cette mode des gros modèles, très chers, élaborés sur des ordinateurs de plus en plus gros, nous l'avons aussi vécue de l'intérieur en géophysique du globe. Certains n'ont pas, en effet, hésité à décrire l'évolution du globe terrestre à l'aide d'une série d'équations rédigées a priori.

Et cela a donné des résultats ?

Non. Rien d'important n'a été trouvé avec cette méthode. Trente ans après, on n'a toujours pas de théorie correcte pour expliquer la tectonique des plaques ! Du coup, cette expérience ne m'a pas prédisposé à accepter les affirmations des « modélisateurs » du climat comme des éléments de preuves ! Mais les discussions, à cette époque, ne sortaient pas du cadre de la communauté scientifique.

Ces doutes, vous les rendiez tout de même publics avec vos chroniques dans les journaux !

Oui, dans *Le Point*, puis *L'Express*, puis à nouveau *Le Point*. Chaque fois que je parlais du climat, mes articles étaient autant de mises en garde contre des affirmations alarmistes que je jugeais – au minimum – prématurées.

Une de vos chroniques a provoqué une violente polémique...

C'est celle – pourtant mesurée – dans laquelle j'évoquais le cas du Kilimandjaro et celui de l'Antarctique. Les conseils de prudence que j'y développais sont, depuis, devenus des réalités. Mais, dans deux articles – dans *Libération*, puis dans *Le Monde* – j'ai eu droit à des répliques d'une violence inouïe, dont tout indique qu'elles ont été coordonnées. Je laisse le lecteur juge : j'ai mis en annexe mon article initial, puis ma réponse. A mes yeux, cet incident illustre certaines des méthodes de ceux que j'ai qualifiés de « secte verte ». Des méthodes qui ont, hélas, « gagné » certains médias.

Quelles ont été les conséquences de cet « incident » ?

Pour ce qui me concerne personnellement, aucune. J'en ai trop vu et trop vécu pour attacher à cela de l'importance. Reste tout de même un point important : objectivement, je suis devenu aux yeux de l'opinion publique française l'opposant en chef aux thèses du GIEC.

Et chez les scientifiques, comment a-t-on réagi ?

Vis-à-vis de moi, très bien. Mais à l'intérieur de la communauté des géosciences, la tension s'est brusquement accrue entre les leaders des climatologues pro-GIEC et le reste de la communauté. Ceux qui, comme moi, étaient largement sceptiques ont profité de cet incident pour me faire part de leur soutien. Ils ont été nombreux.

Qu'est-ce qui a été, pour vous, le plus important ?

L'affaire m'a convaincu d'une chose : ce à quoi étaient attachés les tenants des thèses du GIEC, c'était l'alarmisme et leur influence (naissante à ce moment-là) sur les hommes politiques. Ma détermination s'est renforcée : j'ai décidé de combattre de toutes mes forces non pas les thèses « scientifiques » du GIEC, mais les sentiments excessifs d'alarmisme qui découragent le citoyen et injurient notre aptitude au progrès comme l'avenir, tout simplement. J'ai été, en effet, je l'ai dit, scandalisé par l'ensemble du film d'Al Gore, qui a servi de ressort à la propagande des tenants du GIEC. Si vous me voyez aujourd'hui aussi sévère avec Jouzel, c'est parce qu'il est l'homme qui a le plus justifié le film d'Al Gore, alors que tous les climatologues sérieux – y compris au sein du

GIEC – l'ont trouvé et le trouvent très exagéré, voire outrancier.

Aujourd'hui, les choses se retournent...

C'est vrai, et ma position d'opposant numéro un devient, du coup, presque confortable. Vous savez, c'est sans doute génétique. Mes parents ont été des résistants de la première heure. Ils ont attendu quatre ans pour voir leur engagement récompensé. Pour moi, c'est un peu la même chose mais, je le dis tout de suite, dans des conditions éminemment moins dangereuses. Plus sérieusement, j'ai toujours été résistant aux idées à la mode, et c'est ce qui a été l'atout numéro un dans ma réussite scientifique. J'ai pu ainsi sortir des sentiers battus. Comme je l'ai mis en exergue dans mon précédent livre : « La science, c'est de ne pas croire ce que tout le monde croit » (Anaxagore).

En tout cas, vous souhaitez que cela soit su : vous êtes le pionnier de la résistance à la propagande du réchauffement climatique !

Je ne suis pas le pionnier sur ce sujet.

Alors qui a été le pionnier ?

C'est venu de l'intérieur même de la planète climatologie. Le premier qui a résisté à la théorie du *global warming*, c'est Richard Lindzen, professeur de météorologie et de climatologie au MIT. Collègue de Lorenz et Charney, c'est un des spécialistes les plus respectés au monde. Très jeune, il a réalisé des travaux importants et il a été élu à l'Académie des sciences des Etats-Unis à l'âge où beaucoup de professeurs ne sont pas encore titulaires. Il a montré que rien n'indiquait une influence prépondérante du CO_2 sur le climat. Immédiatement, il a été l'objet d'attaques et de calomnies. On l'a même accusé d'être à la solde des pétroliers. Son seul défaut, c'est d'avoir dit courageusement ce qu'il croit être vrai, en produisant des observations et des interprétations techniquement solides, et en refusant toutes les compromissions qu'on lui faisait miroiter. Pourtant, il aurait eu intérêt, pour ses crédits et sa quiétude, à « collaborer » en mettant en sourdine ses réserves. Il s'y est toujours refusé. Il a été constamment un « os » dans la mécanique du GIEC car sa compétence est unanimement reconnue.

Lindzen a-t-il été seul de son espèce ?

Non, bien sûr. Fred Singer[1], ancien responsable des observations climatiques à la Nasa, a publié, de son côté, ce qui est devenu vite un best-seller : il y établit que le réchauffement climatique des trente dernières années est d'origine naturelle, et ressemble aux fluctuations passées. Il insiste particulièrement sur l'existence d'un cycle naturel ayant une période de 1 500 ans. Depuis, il a rassemblé un groupe de climatologues au sein d'un contre-GIEC : le groupement non gouvernemental d'étude du climat. Cette équipe a produit deux rapports décortiquant point par point ceux du GIEC, et montrant les limites des affirmations qu'ils contiennent. Un autre climatologue doit être salué : l'Australien Edward Bryant. Dans le livre[2] qu'il a écrit, il détaille et analyse les nombreuses incertitudes qui pèsent sur une modélisation du climat. Il n'écarte pas l'hypothèse d'une influence possible du CO_2 : il dit simplement que cette influence a été exagérée compte tenu des données objectives en notre possession. Marcel Leroux[3],

1. F. Singer et D. Avery, *Unstoppable Global Warming, Every 1 500 Years*, Rowman & Littlefield, 2006.

2. Edward Bryant, *Climate Process and Changes*, Cambridge University Press.

3. M. Leroux, *Global Warming . Myth or Reality ? The Erring Ways of Climatology*, Springer, 2005.

professeur de climatologie à Lyon, décédé l'an dernier, était, lui, un représentant éminent de l'Ecole des géographes climatologues. Il avait fait une analyse qualitative extrêmement intéressante des processus climatiques. Une analyse, sur beaucoup de points, convaincante. Son apport a été nié et méprisé par les « climato-informaticiens » sous le prétexte qu'il n'utilisait pas de modèles numériques.

On imagine que la liste de ceux qui se sont opposés à la thèse officielle, comme vous dites, ou ont au moins émis des doutes ne s'arrête pas là…

Non, évidemment ! Il y a, dans divers pays, de nombreux spécialistes climatologues[1] qui, souvent au péril de leur survie scientifique, ont combattu les théories du GIEC. Lindzen, dans un article fameux du *Wall Street Journal*[2], a parfaitement décrit l'ambiance malsaine qui a longtemps prévalu dans le monde scientifique et qui explique la retenue de bon nombre de spécialistes, par exemple la quasi-totalité des océanographes. Car, figurez-vous, on en était à un point tel que douter simplement, c'était s'opposer, et c'était grave ! « Chercher à comprendre, c'est déjà commencer à désobéir. » Je donne donc quelques noms parmi les plus prestigieux, et sans être exhaustif : Svensmark, Christensen, Dudok de Wit, Richard Courtney, Martin Hertzberg, Denis Hartmann, Foukal, Usoskin, Wendler, Nir Shaviv, Demetris Koutsoyannis, B. J. West, N. Scafetta, J. Theon, N. Calder, Willie Soon, Syun-ichi-Akasofu, A. Watts, Benny Peiser, T. Ball, R. Bryson. Et bien sûr de nombreux astronomes et physiciens, spécialistes du Soleil, qui ont tous montré que le rôle de notre étoile était sans aucun doute minoré dans les

1. D. Hartmann, *Global Physical Climatology*, Academic Press, 1994
W. Soon et S. Baliunas, *Consensus Can Be Bad for Climate Science,* The Heartland Institute, 19 janvier 2005.
2. R. Lindzen, « Climate of fear », *Wall Street Journal*, avril 2006.

modèles du GIEC. Les deux plus convaincants sont peut-être les Hollandais de Jager et Duhau.

Vous ne parlez pas de vos collègues Vincent Courtillot et Jean-Louis Le Mouël ?

Jusqu'ici, j'ai parlé des spécialistes du climat, qui proposaient des théories alternatives à celles du GIEC. À l'origine, Vincent et Jean-Louis sont des spécialistes du magnétisme, mais ils sont désormais plongés dans le grand bain du débat climatique. Ils publient dans des revues, avancent des arguments en faveur d'une influence déterminante du Soleil. Eux aussi ont été l'objet d'attaques indignes pour tenter de discréditer leur travail, qui s'impose aujourd'hui comme des plus solides.

Les deux hommes ont travaillé avec vous…

Ce sont effectivement mes collègues. Ils ont tous deux dirigé après moi l'Institut de physique du globe de Paris, mais leur travail et leurs opinions sont indépendants des miens. Bon, je l'admets : leur intérêt scientifique a été stimulé par mes réticences devant les prévisions du GIEC. Mais là s'arrête ma contribution. D'ailleurs, nos positions ne coïncident pas sur tout. Eux pensent que le facteur dominant du climat est le Soleil et qu'en l'état, le CO_2 lui est subordonné. Moi, j'ai tendance à le penser, mais je n'en suis pas sûr. J'ai surtout une allergie aux arguments uniquement fondés sur des modèles informatiques.

Une autre catégorie de scientifiques, soulignez-vous, s'est intéressée au climat : les ingénieurs…

Eux ne sont rebutés ni par la physique, ni par les mathématiques. Leur carrière les a familiarisés avec des problèmes complexes. Or, j'ai reçu de nombreux messages venant de cette « communauté » qui doute également de la réalité du catastrophisme. Je veux citer deux d'entre eux : André Legendre et Yves Lenoir. Ce dernier est un écologiste militant et adoubé, qui a écrit deux livres avec l'un des « papes » de l'écologie à la française : Brice Lalonde. Deux livres[1] pédadogiquement extraordinaires, plus clairs et mieux documentés que bien des écrits d'« experts ». Lisez-les.

Il y a aussi des journalistes...

Oui, des journalistes qui n'avaient pas d'opinion a priori, tels Pierre Kohler, Michel Fourçans, Cécile Philippe, Christopher Booker, Véronique Anger ou Laurent Cabrol, le « M. Météo » d'Europe 1[2]. Tous arrivent à la même conclusion : les affirmations du GIEC sont, au minimum, prématurées, et sans doute manipulées et biaisées. Vous le voyez : ma « solitude » d'opposant est bien peuplée.

Pourquoi avez-vous été plus que d'autres pris à partie ?

Parce que j'étais plus connu, tout simplement. Je suis ancien ministre, j'ai accès aux médias. En réalité, je n'avais rien à gagner dans cette affaire, et beaucoup d'amis m'ont conseillé de laisser faire puisqu'il ne s'agissait pas de mes propres travaux. Mais c'est plus fort que moi : je ne supporte ni l'imposture, ni l'intrigue. Si j'ai

1. A. Legendre, *L'homme est-il responsable du réchauffement climatique ?*, EDP Sciences, 2009. Y. Lenoir, *La Vérité sur l'effet de serre*, La Découverte, 1992.

2. P. Kohler, *L'Imposture verte*, Albin Michel, 2002.
M. Fourçans, *Effet de serre : le grand mensonge ?*, Le Seuil, 2002.
C. Philippe, *C'est trop tard pour la Terre*, J.-Cl. Lattès, 2007.
L. Cabrol, *op. cit.*
C. Brooker, *The Real Global Warming Disaster*, Continuum Publishing, 2009.
V. Anger, *La Dernière Croisade, polémiques sur l'écolomania*, L'Arganier, 2009.

choisi comme vocation la science, c'est sans aucun doute la recherche de la vérité qui a été ma motivation première. Mais je ne suis pas seul à avoir réagi : d'autres scientifiques, qui avaient bien réussi dans leur discipline, se sont intéressés, eux aussi, au problème du climat, attirés par tout ce bruit médiatique. Et tous sans exception – j'insiste sur ce mot – ont dit leurs doutes devant les conclusions du GIEC.

Par exemple ?

Freeman Dyson, l'un des physiciens les plus respectés du XXe siècle.

Qui est-il ?

Il est professeur à Princeton, à l'Institut of Advanced Studies. C'est l'un des quatre créateurs d'une des grandes théories de la physique : l'électrodynamique quantique. Il a manqué le prix Nobel de physique parce que la règle, c'est qu'il ne doit pas y avoir plus de trois lauréats. Il a été celui qu'on n'a pas retenu. Mais la communauté scientifique a trouvé cela si injuste qu'il a reçu, depuis, toutes les reconnaissances internationales imaginables, presque équivalentes du Nobel. C'est un esprit fin, affûté, intelligent. Il a analysé avec soin la question[1] du réchauffement climatique, et il a montré, après une analyse rigoureuse, que les prédictions lui semblaient reposer sur des arguments et des méthodes très discutables. Je songe aussi à deux éminents scientifiques anglais, tous deux membres de la Royal Society : Desmond Smith d'Edinburgh et Anthony Kelly de Cambridge. Ils ont également fait part à la Royal Society de leur désaccord avec les prises de position péremptoires de cette société, prises de

1. F. Dyson, *La Vie dans l'Univers*, Gallimard, 2009.

position dénuées de tout fondement scientifique et, là aussi, pour le moins prématurées, ont-ils dit.

Vous n'allez pas oublier Pierre-Gilles de Gennes...

Prix Nobel de physique, spécialiste des systèmes complexes, cet homme remarquable a écrit, dans un livre paru en 1994[1], un texte que j'aurais aimé cosigner. Un très beau texte, courageux, tellement vrai : « Les problèmes d'environnement sont souvent gérés par des spécialistes des “simulations”, c'est-à-dire des gens dont la compétence est davantage dans l'ordinateur que dans les données scientifiques. A partir d'un gros ordinateur, on produit des prédictions qui paraissent respectables, même si les données sont insuffisantes. Voilà l'une des grandes plaies de notre époque. Le malheur, c'est que beaucoup de gens croient encore que l'ordinateur dit vrai et prédit l'inévitable (le même type de croyance a existé au XIXe siècle à l'égard du texte imprimé). Le simulateur informaticien est crédible, puisque sa machine possède une puissance et une rapidité de calcul dont aucun cerveau humain ne serait capable. Le pouvoir ronflant des chiffres plus le pouvoir de l'image : de quoi entretenir dans l'opinion une mentalité magique prérationnelle. » Lisez et relisez cela.

Pierre-Gilles de Gennes, vous l'admiriez, et c'était votre ami...

Mais ce n'est pas cela qui conditionne mon jugement !... Evoquant ensuite l'effet de serre, Pierre-Gilles de Gennes – auquel la République a eu raison, au moment de sa mort, de rendre hommage – a eu les mots suivants : « Il y a actuellement réchauffement de l'atmosphère terrestre.

1. P.-G. de Gennes, *Les Objets fragiles*, Plon, 1994.

Il se peut que l'accroissement de la concentration de gaz carbonique soit dû aux activités humaines. L'augmentation de la concentration de CO_2 "emprisonne" le rayonnement solaire dans l'atmosphère, échauffe celle-ci, donc la surface du globe. Les glaces des pôles fondent et augmentent le volume d'eau des océans qui submergent les zones continentales de faible altitude… En réalité, les prévisions sont difficiles. 1. Le principal effet de serre est dû à l'eau, et celui du CO_2 est un effet correctif couplé à celui de l'eau d'une façon subtile. 2. Il faudrait mieux connaître le comportement du gaz carbonique en présence de l'océan. On sait que ce dernier en contient de grandes quantités en solution, mais on ne sait pas grand-chose sur la nature de l'équilibre entre le gaz et l'océan, sur la durée du cycle absorption/restitution du gaz carbonique (vingt ans, cinquante ans ?). 3. En réalité, les modèles utilisés en 1994 pour prédire le climat futur ne sont même pas capables de restituer correctement le climat actuel. Les simulateurs les corrigent en *ajustant le taux des échanges* atmosphère/océan. Ces manipulations donnent une apparence de sérieux aux résultats. Mais elles peuvent, en fait, affaiblir toute la prédiction, comme le montre une étude récente du MIT (Massachusetts Institute of Technology). Comme le dit un commentateur de la grande revue *Science* : "Dans la modélisation du climat, presque tout le monde triche (un peu)"… » Cette analyse est impressionnante.

Il n'y aurait donc aucun scientifique de cette stature qui, regardant le travail du GIEC, aurait dit : « Bravo, je suis convaincu » ?

Non. La majorité des scientifiques est soit indifférente, soit méfiante. Au début, elle avait tendance à faire confiance au GIEC mais, depuis que le débat s'est enfin ouvert, beaucoup ont changé d'avis et ont rejoint le camp des sceptiques.

Je vais donner quelques chiffres à l'intention de ceux qui sont sensibles à la loi du grand nombre. Vous savez : « La majorité des scientifiques pense que… » Au premier trimestre 2009, un Congrès a été organisé à New York par les spécialistes qui ne croient pas au « GW » (*global warming*) : eh bien, ce Congrès a réuni 800 experts. Une pétition a été lancée aux Etats-Unis par Fred Singer, et a réuni 5 000 signatures de scientifiques. Au Canada, une pétition a rassemblé plus de 600 climatologues qui ont pareillement mis en garde contre les conclusions du GIEC. Deux pétitions avec plusieurs centaines de signatures chacune ont été envoyées à Angela Merkel, et une autre au Premier ministre suédois pour leur dire leur opposition aux conclusions péremptoires du GIEC. Mais l'événement le plus significatif est peut-être le vote qui a eu lieu parmi les spécialistes américains du climat…

Et ce vote a donné quoi ? C'est intéressant, même si, vous-même l'avez dit, en science l'avenir ne se joue pas dans un vote démocratique, comme s'il s'agissait d'une élection présidentielle…

Le 19 octobre 2009, le *Bulletin de la Société météorologique américaine* en a rendu publics les résultats. Les voici : 50 % d'entre eux ne croient pas à l'influence de l'homme sur le climat, 27 % en doutent. Seuls 23 % croient aux prédictions du GIEC. Voilà ma « solitude » !

Pourquoi ce résultat-là a-t-il eu, chez nous, si peu d'échos ?

C'est vous le journaliste, pas moi ! Que voulez-vous ? Beaucoup de médias se cherchent, et c'est si beau de se raccrocher au slogan : « Sauver la planète. » Y a-t-il mieux comme idéal ? Alors, on fonce, sans beaucoup de réflexion ni surtout de recul. Et des scientifiques peu scrupuleux profitent de cette… imprégnation écologique.

Je croyais les scientifiques au-dessus de ce type de tentation, ou à l'écart…

Moi aussi, je le croyais… quand j'étais jeune ! Il y a longtemps que j'ai perdu mes illusions. C'est comme cela : la science est faite par des hommes. Elle est plongée dans les vicissitudes du siècle et, hélas, elle reflète ses déviances et travers. C'est là une donnée essentielle, qui dépasse la science et touche à l'essence même de notre civilisation. Etes-vous étonné que des hommes, des scientifiques cherchent par tous les moyens honneurs, argent et reconnaissance ? Quand vous voyez 112 chefs d'Etat se déplacer à Copenhague et discuter, se disputer, se positionner autour d'une théorie scientifique que vous avez contribué à élaborer et à énoncer (et que vous savez fragile), n'y a-t-il pas de quoi griser les esprits les plus solides ? En fait de solitude, il faudrait parler ici de… plénitude !

Peut-on dire que, en 2010, le nombre des opposants aux thèses du GIEC est plus important que le nombre de ceux qui, en 1990, il y a vingt ans, ont créé le GIEC ?

Sans aucun doute. Et tous les indices montrent que, sur le plan scientifique, les choses sont en train de bouger : aux certitudes succèdent les incertitudes. En revanche, comme cela se produit souvent, le monde politique est en retard : il reste très marqué, imprégné par les croyances officielles. Et les médias aussi.

Tout de même, la situation devient plus ouverte…

Je voudrais revenir sur la notion de *solitude* que vous avez évoquée. Donc, je n'étais pas si seul que ça. Mais la question est : pourquoi avez-vous eu l'impression que j'étais seul ? Je suis tenté de vous répondre avec un mot fort qui, je le sais, va en choquer plus d'un : celui de *totalitarisme*. Nous, les résistants, nous avons été longtemps apparemment seuls, comme l'étaient hier les opposants au régime soviétique car la propagande officielle avait intérêt à faire croire que nous étions seuls. Ce qui est sûr, c'est que nous étions isolés. Heureusement, il y a Internet. Outil ambigu mais aussi magique, devenu celui de la libération des idées après avoir été l'instrument de l'oppression.

Le parallèle avec les certitudes de la science soviétique est vraiment, à vos yeux, pertinent ?

Oui, car l'une des caractéristiques de cette communauté du *global warming*, c'est qu'elle s'est petit à petit enfermée dans ses certitudes et qu'elle a muselé toute opposition, toute contestation et même simplement toute interrogation. Al Gore, lors d'une conférence à l'American Geophysical Union à San Francisco en 2008, a achevé son propos en disant : « Vous avez le devoir de réduire au silence [réduire au silence !] ceux qui s'opposent aux avis du GIEC. » C'est invraisemblable. Or sans contestation, sans discussions, il n'y a pas de science.

Pour vous, les responsables du GIEC se sont comportés en hommes de clan ?

Clan, c'est le mot juste. Au GIEC, une poignée de « militants » météo-climatologues, dotés des moyens financiers et du prestige que donne l'ONU, ont pris le contrôle des revues. Cela, c'est tout, sauf de la science.

Car la « science » au quotidien, c'est quoi ?

Lorsqu'un chercheur – ou, désormais, plus souvent un groupe de chercheurs – a achevé une étape d'un programme de recherches, il écrit un article scientifique, et décrit les résultats obtenus et leurs interprétations. Cet article, qui comprend un exposé central et les références des travaux antérieurs ou collatéraux, est rédigé en anglais. Il est soumis à une revue scientifique afin qu'il soit publié.

Qui dirige la revue scientifique en question ?

Elle est structurée autour d'un ou plusieurs éditeurs, qui sont eux-mêmes des scientifiques choisis en raison de leurs compétences et de leur bon niveau scientifique. Lorsque vous soumettez un article, il est communiqué aussitôt à deux ou trois lecteurs (*reviewers* en anglais), lesquels font ensuite un rapport sur l'article pour justifier leur recommandation de le publier ou non.

C'est donc une organisation qui fonctionne, sur un mode fermé, entre scientifiques, entre pairs ?

Oui. On appelle cela *peer review*. Bien sûr, le système n'est pas parfait. Les lecteurs étant eux-mêmes engagés dans le même type de recherche, ils ne sont pas pleinement objectifs. Mais ils s'efforcent de l'être. Et c'est le rôle de l'éditeur de choisir des lecteurs compétents et objectifs.

N'est-il pas difficile d'obtenir qu'un lecteur allie compétence et objectivité ?

C'est difficile, bien sûr. Mais lorsqu'on connaît bien le sujet et humainement la communauté scientifique, on y arrive. J'ai été éditeur de plusieurs revues au cours de ma carrière, et je crois n'avoir jamais eu de problèmes majeurs avec les articles refusés.

Et vous dites que ce n'est pas ce processus qu'on retrouve avec le GIEC ?

Ce qui s'est passé avec cette affaire de *global warming*, c'est que le groupe du GIEC et ses affidés ont progressivement investi toutes les revues, et ils ont cadenassé le système. Mais aujourd'hui, heureusement, le système mafieux qu'on suspectait a été dévoilé.

Comment cela ?

Des échanges de e-mails ont été interceptés, et rendus publics. On y découvre que les membres du GIEC correspondaient entre eux pour contrôler les lecteurs de telle ou telle revue en y plaçant chaque fois comme éditeur un membre du « club ». Et lorsqu'un éditeur scrupuleux acceptait un article en contradiction avec la thèse officielle, on organisait une cabale pour l'acculer à la démission (Patrick Michaels, *Wall Street Journal*, le 18 décembre 2009). Ainsi le « groupe » a-t-il boycotté la revue *Climate Research* parce qu'elle avait publié en 2003 l'article de deux spécialistes reconnus critiquant la courbe de Mann. Le boycott a duré jusqu'à ce que l'éditeur « coupable » ait démissionné. Mann et Jones sont à l'origine de cette action concertée. C'est attesté aujourd'hui par les échanges de e-mails partant des ordinateurs des deux hommes. Nous, nous savions que la fameuse courbe de Mann était fausse. Je peux même vous répéter, connaissant bien la technique statistique utilisée, que c'était un très mauvais travail. Mais, pour le verrouillage, les « mafias » ne se sont pas contentées de contrôler journaux et revues...

C'est ahurissant, ce que vous décrivez !

Si vous saviez !... Pour verrouiller, elles ont aussi utilisé la rétention de données et la coupure des crédits de recherche. La rétention de données n'est pas, pour moi, une découverte : Vincent Courtillot, qui souhaitait obtenir celles du Hadley Center, a été proprement éconduit. Or, ce centre est payé par le contribuable anglais pour rassembler des données en grand nombre afin de les mettre à disposition de tous les chercheurs !

Quelles données Vincent Courtillot recherchait-il ?

Les résultats des observations faites par des centaines de stations météo réparties sur tout le globe. Seul un service gouvernemental puissant est en mesure de les rassembler. Ne pas les communiquer, c'est supprimer toute concurrence. C'est comme si les agences statistiques ne donnaient pas les chiffres concernant les paramètres économiques observés chaque mois… Aucune recherche en économie ne serait possible. Or, aujourd'hui, on apprend qu'on a détruit des données sur le climat des vingt dernières années pour ne pas avoir à les communiquer aux chercheurs concurrents !

Là encore, comment est-ce possible ? C'est ahurissant !

C'est pourtant ce qui s'est passé !… Vous comprenez pourquoi cette affaire fait aujourd'hui tant de bruit en Grande-Bretagne, au point qu'une commission d'enquête a été constituée, et que Jones a été obligé de démissionner de son poste.

L'objectif, c'était bel et bien de tout faire pour éviter toute contestation ?

La seconde façon d'atteindre cet objectif, c'était de priver les éventuels « déviants » de tous moyens de recherche. Le financement d'une recherche se fait à partir des propositions de recherche qui, comme les articles, sont soumises au « feu vert » (ou rouge) de vos pairs. Et là encore, les tenants du *global warming* ont petit à petit pris en main les directeurs scientifiques des agences de recherche, lesquelles ont coupé les crédits à tous les hétérodoxes en choisissant systématiquement comme référents les tenants des thèses du GIEC. C'est ce que décrit Lindzen dans son article du *Wall Street Journal* sur le « Climat de peur » : personne ne bouge, faute de se retrouver sans moyens de recherche, et aux Etats-Unis sans salaire d'été ! J'affirme que cette mainmise d'une partie de la communauté scientifique sur un domaine clé et bien précis est historiquement sans précédent.

Comment ont-ils fait ? Ils ont été, en tout cas, diablement habiles, diablement efficaces !

Ils forment un groupe. Ils se connaissent, ils se rencontrent, ils se fréquentent autour du GIEC trois ou quatre fois par an (d'ailleurs à grands frais). Comme ils sont en contact permanent, ils peuvent s'organiser et déclencher à leur guise des actions groupées…

Quel type d'« actions » ?

Par exemple, pour défendre une idée, une thèse, appuyer un projet ou, au contraire, pour protester, ils savent envoyer au même moment à tel éditeur ou tel responsable de programme de recherche une série de lettres apparemment indépendantes les unes des autres. D'ordinaire, les scientifiques ne se regroupent pas dans une organisation pour défendre une idée, une piste de travail. Ils sont libres, indépendants, parfois même solitaires et toujours jaloux de leur indépendance de jugement. Même s'il leur arrive de dialoguer avec des collègues, ils se font un honneur d'être intellectuellement libres. Je n'ai jamais vu une telle coordination d'opinions. Ce qui aggrave les choses, c'est que, dans ces secteurs, une bonne partie des chercheurs appartient à des organismes d'Etat (météos nationales, Nasa, Hadley Center, etc.) dont la règle d'or, y compris vis-à-vis de l'orthodoxie scientifique, c'est… la discipline. Ce n'est pas du tout l'ambiance universitaire de la recherche vraiment libre ! Cette situation a permis au « groupe » – dominant ou dominateur – d'isoler, un à un, les opposants, de les dénigrer, de les chloroformer, de les marginaliser. Lindzen ? Il est compétent, mais payé par les pétroliers. Singer ? C'est un fantaisiste qui a toujours eu des idées particulières. Leroux ? C'est un géographe. Etc.

Vous, ils n'ont pas réussi à vous « normaliser » !

C'est vrai. Mais ils ont essayé.

Pourquoi ? Parce que vous êtes, foncièrement, un rebelle ?

Parce que je ne demande pas d'argent. Parce que je n'ai aucun intérêt dans cette affaire. Parce que je n'agis que par conviction. Parce que je suis un scientifique respecté pour mon travail. Evidemment, je gêne la mafia car j'ai accès à l'édition et aux médias. Ces derniers temps, lorsque le couvercle de la marmite a commencé d'être soulevé, on a découvert tellement de choses – on ne sait pas si elles sont toutes exactes ou pas –, qui sont nauséabondes ! Oui, j'ai véritablement la sensation de lutter contre un système totalitaire.

Bon, « totalitaire », puisque vous le dites, mais n'avez-vous pas admis que ce « système » en question, malgré ou au-delà de ses dérives et mensonges, avait contribué à faire prendre conscience aux citoyens du monde des dangers qui menacent la planète ?

Vous voudriez me faire dire, à la façon de Georges Marchais parlant naguère du bilan de l'Union soviétique, que, tout compte fait, tout cela est « globalement positif » ? Eh bien, je vous réponds : non. Vous ne me le ferez pas dire. Rien, absolument rien ne justifie verrouillage et mensonge. Ou alors, je trahirais mon idéal de scientifique. Et cela, désolé, c'est exclu.

Mais puisque les choses évoluent, puisque les « résistants » – c'est votre mot – peuvent à nouveau s'exprimer, le calme peut-il cette fois revenir ?

Cela dépendra de l'attitude du GIEC, qui va sans doute être totalement renouvelé. Actuellement, le GIEC est entre les mains de trois organismes officiels anglo-américains : Hadley Center, Nasa, NOAA. Les autres, comme Pachauri ou Jouzel, ne sont pas essentiels. Ou il est dissous, ou sa composition évolue. Car, comme vous l'avez noté, les débats ont été restreints à l'Ancien Monde. Or, la communauté climatologique russe est massivement hostile au GIEC. La communauté chinoise, elle, est dubitative, et la communauté indienne, partagée. Donc, je crois – et j'espère – que beaucoup de choses vont changer car, en l'état, le GIEC est une machine de guerre construite par l'Occident pour l'Occident. Et puis, si le GIEC survit et continue – ce que, pour ma part, je ne souhaite pas – la manière dont il est constitué devra au minimum être profondément codifiée. Par exemple, en chargeant les Académies des sciences des divers pays d'en désigner les membres, et il devra être explicitement inscrit dans le cahier des charges l'obligation de mentionner les opinions majoritaires et les opinions minoritaires. Et cela, dans le document de cinquante pages qui est le résumé des travaux du GIEC, que tout le monde lit.

On peut en rester là ? Une lame de fond se profile, non ?

Il va y avoir, c'est clair, des dégâts dans la communauté scientifique : disons que les anciens ayatollahs devront prendre leur retraite. Les revues devront aussi modifier leur mode de fonctionnement, et notamment *Nature* et *Science*. Mais laissons le temps faire son œuvre.

C'est la révolution, en somme ! La « révolution climatique »...

Pas tout à fait quand même ! C'est plutôt la prise de conscience tant attendue que les prédictions des simulations informatiques sont moins fiables que ce que le GIEC affirme. C'est exactement ce que les scientifiques non experts en climat avaient constaté, et commencé à dire lorsqu'ils se sont intéressés au problème. Je crois que le temps de la « mafia climatique » est terminé. Mais la manière dont cela va évoluer reste une question ouverte. Beaucoup, qui sont foncièrement malhonnêtes, vont s'accrocher. D'autres, plus habiles, vont reconnaître leurs erreurs, et prendre la tête du... changement. On a déjà vécu cela lors de l'histoire de la tectonique des plaques !

Ce qui est décidément fascinant dans cette aventure, c'est le gouffre qui existe entre, d'un côté, le scepticisme de ceux qui, comme vous, examinent de l'extérieur mais avec leur vision de scientifiques les résultats du GIEC et, de l'autre, l'emballement qui a été longtemps celui du monde politico-médiatique pour ces théories. Quel écart entre ces deux mondes ! À ce degré-là, c'est troublant...

Oui. C'est, je crois, un phénomène unique dans l'aven ture scientifique et politique, même s'il a des antécédents à moindre échelle. Souvenez-vous de l'histoire de la « vache folle », où l'on a sacrifié 300 000 vaches pour rien. Souvenez-vous du bug de l'an 2000, où les experts, qui nous avaient prédit une catastrophe, nous ont fait dépenser des sommes considérables. J'ai participé à des conseils interministériels présidés par le Premier ministre où on envisageait le pire : des accidents sur les aéroports, dans les trains, un blocage total de l'activité bancaire.

Et, au total, il ne s'est rien passé. On pourrait aussi parler du virus de la grippe H1N1. Maintenant le gouvernement, en ce début 2010, tente en toute hâte de revendre les vaccins massivement commandés, et désormais sans objet...

C'est aussi pour cela que j'attache de l'importance à l'étude du cas climatique car, bien analysé, il peut permettre de tirer pour tous des leçons utiles pour demain.

Mais au fond, vous êtes tous d'accord pour dire qu'il faut réduire les émissions de CO_2 dans l'atmosphère. Vous ne différez que sur l'urgence du problème et sur les modalités ?

Sur... l'ambiance surtout. D'un côté, la peur, la panique, le jusqu'au-boutisme qui, paradoxalement, conduisent finalement à l'inaction ; de l'autre, la modération, et le souhait de prendre des mesures raisonnables en termes économiques, et efficaces en termes géochimiques. Cela dit, il est juste de dire que l'idée qu'il faut réduire les émissions de CO_2 n'est pas une idée partagée par tous : il y a là-dessus des points de vue opposés.

Vous parlez de qui ? Des producteurs de pétrole ?

Pas du tout. Je parle de gens qui ont étudié le problème. Premier type d'attitude : celle de Bjorn Lomborg, économiste danois, ancien militant de Greenpeace, professeur à l'université de Copenhague. Il a écrit un livre qui a été un best-seller mondial : *L'Ecologiste sceptique*[1]. Il a été considéré, un temps, comme l'une des cent personnalités les plus influentes du monde. Après avoir fortement douté

1. B. Lomborg, *L'Ecologiste sceptique,* Le Cherche Midi, 2008.

dans son premier ouvrage de leur pertinence, il admet, dans son second[1], les prévisions du GIEC. En fait, il ne semble pas y croire vraiment, mais il pense qu'il est plus « politique » – disons plus habile – de ne pas discuter ce rapport.

Et quelle conclusion en tire-t-il, lui ?

Il s'interroge à voix haute . une augmentation de 2 °C ou 3 °C de la température moyenne du globe est-elle une perspective réellement catastrophique ? Sa réponse – qui rejoint celle, ancienne, de Roger Revelle, l'initiateur de tout le mouvement actuel – est fermement non. Je veux extraire deux de ses arguments, parmi les plus frappants. Comme on le sait, la température du globe varie surtout aux pôles, très peu à l'équateur. Comment va se traduire, dans ces conditions, un réchauffement de 2 °C à 3 °C de la température moyenne ? Voici ses réponses. 1. Une fonte de la banquise arctique et une diminution de la calotte groenlandaise, donc une montée du niveau de la mer de 30 cm. 2. Une diminution des températures hivernales de la Scandinavie, de la Russie septentrionale, du Canada. 3. Des étés un peu plus chauds dans la zone tempérée Nord.

Et tout cela, avec quelles conséquences pratiques ? L'ours blanc va-t-il disparaître ? C'est en tout cas ce que martèlent les écologistes…

C'est ce que martèle leur propagande, voulez-vous dire !… Si les glaces polaires disparaissent, l'ours blanc va, sans aucun doute, devoir s'adapter. Mais ce n'est pas une urgence. Il a le temps, l'ours !.. Son espèce n'est pas

1. B. Lomborg, *Cool it*, Random House, 2007.

en danger. Lomborg a, en effet, compilé les études argumentées faites par les Canadiens à ce sujet : le nombre d'ours blancs a plus que doublé en dix ans. Le seul endroit où il est menacé, c'est dans le territoire inuit où on a le droit de le chasser. La conclusion s'impose : c'est la chasse qui fait diminuer l'ours blanc, pas le changement climatique. Cet exemple montre qu'on utilise parfois n'importe quoi comme « argument » pour impressionner. En plus, l'ours émeut tout le monde. Chacun pense au nounours qu'il serrait le soir au lit lorsque ses parents éteignaient la lumière. Pourtant, l'ours blanc n'est pas très sympathique quand on se retrouve en face de lui ! Et ne mange-t-il pas ses petits quand il a faim ?

Et si les hivers de l'hémisphère Nord sont demain moins rudes...

Eh bien, nous ferons des économies sur notre facture énergétique et sur la consommation d'énergie pour le chauffage, sans parler du confort des humains et de la diminution des décès imputables au froid, bien plus nombreux que ceux dus aux canicules. Les sols gelés de Sibérie vont se transformer en forêts : est-ce une menace pour la planète ? La production agricole sera augmentée par une plus haute teneur en CO_2, qui augmentera la photosynthèse, et par une température hivernale plus clémente. Les récoltes de blé en Ukraine, en Russie, au Canada et dans le nord des Etats-Unis seront meilleures : qui s'en plaindra ? Le tourisme d'été vers les pays tempérés sera en augmentation : qui protestera ? Même pas les pays du Sud aujourd'hui saturés. Au total, une augmentation modeste des températures serait – ou sera – un bienfait pour la planète. Telle est la conclusion de Lomborg. C'était déjà la conclusion d'Arrhenius en 1910 et de Roger Revelle en 1970.

Vous êtes habile homme ! Cette augmentation du CO_2, au lieu de la condamner, on ferait mieux de se rendre compte que, au fond, ce scénario, s'il se confirme, ne serait pas si mauvais que ça…

Prenons l'exemple de la France et de l'Europe en général. Si la température augmente de 1 °C, les hivers vont être moins froids, les étés plus ensoleillés, la production agricole stimulée. Qui se plaint du fait que la température moyenne a augmenté de 3 °C depuis le début du siècle à Paris ? Si les cigognes reviennent plus tôt, si les marmottes hibernent moins longtemps, si l'on vendange en août plutôt qu'en septembre, oui, qui s'en plaindra ? Interrogez les Français, ou mieux les Anglais ou les Suédois. Arrhenius avait bien compris cela.

Donc, pour vous, il faut laisser les choses en l'état ?

Non, mais je veux souligner que cette analyse n'est pas absurde, et que le catastrophisme est peut-être encore plus « décalé » qu'on ne le croit !… Le second point de vue qui mérite d'être examiné est très différent : c'est celui de Christian Gerondeau[1]. Mais son avis est récusé a priori par les écologistes car il est – n'est-ce pas ? – président de l'Automobile Club de France.

Vous voulez dire qu'il est, à ce titre, « suspect » !

Bien sûr qu'il est suspect !… Disons simplement qu'il faut examiner ses arguments et ses idées en ayant présent à l'esprit son profil. C'est un polytechnicien qui a fait le corps des Ponts et Chaussées, et qui a occupé diverses fonctions de direction élevées. Il a une

1. C. Gerondeau, *CO_2, un mythe planétaire*, éd. du Toucan, 2009.

expérience d'ingénieur, mais aussi de politique. Je résume son raisonnement en le schématisant : 1. Il y a dans l'écorce terrestre des gisements de charbon, de pétrole et de gaz. 2. Ces réserves seront utilisées, quoi qu'il arrive. Si ce n'est pas par nous, ce sera par les Chinois, les Indiens, les Brésiliens ou les Américains (lesquels ont les réserves les plus importantes). 3. Donc, immanquablement, la teneur en CO_2 dans l'atmosphère va doubler d'ici la fin du siècle. 4. Ce n'est pas grave, dit Gerondeau, car ensuite, dans un siècle et demi, les réserves seront épuisées. Il n'y aura plus ni pétrole ni charbon. Donc, les émissions de CO_2 vont chuter brutalement à partir de 2100. Comme le doublement du CO_2 n'est pas si tragique que cela et que l'océan absorbe les deux tiers du CO_2, tout rentrera dans l'ordre. Bref, pour Gerondeau, il ne sert donc à rien de se « prendre la tête ».

L'idée que rien ne ralentira l'exploitation du pétrole et du charbon est peut-être simplement réaliste…

Il y a en tout cas une part de réalisme. Depuis Kyoto, rien n'a ralenti !

Vous ne vous engagez guère cette fois. Quel est votre point de vue ?

C'est difficile à expliquer, car ce n'est pas du type oui-non, ce binôme que les médias aiment tant. Je crois, comme Gerondeau, que toutes les réglementations du monde – tous les Kyoto ou les Copenhague réunis – ne ralentiront pas l'exploitation du charbon et du pétrole. Je ne crois pas pour autant qu'il faille rester inactifs devant les dégagements de CO_2. Je préconise, moi, la capture et la séquestration du CO_2 car cela, c'est une vraie attitude écologique. Dans le rapport du GIEC, il y a effectivement un volet consacré aux conséquences des dégagements de CO_2, mais ce volet a été systématiquement confié à des alarmistes. Or, je le répète – c'est mon message essentiel –, l'alarmisme et l'extrémisme ne mènent à rien, sauf à l'inaction. Y compris sur le plan économique.

Les économistes, effectivement, sont, eux aussi, entrés dans la danse. Il y a, là également, des thèses officielles, des stratégies proclamées et, en face, comme vous diriez, des « résistants ». Je pose mes questions en vrac. Que pensez-vous de l'économie carbone, de la taxe carbone, de toutes ces mesures qui, depuis Kyoto, sont proposées par les uns et les autres ? Elles sont destinées – c'est du moins leur but affiché – à faire entrer l'écologie dans l'économie – ce qui est aussi votre projet – et à favoriser la « croissance verte ». Un concept dont vous êtes un fervent avocat.

Procédons par ordre. Ce qui a surgi à Kyoto, c'est l'idée des « droits à polluer ». Vous savez : les pays riches achètent aux pays pauvres leurs droits à polluer, et leur interdisent du même coup de le faire. Nous reviendrons sur cette idée – qui a heureusement échoué – car elle explique pour partie la fièvre mondiale du *global warming*. Disons, pour l'instant, que je suis contre. La seconde stratégie, c'est celle des quotas d'émissions de CO_2. On décide de réduire les émissions de CO_2 d'un pourcentage x à telle époque et y à telle autre époque, etc.

A Kyoto, on devait réduire les émissions d'un certain pourcentage avec comme référence, pour chaque pays, l'année 1995. D'après ce qu'on sait, ce procédé a été inefficace et, depuis, les rejets de CO_2 ont augmenté de

50 %. Pourtant on a repris la même approche à Copenhague...

Avec le même échec programmé. J'en viens à me demander si ceux qui proposent un tel mécanisme ne le font pas en sachant très bien que cela ne sert à rien, si ce n'est pas simplement une posture... Après Kyoto, la politique des quotas d'émission de CO_2 a fait son entrée en économie. C'est d'abord, à la demande du président Bill Clinton, la réunion à l'université de Stanford d'une centaine d'économistes américains chargés d'évaluer l'impact qu'aurait l'application du protocole de Kyoto sur l'économie américaine et mondiale. Le verdict a été très négatif[1] : ce serait une catastrophe pour la croissance mondiale et... américaine. Ce rapport a été le fondement du refus du Congrès américain de ratifier le protocole de Kyoto, et du ralliement de Clinton à cette position. Mais le ver était dans le fruit[2].

Que voulez-vous dire par là ?

Les économistes s'étant emparés du problème, ils ont pris comme point de départ, faute de mieux, les modèles diffusés par le GIEC. Et là, on est entré carrément dans la science-fiction. Car, à ce moment-là, l'hypothétique est devenu hypothético-hypothétique. Vous connaissez la plaisanterie faite par un physicien ?

Laquelle ?

« On a inventé les économistes pour que les météorologistes se sentent moins seuls. » Donc, les économistes se sont emparés des scénarios du GIEC, et ils ont estimé les dégâts que

1. J. Weyant et J. Hill, *The Energy Journal*, Kyoto special issue, 1999.
Impacts of the Kyoto Protocol on US Energy Markets and Economic Activity, US Dept. of Energy, 1998.

2. Le « vert » est entré dans le fruit de l'économie, comme le dit Véronique Anger (*op. cit.*).

feraient l'augmentation de la température, l'augmentation du niveau de la mer, etc. Ils ont pris en compte, bien sûr, les scénarios les plus pessimistes. Puis, ils ont calculé le coût économique, comme on calcule le coût d'une catastrophe naturelle, et, dans leurs modèles, ils nous expliquent qu'ils ont tenu compte de la dépréciation de l'argent, des taux d'intérêt et *tutti quanti*. A partir de là, ils ont calculé le prix des nuisances faites par une tonne de carbone dégagée dans l'atmosphère. Ils ont obtenu le chiffre de 30 euros la tonne. Donc, voici – d'après ces messieurs – la valeur plancher. Et c'est à partir de cela qu'a été construit le rapport de Nicholas Stern, un économiste britannique très écouté par Tony Blair[1], qui en a profité pour lui accorder le titre de « Sir ». Ou encore les scénarios étudiés par Nordhaus, un célèbre économiste américain, avec un modèle informatique – encore un – aussi sophistiqué que rustique dans ses hypothèses (mais plus sérieux que le modèle de Stern).

Et qu'ont-ils conclu ? Tout cela donne froid dans le dos...

Ils ont conclu, bien sûr, des choses différentes. Nordhaus, par exemple, en a déduit que les mesures proposées à Kyoto ou par Al Gore ou Stern sont économiquement absurdes[2]. Soit parce qu'elles sont inefficaces (Kyoto), soit parce qu'elles sont susceptibles de provoquer une crise économique (Al Gore ou Stern)[3]. Il a alors proposé une taxe carbone mondiale et progressive, qu'il a estimée

1. N. Stern, *The Economics of Climate Change*, Cambridge University Press, 2007.

2. W Nordhaus, *A Question of Balance*, Yale University Press, 2008.

3. Plus récemment, Lomborg (*The Washington Post*, 15 janvier 2010) estime que si les mesures proposées à Copenhague avaient été acceptées, elles auraient pénalisé l'économie mondiale de 40 trillions de dollars par an !

être le seul moyen efficace pour réduire les émissions de CO_2, sans mettre à mal l'économie.

Vous y croyez ?

Pas plus qu'aux habituelles prévisions des économistes sur la croissance !... Ce qui est intéressant dans ces travaux, ce sont les arguments des uns et des autres. Certains affirment qu'il faut imposer des réductions importantes immédiatement, mais cela risque de handicaper l'économie. D'autres sont partisans de réductions progressives relativement modestes au début, mais cela risque d'être inefficace. En tout cas, ce qui me paraît particulièrement absurde, c'est l'estimation des coûts économiques de tel ou tel scénario du GIEC. Ne découvre-t-on pas, pour citer cet exemple, des estimations sur les dépenses de santé qui seraient dues à... une augmentation de la température moyenne du globe ?

Il paraît qu'on a même calculé l'augmentation du nombre de diarrhées à la fin du siècle, et qu'on en a estimé le coût !

Vous l'avez lu dans le livre de Christian Gerondeau !... Tout est du même tonneau. En tant que géologue, je peux vous dire que les estimations sur les nuisances créées par l'augmentation du niveau de la mer sont du même acabit. Ces scénarios économiques ont été vertement critiqués par Nigel Lawson, l'ancien chancelier de l'Echiquier de Grande-Bretagne, celui qui a remis de l'ordre dans les finances britanniques[1]. Ils ont aussi été discutés très négativement dans un symposium organisé par Nordhaus lui-même, et qui était présidé par l'ancien président mexicain Zedillo[2],

1. N. Lawson, *An Appeal to Reason. A Cool Look at Global Warming*, The Overlook Press, 2008.
2. E. Zedillo, *Global Warming : Looking Beyond Kyoto*, Brooking Institution Press, 2008.

lui-même professeur d'économie à Yale. D'ailleurs, dans son introduction, Zedillo ne semble pas considérer que le *global warming* est la priorité numéro un pour la planète. Mais ce qui est étonnant dans tous ces modèles économiques, c'est qu'ils ne tiennent pas compte de l'innovation !

Venons-en à la taxe carbone. Elle a été proposée par Nicolas Hulot dans son « pacte écologique » signé en 2007 par tous les candidats à l'élection présidentielle française…

Ils l'ont signé sans le lire ! Mais qui aurait osé dire qu'il n'était pas partisan de sauver la planète ? Surtout que Nicolas Hulot évoquait publiquement l'hypothèse, à défaut, de se présenter lui-même à la présidentielle !

Du coup, l'été dernier, le gouvernement a annoncé qu'il allait instaurer une taxe carbone. Vous avez été le premier – dans les colonnes du *Parisien* – à vous y opposer…

Je ne suis pas opposé à la taxe carbone pour les Etats-Unis ou pour l'ensemble Etats-Unis/Europe, deux continents qui, à eux seuls – ayons bien ce pourcentage en tête –, émettent 50 % du CO_2 mondial. Je me suis, en revanche, fermement opposé à la taxe carbone française en solo. La France n'émet que 1 % du carbone mondial. Pourquoi faudrait-il handicaper l'économie française seule ? Cette posture est absurde. C'est comme si on taxait les familles de plus d'un enfant pour lutter contre la croissance de la population mondiale…

Vous exagérez !

Pas du tout. C'est exactement ce qu'a proposé, dans une interview où le racisme le disputait à l'irréalisme, le député vert Yves Cochet. Il dit qu'il faut limiter les naissances en France à un enfant[1].

1. Yves Cochet, interview dans *Terra eco*, nov. 2009.

Comme en Chine.

… Et supprimer, sinon, les allocations familiales (!), sous le prétexte que les Français polluent plus que les Africains Il écrit : « Un Français égale dix Congolais. » Donc, il ne propose pas d'essayer de maîtriser la démographie en Afrique, mais en France. On voit où peut mener ce raisonnement des Verts. Pour la taxe carbone, c'est pareil. On veut instaurer une taxe carbone, non pas pour être efficace, mais pour « punir » les Français. C'est une constante de la pensée verte : taxer, interdire, punir.

Mais c'est ce que fait l'Etat lui-même à tout propos !

Lorsque j'étais au gouvernement, chaque fois qu'on soulevait un problème écologique, les Verts, qui étaient nos alliés, proposaient déjà systématiquement, par la voix de Dominique Voynet, de taxer ou d'interdire. Si Jospin les avait écoutés, on aurait inventé au moins dix nouvelles taxes ! Sur les ordures, les voitures, les poussières, l'essence, les poubelles, les poêles à charbon, etc. Cela m'horripilait d'entendre proposer ces restrictions par des gens qui, pour beaucoup, étaient les héritiers de 68. Autrement dit, ceux qui avaient inventé le slogan : « Il est interdit d'interdire. »

Cela, cher Claude Allègre, c'est votre côté antigauchiste !

Peut-être un peu. Mais je crois que c'est plus profond que cela. Les citoyens détestent les taxes. Si on multiplie les taxes au nom de l'écologie, ils finiront par détester l'écologie. Et ce sera un vrai drame. Car moi, figurez-vous, je crois que l'écologie, c'est important.

Les écologistes disent que taxer, c'est, au contraire, la bonne manière d'être respectés…

C'est ce que m'avait dit un jour, effectivement, une responsable éminente des Verts : « La seule manière d'être pris au sérieux, c'est de lever des impôts et d'interdire. » Mais c'est là, typiquement, une vision technocratique et même policière de la société. Je suis, moi, pour une politique qui amène les citoyens à adhérer à l'écologie parce qu'ils pensent que c'est juste, mais aussi parce qu'ils y trouveront intérêt. Si demain on supprime leurs dépenses d'électricité et de chauffage grâce à des maisons énergétiquement autonomes, ils diront : « Vive l'écologie ! » Ou plutôt : « Vive cette écologie-là ! »

A condition que le prix d'installation ne soit pas trop élevé…

Naturellement. Mais c'est vers cela qu'il faut tendre en développant des technologies nouvelles.

Ne vous échappez pas ! Et la taxe carbone ?

La taxe carbone « à la française », c'est le tribut que notre classe politique paie à Hulot pour avoir signé, en 2007, son « pacte écologique » ! D'ailleurs, elle a été sanctionnée au début de 2010 par le Conseil constitutionnel : à cette occasion, on s'est aperçu, il est vrai, que 93 % des émissions de CO_2 en étaient exemptes ! On voit donc le « bidouillage » que cela représentait. Aux Etats-Unis, c'est pareil : Obama veut faire passer une taxe carbone mais, petit à petit, il exonère les agriculteurs, une partie de l'industrie, etc. Il est bien conscient qu'avec la crise, s'il taxe l'industrie automobile, il va l'achever.

Donc, vous êtes hostile à l'idée d'une taxe carbone franco-française ?

Oui, mais pas européenne. Après y avoir réfléchi, je crois qu'on pourrait instaurer une taxe carbone européenne, qui serait un moyen de dynamiser l'Europe. Mais avec une tout autre logique : la taxe ne serait pas centrée sur le climat, mais sur les économies d'énergie.

Ça, c'est un scoop. Claude Allègre, l'opposant de la première heure à la taxe carbone, se rallie, à sa façon, à l'idée…

Oui, mais j'insiste, avec un autre objectif, un autre mécanisme et un autre périmètre. Regardons le cas de la Norvège. La Norvège, pays grand producteur de pétrole grâce à la mer du Nord, a fixé sa taxe carbone à 100 euros par tonne de carbone. Savez-vous de combien ont diminué depuis cinq ans les émissions de carbone en Norvège ?

Non.

Elles ont diminué de 3 %, c'est-à-dire de rien. Mais – et c'est là le point le plus intéressant – cette taxe a représenté 1,7 % du PIB, et a permis de financer le projet de séquestration du CO_2 en mer du Nord. Faut-il, à l'image de la Norvège, instaurer une taxe carbone pour récupérer des recettes fiscales et, à l'aide de ces dernières, financer la recherche sur les énergies nouvelles, la séquestration du CO_2 ou encore la voiture électrique ?

Ce serait une taxe carbone, si l'on peut dire, sans ambition « climatique »…

Certes, mais avec une grande ambition d'économies d'énergie. On instaure une taxe sur les produits carbonés, mais on la recycle par des bonus pour ceux qui isolent mieux leur maison ou la chauffent avec de la géothermie ou du photovoltaïque. On taxe l'essence, mais on donne un bonus pour l'achat des voitures électriques ou hybrides. Bref, ce n'est pas un prélèvement d'Etat : ce serait une réorientation économique recyclée. C'est du keynésisme pur. Ainsi l'économiste Bernard Bobe propose-t-il de taxer les produits importés en fonction de leur consommation carbone, y compris le transport. Cela permettrait effectivement de réguler les effets d'une mondialisation anarchique du commerce qui déséquilibre inutilement nos économies. Avec cela, le poulet de Thaïlande, pour prendre cet exemple, serait aussi cher que le poulet français. C'est une manière de s'en sortir par le haut.

Dans quelles autres directions, selon vous, pourrait-on adopter la même stratégie ?

Je ne souhaite pas que ce système de taxe recyclée soit la méthode privilégiée pour favoriser la transition vers une société plus respectueuse de la planète. Je préfère utiliser le marché. C'est un moyen plus souple, moins contraignant et, tout compte fait, plus efficace. Je redis ici avec force ma conviction : pour que les préoccupations écologiques soient réellement prises en compte par l'ensemble de la population – ce que je souhaite, ce qui est vital –, il faut que les préoccupations soient des moteurs de l'économie de demain, et non pas des freins.

Finalement, sur beaucoup de points, vous pourriez rejoindre le camp des écologistes… « raisonnables ».

Oui, pourvu qu'ils éliminent de leur philosophie – implicite ou explicite – le refus du progrès et qu'ils écartent la peur du futur comme moyen de pression ! Pour le moment, un fossé considérable nous sépare.

Vous ne parlez pas, c'est étrange, des hommes politiques ! Quelle est leur position vis-à-vis du *global warming* ? Y a-t-il aussi parmi eux des « résistants » ?

Du côté des Français, je vous réponds sans hésitation : oui, il y en a beaucoup. Beaucoup qui me disent en privé leur accord avec mes thèses, et certains d'entre eux occupent, dans la République, des postes très importants. Mais ceux-là considèrent que ce n'est pas, pour l'instant, habile de s'exprimer sur le sujet. Vous verrez que, lorsque les choses vont se retourner sous la pression de l'opinion publique, on va trouver beaucoup de sceptiques !… Sur le plan international, ni Poutine ni le président chinois Hu Jintao ne sont des fanatiques des thèses du GIEC, pas plus que le Premier ministre indien. Le Brésil, avec Lula, nage entre deux eaux. En Europe, le seul chef d'Etat à avoir courageusement pris parti contre les thèses du GIEC – avec un livre très documenté à l'appui – est le président tchèque Vaclav Klaus.

Mais lui, c'est le diable antieuropéen !

Comme l'était naguère le général de Gaulle !… Car il dit à peu près les mêmes choses. Il faut regarder la réalité en face : sur le *global warming*, l'Europe n'aura brillé ni par sa lucidité ni par son intelligence ! Et elle est aujourd'hui la seule zone du monde en décroissance !

Chapitre 5

La construction du mythe

> « Lorsque l'erreur porte les livrées de la vérité, elle est souvent plus respectée que la vérité elle-même. »
>
> Malebranche, *De la recherche de la vérité*

Vous insistez sur la faiblesse, dites-vous, des arguments « scientifiques » censés établir l'influence dominante de l'homme sur le climat. Soit. Mais comment se fait-il que cette approche ait pris une telle ampleur ? Comment cette analyse – erronée, selon vous – a-t-elle pu convaincre au point d'embraser, ou presque, la planète ?

C'est un problème fondamental. Je le dis sans fard : j'ai du mal à vous répondre. Car j'ai du mal à comprendre : comment des responsables politiques, certes désireux de popularité mais pour la plupart d'entre eux intelligents et pragmatiques, ont-ils pu se laisser entraîner dans cette galère ? Comment tant de journalistes – dont beaucoup sont intelligents et avisés – se sont-ils, de mon point de vue, laissé égarer à ce point, fonçant droit devant eux tels des moutons de Panurge ?

Alors, comment comprendre ?

Il faut avoir en tête les étapes successives de la construction du mythe, son déroulement, leur enchaînement. En adoptant, de grâce, une démarche scientifique : les faits, les observations d'abord ; la recherche de la causalité ensuite. Bien sûr, la relation des faits est toujours marquée d'un certain degré d'interprétation ou d'anticipation. Nous allons donc nous efforcer d'être le plus objectifs possible.

Pour le démarrage de ce « mythe » sur le rôle exact du CO_2 sur le climat, vous remontez jusqu'où ?

On les a déjà évoqués : Joseph Fourier au XIXe siècle, Svante Arrhenius au début du XXe siècle. Puis les géochimistes de la Scripps Institution of Oceanography – Suess, Revelle et Keeling – entreprennent l'installation de ce fameux observatoire d'Hawaï, destiné à mesurer les teneurs en CO_2 de l'atmosphère. Cela, c'est le cadre global.

Le « vrai » déclencheur, c'est quoi ?

Le vrai déclencheur, c'est Al Gore. A la fin des années 1960, plusieurs événements vont, en réalité, se produire simultanément. En apparence anecdotiques, ils se révéleront décisifs. L'université de Californie à San Diego – dont dépend la Scripps Institution of Oceanography – décide de donner le nom de Roger Revelle à l'un de ses collèges. Revelle estime qu'il doit en être le doyen. Le président de l'université est d'un avis contraire. Mécontent, Revelle quitte l'université de Californie pour aller enseigner à Harvard, où il restera quelques années. A Harvard, il donne un cours de géosciences pour non-spécialistes, une pratique très répandue dans les universités américaines. Pratique qui gagnerait à être reprise par les universités françaises. Or, parmi ses élèves, il y a un jeune étudiant en droit, fils d'un planteur du Tennessee devenu sénateur, Albert Gore. Il va être très marqué par ce cours.

Comment le qualifier ?

C'est ce qu'on pourrait appeler une initiation aux sciences de la Terre et aux questions de l'environnement. Des questions qui, à cette époque, commencent à émerger. Je ne cite pas Al Gore, le futur vice-président américain, par hasard : dans le développement de ce mythe, c'est un homme clé. Peut-être même l'homme clé.

Admettez-vous que l'engagement d'Al Gore correspond, chez lui, à une conviction très sincère ?

Je n'en doute pas un seul instant. Cette conviction ne va pas le quitter lorsque son père lui cédera son siège de sénateur. Et l'influence – très personnelle – qu'a eue sur lui Roger Revelle est également incontestable. Ces années 1968-1972 vont être, on peut le dire, celles d'un grand tournant : partout dans le monde, les questions d'environnement surgissent, s'imposent, deviennent incontournables. Et qui les pose, ces questions ? Non pas des « citoyens écolos responsables », comme on le prétend généralement, mais les scientifiques eux-mêmes[1]. J'en sais quelque chose : j'y ai été moi-même très sensible dès le début. Deux problèmes liés font l'objet, d'emblée, de discussions passionnées : la pollution et les réserves des matières premières.

De quelle pollution parle-t-on dans ces années-là ?

On débat d'abord de la pollution de l'air des villes, avec la ville symbole qu'on montre du doigt, Los

1. Sauf exceptions, comme René Dumont en France, un ingénieur agronome écologiste, qui tirait la sonnette d'alarme, dès la fin des années 1960, sur la situation de l'Afrique.

Angeles et son fameux *smog*, mais aussi de la pollution des rivières – avec les détergents – et celle de l'océan à cause des huiles vidangées à la hussarde par les pétroliers géants.

Mais était-ce vraiment nouveau ? A Londres, la pollution a longtemps été telle – tuant un nombre impressionnant d'habitants – qu'elle a fini par conduire à l'interdiction du chauffage au charbon. Tout le monde se souvient du fameux *smog*, élément cher à Sherlock Holmes et sa poursuite de Jack L'Eventreur. Aujourd'hui, à Londres, le *smog* a disparu…

C'est vrai. A Los Angeles, ce qui va donner lieu à une bataille homérique – menée par mon collègue et ami Clair Patterson de Caltech – c'est la lutte pour interdire le plomb dans l'essence. Ce combat va laisser des traces profondes dans les esprits car l'industrie minière du plomb mènera une lutte sans merci contre Patterson, lui faisant couper ses crédits de recherche, trichant sur les analyses, etc. Dans l'esprit de beaucoup, cette bataille-là va ancrer l'idée que les contraintes de protection de l'environnement s'opposent forcément à l'industrie et, par extension, à la croissance économique et au progrès. Une thèse que je combats.

C'est aussi l'époque des travaux du « Club de Rome ». Un club dont on sous-estime, aujourd'hui, l'influence qu'il a eue. Une influence considérable…

Oui. Et il est important de le rappeler, car cela permet de mettre ce que nous vivons aujourd'hui en perspective. Dans les années 1970, un groupe d'économistes et d'ingénieurs du MIT avait décidé d'exploiter les premiers ordinateurs pour calculer un modèle de développement économique. Exactement comme le faisait Edward

Lorenz quelques immeubles plus loin pour la météo, avec la même ambition et les mêmes moyens informatiques. Leur « modélisation » faisait un usage immodéré de la fonction exponentielle et des relations simples de cause à effet entre les éléments du système qu'ils avaient construit. La fonction exponentielle a, on le sait, la propriété de conduire soit à l'explosion, soit au retour à zéro, suivant que son exposant est positif ou négatif. Du coup, ces simulations…

Celles du Club de Rome ?

Non, celles du MIT !… Eh bien, ces simulations avaient prédit qu'on allait vers une période de catastrophe et de pénurie. Catastrophe en ce qui concerne la pollution. Pénurie pour les matières premières, l'énergie et les denrées alimentaires.

Pas un mot du climat ?

Pas un mot… Ce rapport fut rapidement rendu public par ses commanditaires, un groupe de responsables politiques, économiques et technocratiques qui se réunissaient sous le nom de « Club de Rome ». Le rapport fut traduit en termes politiques dans un ouvrage signé du « Club de Rome » publié en 1972 et titré : *Halte à la croissance.* Son porte-parole était le commissaire européen hollandais Sicco Mansholt.

Que proposait ce rapport qui, à l'époque, dès sa parution, a déclenché les passions ?

Il proposait de rechercher activement de nouveaux gisements de matières premières puisque ceux qu'on exploitait allaient s'épuiser, d'économiser l'énergie, de recycler les métaux et de leur substituer les plastiques, de développer les sources d'énergie naturelles (géothermique et solaire). Ce rapport prônait également un contrôle strict des naissances et donc, globalement, comme stratégie économique, l'arrêt de la croissance.

Quel accueil ont reçu ces propositions du Club de Rome ? Un accueil pas très enthousiaste, je crois...

Vous voulez dire : terrible. Ce fut un déchaînement. Le déchaînement des milieux d'affaires (industriels et bancaires), des partis politiques (de droite comme de gauche), des syndicats (à l'exception notable de la CFDT). Pour tous, le refus de la croissance, c'était le refus du progrès, lequel allait entraîner un blocage des revenus, donc un accroissement des inégalités. Les critiques politiques s'appuyaient sur les critiques des milieux scientifiques, lesquels insistaient – déjà ! – sur l'usage abusif de la fonction exponentielle.

Au total, le rapport du Club du Rome a donc rencontré une sorte de front du refus ?

Front du refus, oui, mais pas l'indifférence. L'idée de recycler les métaux, de contrôler la pollution, d'essayer de développer d'autres sources d'énergie – dont le nucléaire – a débouché sur des recherches actives et le début de concrétisation industrielle. C'est aussi un moment où, pour la première fois, des ministres de l'Environnement – un type de ministère nouvellement créé – se préoccupèrent de protéger la qualité de l'eau et de limiter les fumées émises par les usines.

C'est en 1973, juste après le rapport du Club de Rome, que les prix du pétrole et du fer se mettent à flamber...

Les pays producteurs de pétrole deviennent maîtres du jeu. La France, pays pauvre en pétrole, voit se creuser le déficit de sa balance des paiements. Les prédictions du Club de Rome semblent se concrétiser…

Comment réagit-on en France ?

On se focalise sur le problème économique et énergétique. C'est la grande période de développement du programme de l'électricité nucléaire. Une politique qui donne carte blanche au couple CEA-EDF, lequel fait preuve d'une arrogance et d'un manque de prudence aujourd'hui inimaginables. Les déchets radioactifs ne sont-ils pas, par exemple, jetés sans précautions dans le Rhône ? Tout questionnement sur la politique suivie est jugé déplacé, voire carrément présenté comme un acte antipatriotique.

D'où le trouble et même la colère d'un nombre croissant de Français…

Cette attitude va être, en effet, largement à l'origine de l'essor du mouvement écologique, qui se structure donc contre le nucléaire et tout autant contre l'opacité de tels procédés et cette arrogance technocratique…

L'attitude des Verts, depuis, n'a pas changé !

Avec une grande lucidité et un certain courage, Daniel Cohn-Bendit dira, au cours d'un débat télévisé que j'ai eu avec lui sur France 2 à l'automne 2009, que, sans l'attitude fermée des administrations nucléaires de l'époque, les Verts auraient été moins portés à l'opposition à cette forme d'énergie. Les Verts, à ce moment-là, prônent comme source d'énergie alternative… le charbon.

Les mouvements Verts de ces années-là s'affichent comme n'étant « ni de gauche ni de droite »...

Exactement. A cette époque, en effet, les hommes politiques ont une attitude schizophrenique. En paroles, tout le monde est favorable aux thèses écologiques de lutte contre la pollution, d'économies des ressources. Dans les actes et les décisions, tout le monde est productiviste, favorable au développement industriel et à la croissance. Du coup, en 1984, quand le prix du pétrole et des matières premières, après avoir flambé, s'effondre, on va à l'unisson enterrer le Club de Rome, considérer qu'il s'est « lourdement trompé » même s'il avait, dit-on, de « bonnes intentions ».

Et le climat, vous l'avez dit, c'est sans intérêt. On n'en parle pas, c'est bien ça ?

Si, on en parle, et même beaucoup. Mais aux Etats-Unis, et… à l'envers ! Comme la température s'est refroidie dans les années 1970, des scientifiques – nous verrons lesquels car ce n'est pas neutre – adressent un rapport au président américain Richard Nixon pour lui annoncer qu'on va tous entrer dans un âge… glaciaire.

Qui est présenté comme responsable et même « coupable » de cette glaciation ?

L'homme, bien sûr, car ce sont, nous assure-t-on, les poussières qui arrêtent les rayons du Soleil. C'est l'époque du *global cooling*. Et cela rejoint dans l'esprit des gens l'idée de l'hiver nucléaire quand l'explosion d'une partie du stock des bombes atomiques aura conduit, n'est-ce pas, à une chute brutale supplémentaire de la température après que le monde aura été plongé dans la nuit.

Qui trouve-t-on en pointe pour défendre le scénario du *global cooling* ?

Stephen Schneider et James Hansen, deux des futurs meneurs de l'offensive du *global warming* ! Ils prévoyaient déjà un futur désastre climatique créé par l'activité humaine. Cette fois, c'était l'action des aérosols qui allait provoquer la baisse de la température, et nous faire entrer dans un nouveau « petit âge glaciaire »[1]. Ces prédictions étaient déjà fondées sur des modèles d'ordinateur, et déjà on calculait une température moyenne. Cette hypothèse du *global cooling*, plusieurs livres vont la décrire et en parler. Le plus célèbre a été rédigé par le journaliste Lowell Ponte : s'il y a refroidissement, dit-il, c'est que le nouvel âge glaciaire a commencé. Schneider, pour sa part, annonçait déjà que c'était le problème le plus important et le plus inquiétant que l'homme et la société allaient devoir affronter. Mais dans les années 1970 les températures aux Etats-Unis vont augmenter, et ce sera l'enterrement discret du *global cooling*. Il reste que les alarmistes futurs étaient déjà en piste !

Face à tout cela, comment réagissent les hommes politiques ?

Aux Etats-Unis, Richard Nixon ne semble pas avoir été troublé par les prédictions sur le climat, mais les mouvements écologistes commencent à être actifs. Avec des thèses radicales. C'est l'époque du droit des arbres, du droit des insectes. On va pour cela jusqu'aux tribunaux. En France, l'écologie est balbutiante. René Dumont

1. I. Rasool et S. Schneider, « Atmospheric Carbon Dioxide and Aerosols : Effects of Large Increases on Global Climate », *Science*, n° 173, 1971, pp. 138-141. « U.S. Scientist Sees New Ice Age Coming », *The Washington Post*, 9 juillet 1971.

s'agite, sans grand écho. Georges Pompidou crée le premier ministère de l'Environnement : Robert Poujade, le député et maire de Dijon, est nommé ministre. Mais Pompidou, ardent avocat de l'industrialisation d'une France encore largement rurale, ne voit pas spécialement l'écologie d'un bon œil : qu'elle reste cantonnée dans les bons sentiments, et tout sera parfait. François Mitterrand, qui dirige le PS, a une position plus équilibrée. Intellectuellement et en tant qu'amoureux de la nature, il comprend la nécessité de protéger les équilibres naturels. Il n'empêche, il condamne sans appel les conclusions du Club de Rome. « Lorsqu'il n'y a pas de croissance, ce sont, dit-il, les pauvres et les pays sous-développés qui en font les frais. » Et d'insister, plus polémique encore : « Oui, ce sont toujours les pauvres qui trinquent. » Fidèles à eux-mêmes, les communistes sont hyper-productivistes : eux, avec superbe, ignorent totalement le problème.

Elu en 1974, Valéry Giscard d'Estaing, lui, est sensible aux thèses du Club de Rome…

Oui. Et il l'est beaucoup plus en tout cas que ses deux Premiers ministres successifs, Jacques Chirac et Raymond Barre. Or, en Amérique, après Nixon qui avait regardé ces questions avec distance, s'est installé au même moment à la Maison-Blanche un président réellement « écolo », Jimmy Carter. Ses campagnes répétées contre le charbon et l'immersion des déchets en mer lui valent l'hostilité d'une partie importante de l'industrie. Certains pensent d'ailleurs que cette bataille n'est pas étrangère à sa non-réélection au bout de quatre ans. Une leçon dont devrait, aujourd'hui, tenir compte un certain Barack Obama…

C'est à cette période que les partis « verts » fleurissent, et commencent à donner de la voix. .

Ils commencent à s'organiser, mais en restant au stade de groupuscules. Leur position est le plus souvent d'une extrême radicalité. Surtout, comme nous l'avons dit, aux Etats-Unis (*deep ecology*[1]).

A la même époque, parallèlement, l'opposition au nucléaire progresse...

Tout à fait. Mais cette opposition au nucléaire ne deviendra vraiment efficace et populaire qu'après 1979 avec, aux Etats-Unis, l'accident de la centrale de Three Miles Island et surtout en 1986 avec, en Union soviétique, le drame de Tchernobyl. Le nucléaire devient alors, en quelque sorte, le totem des rassemblements écologiques.

Le climat, on n'en parle toujours pas ?

Non. En tout cas pas hors des cercles scientifiques où l'on spécule très calmement sur les conséquences possibles de l'augmentation des teneurs de CO_2 à la station d'Hawaï de Charles Keeling. Le paradoxe, c'est que ces années voient pourtant surgir une extraordinaire révolution dans le domaine de la météorologie.

« Révolution » ? Le mot n'est pas excessif ?

Non. Au début des années 1960, les meteorologistes sont, en effet, pleins d'espoir. Ils ont soudain à leur aisposition deux merveilleux instruments qui, pensent-ils, sont véritablement à la hauteur de l'extraordinaire problème qui

1. Voir le livre de L. Ferry, *Le Nouvel Ordre écologique*, Grasset, 1992.

leur est posé par la Nature depuis des siècles : comprendre le fonctionnement de l'atmosphère afin de pouvoir enfin prévoir le temps avec exactitude et à échéance lointaine.

Quels instruments ?

Les ordinateurs d'un côté, les satellites d'observation de l'autre. Ils permettent d'observer l'atmosphère minute par minute et dans son ensemble. Ainsi peut-on espérer résoudre les milliers d'équations qu'il faut écrire pour comprendre son comportement, avec des milliers d'observations qui permettent de tenir compte de sa géométrie complexe, des continents et des océans, des pôles et de l'équateur, de la rotation de la Terre, de l'ensoleillement, etc

C'est, en somme, le début de la météorologie moderne ?

Exactement. Avec des missions spatiales et des satellites d'observations, et l'écriture des premiers méga-programmes d'ordinateurs. Les centres de météorologie du monde entier acquièrent à prix d'or les ordinateurs les plus puissants, et ils les changent au fur et à mesure des progrès en informatique. Ils sont convaincus que, s'ils ne peuvent pas prévoir le temps, c'est faute d'ordinateurs suffisamment puissants. Et simplement à cause de cela.

Et ce n'est pas vrai ?

C'est une approche erronée, quasiment naïve. A peine apparues les premières concrétisations de ces espoirs, se produit, en effet, un événement dont la puissance destructrice n'apparaîtra que dix années plus tard. Edward Lorenz est professeur de météorologie au MIT. En cherchant à modéliser l'atmosphère avec un ordinateur encore primitif, il met en lumière – excusez du peu – son comportement chaotique : ce fameux « effet papillon » dont nous avons déjà parlé. Vous savez, ce vol de papillons devant Notre-Dame qui, à lui seul, peut tout changer dans la météo, dans un sens ou dans un autre. Bref, avec un simple ordinateur – l'un des instruments « de l'espoir », comme on disait – il détruit le rêve des météorologistes qui était évidemment de prévoir le temps.

Pourtant, il est lui-même météorologiste…

C'est sa force. C'est pour cela qu'il n'est pas récusable. Donc, il leur dit : « Vous ne pouvez pas prévoir le temps plus de trois ou quatre jours à l'avance. Davantage, mes amis, c'est illusoire car c'est mathématiquement impossible. »

Comment cette découverte est-elle reçue par la communauté des météorologues ?

Très mal. On fait remarquer à Lorenz que le modèle d'atmosphère qu'il a utilisé est outrageusement simplifié. Il ne comprend que trois équations, alors qu'il en faudrait, affirme-t-on, des milliers. Les services météorologiques du monde entier se lancent à corps perdu dans l'écriture de gigantesques programmes informatiques en ignorant le travail de Lorenz. Leur espoir : le contredire, lui clouer le bec. En même temps, les agences spatiales lancent des satellites météo pour observer le ciel « par le haut », mais aussi, en lançant des ballons flottants, font des mesures et les transmettent aux satellites.

Qui se charge de ce travail énorme ?

C'est effectivement un travail informatique considérable. Les initiateurs sont des physiciens comme Pierre Morel ou

Ichtiaque Rasool. Les réalisateurs sont essentiellement des mathématiciens spécialisés en informatique, et qui ignorent tout de la physique comme de la chimie des nuages. A coups d'équations et de grilles de calcul, ils fabriquent une véritable « atmosphère numérique » que, petit à petit, ils vont considérer comme une atmosphère réelle. Mais en faisant « tourner » ces modèles dans leurs ordinateurs, les météorologues vont constater que la théorie de Lorenz est, au fond, peut-être… vraie, car ils ont du mal à prédire le temps plus de deux à trois jours à l'avance. Et encore !… L'expérience quotidienne vérifie, hélas, la théorie !

Finalement, la validité de la thèse de Lorenz va être reconnue ?

Ses travaux sont passés au crible dans les quelques centres de recherche universitaires qui « planchent » sur le dossier du climat : en France, à Paris Centre et à Clermont-Ferrand ; aux Etats-Unis, au MIT, à Princeton, à Caltech, à Harvard, et dans deux ou trois autres centres de moindre importance. Tous examinent les résultats obtenus par Lorenz et s'efforcent d'approfondir ses travaux. Au MIT travaille ainsi le pape mondial de la météorologie de l'époque, Jules Charney. Or Charney va soutenir très rapidement l'approche de Lorenz, grâce à des arguments de physique des fluides pertinents. En France, l'universitaire Pierre Morel fait de même, s'attirant les foudres de la Météorologie nationale.

Mais quand la conversion aux idées de Lorenz devient-elle vraiment générale ?

A partir des années 1990, cela commence à basculer pour de bon. La majorité des météorologues va alors admettre que l'atmosphère, oui, a un comportement chaotique. Par ailleurs, ce travail de Lorenz va donner le coup d'envoi à une formidable révolution conceptuelle dans toutes les sciences, très connue sous le nom de « théorie du chaos ». Lorenz recevra pour cela le premier prix Crafoord. Il reste qu'aujourd'hui encore beaucoup de services météo refusent d'y croire, et s'obstinent à prévoir le temps sur six mois[1].

Tous ces programmes d'ordinateurs, tous ces satellites qui coûtent des millions ne serviraient-ils à rien ?

Pas totalement. C'est grâce à ces méthodes qu'on peut tant bien que mal prévoir le temps à quatre jours et, avec moins de certitude, à une semaine. La semaine, c'est un objectif ambitieux mais raisonnable pour la prédiction du temps, mais qui est loin d'être atteint aujourd'hui. Au-delà, c'est illusoire.

Quelques météorologistes s'obstinent, et nous prédisent régulièrement le temps qu'il fera six mois plus tard…

Madame Soleil a des disciples. Ils ne peuvent rien prévoir de sérieux à six mois. Non pas parce qu'ils seraient incapables ou inintelligents, mais parce que le système lui-même – du fait de sa complexité et de son instabilité – ne le permet pas. Et ce n'est pas si grave que cela : après tout, ne sont-ils pas logés à la même enseigne que… les économistes ?

Quand l'idée de s'occuper pour de bon du climat s'impose-t-elle ?

A partir des années 1975. L'idée s'impose alors, par étapes, chez certains météorologues : et si on s'occupait du

1. Le 9 septembre 2009, David Pujadas annonce ainsi, sur France 2, que, conformément au réchauffement climatique et suivant les prédictions de Météo France, la période des fêtes de fin d'année allait bénéficier d'un climat… « indien » !

climat, au lieu d'abandonner son étude aux seuls géographes ? L'idée de ces météorologues, c'est qu'avec leurs ordinateurs et leur bagage scientifique, ils vont pouvoir rapidement planter leur drapeau sur ce terrain-là. D'autant plus que le climat étant évalué sur dix ou vingt ans, la théorie de Lorenz ne vaut pas dans ce cas (du moins le pensent-ils).

Peut-on dire que naît à ce moment-là une sorte de « mode climatologique » ?

Oui. C'est aussi pour les météorologues – qui avaient peur de perdre leurs personnels et leurs crédits puisqu'ils étaient incapables, je l'ai dit, de prévoir le temps plus de trois ou quatre jours à l'avance – l'espoir de nouveaux débouchés. Cette période correspond, en plus, à la fin des grandes explorations planétaires. Donc, la Nasa elle-même était désireuse de justifier ses crédits et son existence. La voilà qui crée en son sein un service pour s'occuper du climat ! Qui, en effet, s'intéressait au climat à cette époque ?

La Nasa trouvait à cela son intérêt ?

Sans que cela soit scandaleux, la réponse est évidente : oui. Le budget de la Nasa est, en effet, examiné chaque année avec grand soin par le Congrès américain. Il faut donc intéresser ce dernier si l'on veut obtenir des crédits. Il faut appâter les sénateurs avec des perspectives exaltantes, importantes, spectaculaires. Cette nécessité va jouer un rôle décisif dans l'alarme climatique.

En France, qui se passionne pour le climat ?

Il faut, là aussi, dire les choses comme elles sont, sans que cela soit là non plus scandaleux. Avant l'avènement des satellites, pour les communications intercontinentales, on faisait « rebondir » les ondes radio sur une couche de la haute atmosphère qu'on appelle ionosphère (parce que les molécules sont ionisées, c'est-à-dire chargées électriquement). Du coup, l'étude de l'ionosphère était un secteur scientifique très actif. En France, par exemple, le Centre national d'études des télécommunications (CNET) employait plusieurs centaines d'ingénieurs – dont un bon nombre de polytechniciens – pour travailler sur les propriétés de l'ionosphère. Patatras : l'émergence des satellites rend d'un coup tous ces efforts inutiles. Désormais, on transmet les signaux sans l'ionosphère grâce aux satellites avec la même méthode émetteur-récepteur qu'au sol. En quelques années, c'est donc une communauté scientifique entière qui peut se retrouver au chômage.

Vous voulez dire qu'il faut trouver un moyen de la reconvertir ?

Exactement. Et comment reconvertir ces chercheurs ? En les faisant « descendre » un peu plus bas dans l'atmosphère. Mais là, ils tombent sur le secteur météo qui lui-même est en crise, sous le choc de Lorenz. Grâce au ciel, si je puis dire, il y a la climatologie dont on parle de plus en plus. On va donc recycler des physiciens de la haute atmosphère en climatologie, qui demande pourtant une culture des phénomènes naturels plus contraignante que l'étude des plasmas de l'ionosphère ! Ce sera le cas du fameux Hansen, l'alarmiste en chef qui, après une thèse auprès de James Van Allen sur l'ionosphère, devient climatologue. Encore faut-il, pour que les crédits suivent, intéresser au dossier du climat les organes de financement : le Congrès américain comme les grandes agences spatiales...

Votre idée, c'est que les scientifiques ont absolument besoin de motiver les bailleurs de fonds en leur montrant que le domaine dont ils s'occupent est intéressant, et justifie les sommes d'argent qu'on lui consacre.

Bien sûr !... Et justifier, pour commencer, leurs propres salaires. Car, dès lors que les budgets de recherche montent à plusieurs points du PIB, il y a une formidable compétition entre domaines de recherche pour se partager la manne financière. Car le budget global n'est pas extensible à l'envi.

Et c'est à cette période-là, dites-vous, que tout le monde se met à débattre autour de la teneur en CO_2 de l'atmosphère...

Oui. Vers les années 1975, les néo-climatologues commencent à s'intéresser aux résultats de Keeling et à l'accroissement des teneurs en CO_2 de l'atmosphère. On commence à calculer des modèles de température de l'atmosphère en y incorporant l'effet de serre créé par le CO_2. En 1979, c'est une année-tournant : l'Académie des sciences des Etats-Unis demande à Jules Charney de réunir une commission pour examiner la gestion du climat et le rôle possible du CO_2 sur le climat. Deux modèles très primitifs prédisent que, si les émissions de CO_2 continuent à augmenter au rythme de l'époque, il y aura des réchauffements dans un siècle se situant entre +2 °C et +4 °C. Charney, en bon diplomate, y ajoute des marges d'erreur et conclut : « Ce sera entre +1,5 °C et +4,5 °C. » Personne ne s'émeut.

A la Maison-Blanche, le président, c'est Jimmy Carter...

... un écologiste convaincu. En 1980, il demande un rapport sur les questions de pollution, et il inclut explicitement dans sa demande le climat et les émissions de CO_2. Il est lui-même, il est vrai, en conflit avec des producteurs de charbon : il veut, en effet, réduire son usage car il produit trop de poussières et pollue l'air des villes.

Quelles seront les conclusions du rapport commandé par Jimmy Carter aux spécialistes du climat ?

Le mieux, c'est de lire, à ce sujet, le compte rendu que fait Yves Lenoir du « Rapport "Global 2008" » commandé par le président Jimmy Carter[1]. Les chapitres sur le climat y occupent une place modeste (37 pages sur 1 500). Leur contenu, rédigé et contrôlé par vingt-quatre climatologues de sept pays, paraît surréaliste par sa pondération dans l'ambiance surchauffée d'aujourd'hui.

Quels sont leurs scénarios ?

Ils en proposent trois. Lenoir rappelle que cela vaut pour l'horizon 2000, aujourd'hui franchi. Lisons son résumé : « Scénario 1 : celui d'un refroidissement fort. Pronostic : – 0,6 °C dans l'hémisphère Nord avec un renforcement de la circulation atmosphérique et une sécheresse accrue dans la zone sahélienne. Scénario 2 : pas de changement. La température moyenne augmente de 0,1 °C avec un maintien de la récurrence des sécheresses aux Etats-Unis selon un cycle de vingt à vingt-deux ans et la poursuite des épisodes secs dans la zone sahélienne. Scénario 3 : un réchauffement de modéré à fort. Prévisions : + 0,4 °C à + 1 °C dans l'hémisphère Nord, avec une amélioration de la pluviométrie dans la zone sahélienne. »

1. Y. Lenoir, *op. cit.*

Comment réagissez-vous aujourd'hui face à ces trois scénarios ?

C'est dérangeant pour certains : à l'aube des années 1980, les climatologues estiment raisonnable d'envisager un refroidissement du climat à l'horizon 2000, et ils trouvent des avantages à la réalisation possible d'un scénario de réchauffement.

Mais cette analyse va être vite battue en brèche !

A peine cinq ans plus tard, en octobre 1985, c'est, en effet, un virage à presque 180°. Dans un autre contexte il est vrai, la conférence réunie à Villach (Autriche) par l'Organisation météorologique mondiale, le Programme de l'ONU pour l'environnement et le Conseil international des sociétés savantes (International Council of Scientific Unions) lance, cette année-là, un cri d'alarme. Brutalement, l'émission anthropique de gaz à effet de serre est présentée comme porteuse d'un réchauffement potentiellement catastrophique.

Et tout le monde « suit » ?

En tout cas, à partir de là, les choses vont s'accélérer. Avec une méthode qui ne va jamais se modifier et fera ses preuves : le consensus entre les membres d'un petit groupe d'initiés, d'un côté ; la disqualification, l'opprobre, puis l'exclusion de ceux qui sont tenus pour des déviants parce qu'ils émettent – osent émettre ! – une opinion divergente. C'est la pratique de l'ostracisme grec, celle qui a poussé Thémistocle à devenir l'allié des Perses. Ce qui veut dire que, hors du groupe restreint, le débat est interdit. C'est le début de la fameuse stratégie du « consensus » ! La conférence de Villach va être l'occasion pour une poignée de climatologues – la plupart sont des météorologues reconvertis – de sceller un pacte fondé sur l'alarme d'un danger climatique. Et le processus, dont nous voyons les effets aujourd'hui, est lancé. On sonne le tocsin du corporatisme : pour sauver la météorologie, l'alarmisme climatique. John Houghton, le futur responsable du groupe GI du GIEC, l'exprime une première fois crûment, sans complexes, en disant à plusieurs reprises que, s'ils ne sont pas alarmistes, personne ne prendra leurs travaux au sérieux[1]. Dans cette saga, deux développements scientifiques annexes vont aussi jouer un grand rôle : le dossier du trou d'ozone et celui des archives climatiques glaciaires.

Vous avez déjà insisté là-dessus !

Puisqu'il s'agit de restituer une chronologie, il faut les mentionner, comme autant d'étapes capitales. Voyez la façon dont va être exploité l'épisode de la couche d'ozone !... Entre 1985 – année des premiers indices de la déchirure de la couche d'ozone antarctique – et 1989 – la signature du protocole de Montréal bannissant les CFC[2] – il ne s'est passé que quatre ans. Mais quatre ans bien occupés qui ont conduit à mobiliser la bureaucratie de l'ONU, à occuper les unes des médias, à faire plier les lobbies des industries chimiques fabriquant des CFC et au bout du compte, quelques années plus tard cette fois, à obtenir un prix Nobel de chimie pour Crutzen, Molina et Rowlands. En matière de communication, joli bilan !

---

1. Pachauri, économiste indien, président actuel du GIEC, utilisera la même stratégie pour présenter le rapport de 2007 : « Nous devons effrayer les gouvernements pour qu'ils agissent. »

2. CFC (Chlorofluorocarbones) : produits utilisés dans les réfrigérateurs et les bombes à raser !

C'est presque ce qu'ont réussi, de leur côté, les avocats du réchauffement climatique !

Oui, sauf que le prix Nobel a été, pour eux, celui de la paix, ce qui n'a pas tout de même la valeur d'un prix Nobel de chimie... Le second épisode est l'étude des carottes de glace de l'Antarctique : ce sont, on l'a vu, les archives de l'atmosphère. On va mettre en évidence l'alternance de périodes chaudes et de périodes froides conformes très grossièrement aux prédictions de l'astronome serbe Milankovitch. Mais ce que l'équipe de Grenoble, animée par Claude Lorius et associée à celle de Berne conduite par Hans Oescher, va montrer, c'est que les teneurs de CO_2 contenues dans les bulles de glace – qui sont des échantillons des anciennes atmosphères – varient au même rythme que la température. Lorius et ses collègues n'hésitent pas à affirmer que les variations de la température sont la conséquence des variations observées des teneurs en CO_2. L'effet de serre aux faibles teneurs de l'atmosphère terrestre est donc considéré comme prouvé (bien qu'il s'agisse là de CO_2 naturel puisqu'on se situe à des périodes allant de – 10 000 à – 400 000 ans). Ce travail est donc considéré immédiatement comme la preuve de l'effet de serre du CO_2, et donc la validation des thèses du clan alarmiste sur l'effet néfaste des dégagements anthropiques de CO_2.

Mais vous nous avez dit que ce sont les variations de CO_2 qui précèdent, en fait, celles de la température...

C'est ce qu'on montrera plus tard. Quoi qu'il en soit, la petite communauté scientifique de moins de 100 personnes qui travaille sur l'effet de serre, moteur des variations climatiques, se trouve renforcée par ces résultats. Je ne peux que faire appel à ma propre expérience. Soumis aux affirmations péremptoires des uns et des autres et impressionné par les résultats des carottes glaciaires, j'ai été moi-même persuadé qu'il y avait là un danger potentiel, et je l'ai écrit dans le livre d'entretiens que j'ai publié avec Emile Noël[1]. Comme sans doute beaucoup de scientifiques, j'étais séduit par le raisonnement qui me paraissait imparable. Le CO_2 de l'atmosphère augmente, le CO_2 est un gaz à effet de serre, donc la température de l'atmosphère va croître. La concomitance entre teneur en CO_2 et températures observées par l'équipe de Lorius dans les glaces de Vortok en Antarctique m'avait conforté dans cette idée. Mais si j'étais séduit par le raisonnement, je concevais cela comme une alerte, certainement pas comme une alarme.

« Alerte » et pas « alarme », dites-vous. C'était, à l'époque, un point de vue partagé ?

Beaucoup de scientifiques – y compris ceux qui travaillaient directement sur le sujet – avaient la même attitude que moi. Mais une fraction d'entre eux dramatisait déjà le problème. Le catastrophisme climatique commençait à se développer. Certains prédisaient une augmentation de la température de plusieurs degrés, une montée du niveau de la mer de plusieurs mètres, une augmentation de la sécheresse, etc. Tout cela, par la faute de l'homme. Comme la mode écologique – centrée jusque-là surtout sur l'opposition au nucléaire – existait déjà, cette dramatisation allait dans le sens de la culpabilité de l'homme, et trouvait donc des oreilles réceptrices, attentives, parfois complaisantes.

Pendant longtemps, ces querelles de territoires, ces querelles d'experts n'ont eu que peu d'influence sur le monde politique. Comment la théorie du réchauffement

1. C. Allègre et E. Noël, *Douze clefs pour la géologie*, Belin, 1987.

– pour ne pas dire l'idéologie du réchauffement – a-t-elle pu pénétrer ce monde ?

L'acte « fondateur » s'est produit, semble-t-il, en Suède. Un géochimiste de l'atmosphère, Bert Bolin, qui suivait depuis le début les mesures de CO_2 de Hawaï, a publié pendant les années 1960 une série d'articles scientifiques mettant en garde contre les dangers potentiels du CO_2. Il s'est trouvé qu'il était ami d'école et partenaire de tennis du Premier ministre suédois social-démocrate, Olof Palme. Vers 1973, ce dernier a voulu implanter dans son pays vingt-quatre réacteurs nucléaires. Il s'est heurté à l'opposition de mouvements verts déjà très puissants en Suède. Palme utilisa les arguments de son ami Bolin auprès du Parlement suédois et du public, suivant lesquels le CO_2 était plus dangereux que le nucléaire. Bolin étant à cette époque conseiller du Premier ministre, cela lui permit d'être en contact avec l'administration des Nations unies et, après la seconde conférence de Villach en 1987, d'entreprendre un lobbying pour intéresser à ce dossier l'ONU. Etape capitale.

C'est un vrai roman policier, votre décodage de cette saga !

Un autre personnage clé – important et même fondamental dans cette sensibilisation des Nations unies – aura été un administrateur d'origine canadienne, Maurice Strong, ancien membre actif du Club de Rome. Placé auprès du secrétaire général des Nations unies de l'époque, U-Thant, Strong organise la première conférence de l'ONU sur l'environnement en 1972 à Stockholm. Une conférence qui s'achève avec la mise en place du programme UNEP (United National Environment Program).

Un programme, soit, mais avec des moyens financiers à la clé ?

Les Nations unies, vous savez, constituent une gigantesque bureaucratie financièrement très riche, avec des salaires très élevés, exonérés d'impôts. Et avec une armée de fonctionnaires qui sont à la recherche permanente d'idées pour organiser des colloques ou des programmes. Je ne veux pas être grinçant à l'excès, mais leur motivation principale, c'est de justifier leurs postes, avec l'éternel et noble but de… « sauver le monde ».

Vous l'avez constaté vous-même ?

Oui. Quand j'ai participé au lancement, en 1978, du programme sur les catastrophes naturelles[1], j'ai pu voir de près ce mécanisme fonctionner. Parmi les divers comités de l'ONU de la fin des années 1980, celui qui est resté le plus célèbre est sans aucun doute possible le comité présidé par Mme Brundtland, ancienne Premier ministre de Norvège, dont le produit le plus connu est « Notre futur commun ». C'est en son sein qu'a germé – et éclos – le concept de « développement durable », une expression désormais fétiche pour les hommes politiques du monde entier. Or, dans ce rapport – qui date de mars 1987 – il y a un paragraphe sur le danger du réchauffement climatique dû au CO_2.

A vous écouter, l'ONU, avec son poids et ses moyens, apparaît comme le point focal de toute cette sur-activité liée au réchauffement climatique…

Le point focal, oui, mais pas la source unique d'énergie !… Un événement important a eu lieu, en effet, aux Etats-Unis

1. J'ai abandonné le comité au bout d'un an car, avec des sessions multiples aux quatre coins du monde, il me prenait trop d'un temps que je souhaitais consacrer à la recherche.

en 1988, soit un an après Villach 2. Le Congrès avait créé une commission sur les gaz à effet de serre, et leur influence sur le climat. La commission était présidée par le sénateur Tim Wirth du Colorado, et comprenait un jeune sénateur plein d'avenir, un certain Al Gore, que nous savons sensibilisé aux problèmes climatiques depuis ses études à Harvard. Or l'été 1988 a été particulièrement chaud aux Etats-Unis. Jim Hansen, on l'a dit, cherche toutes les occasions pour justifier l'existence au sein de la Nasa de son service de climatologie. Le voici qui se précipite donc pour témoigner devant cette commission.

Pour y dire quoi ?

Il déclare ni plus ni moins que cette température caniculaire n'est que le début d'une situation qui va empirer et se répéter, et que cela correspond aux prédictions qu'il a faites lui-même grâce à son modèle informatique de climat. Il assure avoir démontré que la cause de ce réchauffement, c'est l'homme à travers les dégagements de CO_2. Rappelons que le même Hansen avait en 1971 annoncé avec le même alarmisme un refroidissement également imputable à l'homme. Dans la foulée, le sénateur Wirth donne une retentissante conférence de presse annonçant carrément une catastrophe climatique programmée. Il est aussitôt relayé par Al Gore, lequel va désormais se lier avec James Hansen. Ce dernier deviendra d'ailleurs son conseiller personnel jusqu'à aujourd'hui, en particulier pour le film à mon sens scandaleux – mais décisif – que tout le monde a vu puisqu'il a même été présenté à Paris aux députés et sénateurs français dans les locaux de l'Assemblée nationale.

Mais l'alarmiste James Hansen…

… le « catastrophiste » Hansen, voulez-vous dire !

Hansen a-t-il été suivi ?

Pas par tout le monde !… Ses déclarations n'ont pas été approuvées à l'époque par la plupart des scientifiques travaillant sur le sujet, et encore moins par ses collègues et ses supérieurs de la Nasa. Stephen Schneider aussi bien que Bert Bolin font des mises en garde publiques : l'idée que la fréquence des canicules va s'accélérer par suite de l'effet de serre est très loin, martèlent-ils, d'être scientifiquement établie. Leur objectif : essayer d'atténuer l'alarmisme de Hansen.

Hansen aurait donc été depuis le début un extrémiste alarmiste ?

Oui. Il l'était déjà pour le *global cooling*, et a fait de même pour le *global warming*. Dès la conférence de l'Académie des sciences des Etats-Unis en 1979, il est alarmiste. C'est un fait : ses prévisions sont systématiquement plus alarmistes que toutes les autres. Mais l'année 1988 est aussi marquée par un événement majeur : la création du Groupe d'experts intergouvernemental sur l'évolution du climat, le GIEC (IPCC en anglais)…

Le fameux GIEC, à qui vous ne passez rien !

J'en reconnais les mérites quand il en a (rarement), je combats ses dérives. Les fondateurs ont été Bolin et Strong, mais celui qui va prendre le leadership du groupe GI le plus important est John Houghton, directeur du bureau anglais de météorologie. Ce qu'il est fondamental de relever – quand on analyse le mode de fonctionnement et les résultats de cet organisme placé sous l'égide de l'ONU –, c'est que, d'une part, il travaille dès le début sur le *principe du consensus* et, d'autre part, sur les recommandations expresses de Houghton d'être alarmiste pour être entendu.

Comment cela se traduit-il ?

Il suffit de relire Bolin[1]. « Nous devons trouver entre nous un terrain d'entente, un point commun et, au final, parler d'une seule voix, insiste-t-il. C'est la condition nécessaire si nous voulons avoir un impact sur le monde politique. » L'idée qui justifie cette attitude est la suivante : lorsque les scientifiques expriment des opinions variées et nuancées, les hommes politiques – tous rivaux permanents – en profitent pour se contredire et, au total, l'opinion des scientifiques ne pèse pas ou presque pas. Du coup, depuis vingt ans, pour éviter cet écueil, on entendra sans cesse cette petite phrase : « Le *consensus* est que… Il y a *consensus* pour dire que… » Et le GIEC va jouer cette carte à fond : le consensus pour tous, tous pour le consensus !…

Comment travaille le GIEC[2] ?

Les rapports du GIEC, ce sont, nous l'avons vu, trois documents, dont la longueur et le style sont profondément différents. Le premier est un rapport de près de 1 000 pages qui rassemble des articles de mise au point sur les divers sujets touchant au climat, et aux conséquences que pourrait avoir telle ou telle modification du climat sur la faune, la flore, l'océan et sur l'économie. Les articles sont bien documentés, écrits dans un style propre aux articles scientifiques et expriment, en général honnêtement, les

1. B. Bolin, *A History of Science and Politics of Climate Change*, Cambridge University Press, 2007.
2. Voir Lafebur *in* « Commentaires ».
S. Galam, *Les Scientifiques ont perdu le nord*, Plon, 2008.

incertitudes qui pèsent sur telle ou telle interprétation. Le deuxième document, d'une centaine de pages, est un résumé du premier. Le ton est nettement plus affirmatif. C'est déjà un document « de consensus », c'est-à-dire qu'il « gomme » les opinions minoritaires. Il est rédigé par un comité très restreint d'une quarantaine de personnes, et déjà fortement biaisé. Enfin, le troisième document s'intitule « Recommandations pour les décideurs ». Ce document de trente pages est celui que tout le monde lit. Il est à chaque page affirmatif, tranchant, catégorique. Qui plus est, il n'est pas rédigé par un groupe de scientifiques, mais par un groupe de personnes choisies par les Etats. Certains sont des scientifiques mais la majorité ne le sont pas. Ce sont des administratifs désignés par les Etats : ce sera le cas pour la France pendant dix ans ! On dit que lorsqu'ils n'arrivent pas à se mettre d'accord sur tel ou tel aspect, ils votent ! Et c'est le groupe de décideurs qui accepte ou non la publication des articles dans le volume scientifique de 1 000 pages. C'est la science qui est soumise à la politique !

Quel est le sens de ce surprenant découpage en trois stades, tel que vous le décrivez ?

Il s'agit – au sens scientifique – d'une distillation destinée à faire émerger une opinion, et une seule. Toujours le « consensus » !... Conformément aux recommandations premières de Houghton, le document doit être exagérément alarmant pour qu'on lui prête attention. Cette méthode est – faut-il le redire ? – à l'opposé de la démarche scientifique véritable qui doit impérativement protéger les opinions minoritaires, car ce sont elles qui conduisent aux nouvelles découvertes. Ce sont les « hérétiques » qui font avancer la Science, dit Freeman Dyson. Ce véritable viol de la pratique scientifique habituelle est le résultat d'un mélange ambigu entre science et politique.

N'est-ce pas aussi une façon de contrôler la composition des groupes de travail ?

Bien entendu. D'en contrôler la composition et de surveiller aussi ceux qui vont faire la relecture des articles. Le groupe qui rédige le document de 100 pages est, par exemple, dominé par les agences météo anglo-américaines : la météo anglaise, la NOAA américaine et le groupe du Goddard Center financé par la Nasa et l'université de Columbia. Quant aux opposants ou tout au moins aux sceptiques – ce qui, jusqu'à nouvel ordre, est, pour un scientifique, une éminente qualité, celle qu'on essaie d'inculquer à nos étudiants –, ils sont éliminés des procédures du GIEC. Car le GIEC s'honore de procédures scientifiques traditionnelles avec implication de « références », nomination d'éditeurs, etc Sauf que tout est biaisé.

Comment ?

Lorsqu'on me dit : « Vous vous opposez à l'opinion de 2 500 scientifiques », c'est complètement faux. 2 500, c'est seulement le nombre de scientifiques et de non-scientifiques utilisés pour relire les articles ou rédiger des bouts d'articles annexes. Quelle serait l'influence sur les vers de terre si le climat augmentait de 10 °C ? Et le biologiste spécialiste des vers de terre répond. Si le niveau de la mer montait de deux mètres, quelle serait la conséquence ? Un géographe et un économiste répondent dans un article, etc. Tous ces rédacteurs n'approuvent pas nécessairement les conclusions des documents restreints auxquels ils ne sont d'aucune façon associés.

Vous diriez que les conclusions du GIEC engagent réellement combien de personnes ?

Je dis qu'elles engagent une centaine de personnes au plus, triées sur le volet. Dans le dernier rapport publié en

2007, il y avait 34 personnes dans le groupe GI, celui qui est essentiel.

Vous affirmez que l'on sélectionne les membres du GIEC en fonction de leurs opinions. Pouvez-vous citer des exemples ?

Oui, et pas des moindres. Roger Revelle, qui a été à l'origine de tout ce remue-ménage et n'était donc pas suspect de nier les augmentations des teneurs en CO_2, a donné une interview en 1984 dans le magazine *Omni*, où il affirme que cette augmentation de CO_2 va augmenter la fertilité de l'agriculture et minorer les changements trop brutaux du climat. Dans l'interview qu'il donne au *Times* en 1987, il est toujours aussi prudent : il dit que rien n'est prouvé, et qu'il faut travailler davantage pour comprendre les effets du CO_2. En 1990, au congrès de l'American Association of Advancement of Sciences à La Nouvelle-Orléans, Revelle présente un document décapant, en tout cas dérangeant : l'augmentation de CO_2, écrit-il, va favoriser le développement du plancton, et l'activité photosynthétique de ce dernier va réguler le CO_2. Eh bien, Revelle ne sera jamais consulté par le GIEC, ni inclus dans ses groupes de travail

Il y a d'autres cas de ce type ?

Bill Niremberg, alors directeur de la Scripps Institution of Oceanography, dès lors qu'il a émis des réserves sur la validité de la démonstration liant le CO_2 au réchauffement, n'a plus été invité à aucune réunion. Les deux grands spécialistes du MIT, Edward Lorenz et Richard Lindzen, ont été tenus à l'écart du GIEC, et même pas consultés. Fred Singer, ancien responsable des observations de la Nasa, a été montré du doigt, tenu pour un irresponsable, et cela depuis qu'il a fait part de ses doutes.

Cet ostracisme frappe aussi en France ?

Oui. Je songe à Pierre Morel. Il est le créateur et le premier directeur du Programme international d'études du climat à Genève, il est le fondateur de l'Ecole française de météo-climat moderne, malgré l'opposition de la météo nationale, et il n'est pour autant pas désigné comme représentant français ! Son franc-parler et sa qualité scientifique faisaient sans doute peur. Le premier représentant français sera un administratif, ancien chercheur en ionosphère, qui n'a pas fait de recherches actives depuis vingt ans et, de toute façon, jamais dans ce domaine Comme le fera remarquer plus tard Richard Lindzen, il est frappant de relever que l'ensemble des membres du premier GIEC ont à l'époque un index de citations réellement faible[1], et sont des scientifiques tout à fait moyens. Certes, cela peut s'expliquer en partie par le fait que les scientifiques actifs n'ont guère le temps de participer à de tels systèmes bureaucratiques, où il faut passer beaucoup de temps en réunions et voyages. Mais la conséquence est grave pour le futur de la science : *de facto*, on abandonne les comités internationaux aux mains, je suis désolé d'avoir à le dire, de scientifiques de second rang. Sans doute, au bout de vingt ans, finissent-ils tous par avoir à la longue un index de citations bien rempli, car ils ont conquis les comités de lecture des revues scientifiques et se sont cités les uns les autres à tour de bras. Mais il ne faut pas être dupe. Bref, petit à petit, ce groupe coopté et verrouillé va croître, embellir et imposer comme une chape de plomb le « climatologiquement correct ».

Le pendant du « politiquement correct » ?

Absolument. Dès lors, les événements vont se précipiter, chaque étape correspondant à une nouvelle esca-

1. Sauf Bert Bolin.

lade. Je ne veux faire état ici que des épisodes les plus significatifs. Le premier rapport du GIEC paraît en 1991. Paradoxalement, sa conclusion est modérée, ce qui va provoquer une critique acerbe du fanatique en chef, Jim Hansen. La courbe des variations de la température publiée fait bien apparaître l'optimum médiéval et le petit âge glaciaire (comme on l'a vu au chapitre 2). Le mieux est de laisser la parole à Jean Jouzel[1]. Il conclut ainsi son analyse rétrospective de ce premier rapport, lisez cela avec attention : « Difficile dans ces conditions d'affirmer que ce réchauffement naissant était déjà lié aux activités humaines. A cette question, le premier rapport du GIEC répond que "l'importance du réchauffement observé est grossièrement cohérente avec les prédictions des modèles climatiques, mais qu'elle est aussi comparable à la variabilité naturelle du climat. Le réchauffement observé pourrait donc être dû à cette variabilité naturelle mais, à l'inverse, cette variabilité pourrait, avec d'autres facteurs, masquer une influence plus importante des activités humaines". Les scientifiques constatent que les teneurs de CO_2 de l'atmosphère augmentent et que le climat se réchauffe mais ne sont, alors, pas du tout en mesure d'établir une relation de cause à effet. »

Et vous, comment vous situez-vous à l'époque de ce premier rapport du GIEC ?

Ma position sur le climat n'est pas loin de celle exprimée alors par le premier rapport du GIEC. Pourtant, ce premier rapport – bien que modéré – va avoir des conséquences politiques et opérationnelles considérables.

1. J. Jouzel, C. Lorius, D. Raynaud, *Planète blanche*, Odile Jacob, 2009.

La faute à qui ?

A l'ONU et à son secrétaire général, manœuvré entièrement par son adjoint Maurice Strong. La faute aussi au Premier Ministre britannique Margaret Thatcher. Elle invite, en effet, Houghton à venir au 10, Downing Street lui expliquer les conclusions du rapport du GIEC[1]. Très adroitement, ce dernier arrive avec un écran de projection, un projecteur et une série de diapositives, avec graphiques et tableaux de chiffres. C'est la première fois que ce matériel standard des congrès scientifiques pénètre au 10, Downing Street, dira Mme Thatcher. Elle qui a obtenu son premier diplôme en chimie à Oxford est flattée. Houghton est, en privé, beaucoup plus affirmatif que ne l'est son rapport. Pour lui, il n'y a pas de doute : l'homme est en train de faire courir un grand risque à l'humanité. Margaret Thatcher, conquise, rallie cette analyse avec d'autant plus d'enthousiasme qu'elle tombe à pic pour elle : la fermeture des mines de charbon est, du coup, scientifiquement justifiée. Et la voilà qui téléphone au secrétaire général de l'ONU, Kofi Anan, pour lui dire que la Grande-Bretagne soutient le projet proposé par le GIEC, sur la suggestion de Maurice Strong, d'une grande conférence internationale qui serait placée au niveau des chefs d'Etat. Ce sera le sommet de Rio en 1992. Mme Thatcher, dans son élan, crée un centre de recherche sur le climat à l'université d'East Anglia – le Hadley Center – et elle nomme Houghton chevalier de l'Empire britannique. Bref, le voici désormais sir John Houghton.

Tout n'est quand même pas imputable à la seule Margaret Thatcher, quelle que soit son influence politique ?

L'autre relais politique, ça va être, bien sûr, Al Gore qui fait alors campagne pour la vice-présidence des Etats-Unis.

1. J. Houghton, *Physics Today*, 30 sept. 2007.

Depuis quelques années, prenant la succession de Jimmy Carter, il s'est installé en champion de la défense de l'environnement. Nous l'avons invité, Hubert Curien et moi-même, lorsque nous avons organisé le colloque « Planète Terre » à l'Elysée, en 1989, sous la présidence de François Mitterrand. Il s'y est montré attentif, mais relativement modéré. Ce qui contraste formidablement avec le livre qu'il publiera en 1992 (*La Terre en balance*), où il va jusqu'à parler d'une « nuit de cristal écologique », terme fort mal choisi pour bien des raisons. Mieux vaut que je n'insiste pas.

En 1992, c'est donc le fameux sommet de Rio, qui doit tant, avez-vous dit, au Premier Ministre britannique ?

... Et surtout à l'ONU ! C'est Maurice Strong qui organise ce sommet. Je fais partie de la délégation française dirigée par François Mitterrand. Quelque temps avant, il avait réuni quelques scientifiques, dont Pierre Morel, pour nous demander ce que nous pensions de tout cela. Nous lui avions dit que les questions d'environnement étaient sérieuses. En ce qui concerne le réchauffement climatique, Pierre Morel, qui était l'expert par excellence, lui avait dit que, par précaution, il était préférable de réduire les émissions de CO_2 car ce gaz finirait par être néfaste. En revanche, pour ce qui était des prédictions sur le futur, les modèles, avait-il insisté, étaient encore très primitifs.

Et qu'avait dit François Mitterrand ?

Il a écouté, posé des questions et, à Rio, il a fait un discours très équilibré, en insistant sur la nécessité d'aider le tiers-monde à se développer. Helmut Kohl a fait à peu près le même discours. C'était extraordinaire, car tous les chefs d'Etat ou presque étaient présents, de Bush père à Fidel Castro. Mme Thatcher était absente car elle avait perdu le pouvoir au profit de John Major. Al Gore était présent, non pas dans la délégation américaine officielle, mais comme invité personnel de Maurice Strong. Et il était très actif dans les couloirs. Dans le hall adjacent à la salle de séance, on croisait pêle-mêle tous les chefs d'Etat de la planète, comme ce sera le cas en décembre 2009 à Copenhague. Dans la délégation française, il y avait Haroun Tazieff qui, vous le savez, n'était pas mon ami, mais qui était farouchement opposé à la thèse du réchauffement climatique, à l'époque beaucoup plus que moi.

Quelle était, si j'ose dire, l'atmosphère à Rio ?

Tout, sauf tendue ou tragique. Les pays du tiers-monde insistaient beaucoup sur l'aide au développement : la question du climat était déjà, pour eux, très secondaire. Mais, après Rio, les positions ont commencé à se radicaliser.

Pourquoi cette radicalisation ?

Deux facteurs y ont contribué. D'une part, le mélange de plus en plus confus entre administratifs, politiques et scientifiques. Un mélange qui amène ces derniers, je l'ai dit, à défendre sans nuance le « consensus » sous le prétexte de se faire entendre et d'impacter le monde politique. D'autre part, chez certains scientifiques émerge petit à petit le sentiment messianique qu'ils doivent sauver le monde, et qu'on doit leur reconnaître ce mérite. C'est particulièrement vrai chez James Hansen et John Houghton : plus tard, ils iront jusqu'à dire qu'ils sont, excusez du peu, porteurs d'une mission divine !

Ce qui pèse aussi à l'époque, nous avez-vous dit, ce sont les terribles accidents de Three Miles Island et de Tchernobyl...

Je ne vais pas être diplomate. Le monde du nucléaire, secoué et même déstabilisé par ces deux drames qui ont provoqué l'arrêt ou le ralentissement des programmes nucléaires dans le monde, voit surgir soudain une opportunité de… se refaire une santé. Pour une raison simple : le nucléaire, lui, n'émet pas de CO_2. C'est une source d'énergie propre qui n'alimente pas l'effet de serre. Ce lobby va être discret, mais son action pour propager l'idée d'un réchauffement imputable à l'homme est non négligeable. Ce n'est pas un hasard si, en France, l'un des apôtres du « catastrophisme carboné » est Jean Jouzel, ingénieur au Commissariat à l'énergie atomique (CEA). Un organisme dont j'ai été un grand défenseur, mais qui a cru que faire campagne pour le *global warming* allait le servir.

Comment réagissent les mouvements écologistes ?

Tout cela jette le trouble dans leurs rangs car eux se sont construits dans l'opposition au nucléaire. Du coup, l'ambiance devient très intolérante. Des militants de Greenpeace (tel Björn Lomborg) ou de Bulle Bleue (tel Yves Lenoir) vont être rejetés par leur organisation parce qu'ils osent discuter le caractère catastrophiste de l'augmentation des teneurs en CO_2. Ils deviendront les grands adversaires des thèses qui prédisent, ou peu s'en faut, la fin du monde.

Le second rapport du GIEC date de 1995…

Il est un peu plus alarmiste que le premier, bien qu'il souligne l'importance des aérosols, un sujet sur lequel on ne connaît pas grand-chose et qui introduit donc un élément supplémentaire d'incertitude. Souvenez-vous que ces mêmes aérosols étaient à l'origine du scénario du *global cooling* ! Tout cela va conduire à un second sommet mondial, dont on a beaucoup parlé…

Celui de Kyoto ?

Oui.

Vous étiez alors ministre de Lionel Jospin, en charge notamment du dossier de la Recherche. Qu'avez-vous fait ?

Le Premier ministre m'avait donné l'ordre de taire mes opinions. Dominique Voynet, ministre de l'Environnement, était responsable du dossier : j'ai été prié de rester hors jeu, de me tenir à l'écart.

Vous, vous avez accepté cela sans broncher ?

J'avais beaucoup à faire avec l'Education nationale et, bien qu'un peu sceptique sur le résultat à attendre de Kyoto, je me suis tu. Lorsque je suis membre d'un groupe, je suis solidaire.

Selon la formule désormais historique de Jean-Pierre Chevènement : « Un ministre, ça ferme sa gueule ou ça démissionne »…

Excellente formule !… Vous ne m'avez jamais vu évoquer les opinions de tel ou tel au cours des débats du groupe des experts du PS que je présidais, ni mes états d'âme lorsque j'étais membre du gouvernement. Pourtant, je peux le dire aujourd'hui, membre du gouvernement Jospin, j'en ai eu des états d'âme, pour appeler les choses comme cela, sur les 35 heures, sur l'entrée de la Turquie dans la Communauté européenne ou encore sur la politique de l'immigration.

Cela signifie-t-il que, si vous étiez entré dans le gouvernement de Nicolas Sarkozy en juin 2009, comme beaucoup l'ont imaginé et même annoncé à l'époque, vous ne

vous seriez pas exprimé sur Nicolas Hulot comme vous l'avez fait par la suite ?

Naturellement. J'ai toujours été un coéquipier discipliné. Je le serais resté. J'aurais sans doute tenté d'infléchir la position du président sur le sujet, mais ce serait resté entre lui et moi. Cela tient peut-être à ma pratique assidue des sports d'équipe dans ma jeunesse.

Donc, les écolos, et notamment Nicolas Hulot, auraient été stupides de faire campagne en juin 2009 pour bloquer votre entrée au gouvernement. Ils vous auraient muselé : là, ils ont renforcé un opposant à leurs thèses !

C'est l'évidence. Mais pourquoi s'étonner de cela ? Vous savez que je ne tiens pas Nicolas Hulot et ses sbires en haute estime, ni intellectuelle ni politique. J'ai déjeuné un jour avec lui à sa demande, et j'ai été effrayé, non pas seulement par sa méconnaissance de simples données de base scientifiques, mais aussi par son inculture littéraire ou historique. En revanche, j'ai été frappé par sa volonté de s'agiter : « Il faut faire quelque chose… C'est grave… On a besoin de vous. » Voilà ce que j'ai retenu. Pour un leader des Verts, c'est assez affligeant.

Pourtant, il a, dit-on, l'oreille de Nicolas Sarkozy !

Il se vante en tout cas de cette proximité, et en fait étalage, comme son porte-parole – Jean-Paul Besset – me l'a lancé a la figure lors d'une émission télévisée. Le fait que Nicolas Hulot ait à ce point, ces dernières années, occupé les écrans et les unes des journaux dès lors qu'il était question d'écologie en dit long sur certaines des priorités des médias français : c'est un mauvais signal. La crise des médias français n'est-ce pas d'abord une crise du sens et de la réflexion ? Il faudrait commencer par redécouvrir les vertus du débat contradictoire et, loin des à-peu-près et du vertige populiste, hausser le niveau… Or, très longtemps, car cela vient depuis peu de bouger, on n'a entendu qu'un son de cloche !

Personnellement, quel bilan dressez-vous du sommet de Kyoto ?

Kyoto est le début de l'exercice de schizophrénie d'Al Gore, mais aussi le plus formidable échec du GIEC et de l'escouade d'écolos qui l'ont suivi. A Kyoto, Al Gore est vice-président des Etats-Unis. Il y prononce un discours enflammé qui se termine par : « De toute manière, Dieu est avec nous. » Il signe le protocole de Kyoto, mais avec une condition qui l'annule : « Sous réserve que la Chine, l'Inde et la Russie le signent aussi. » Il sait bien que c'est impossible. Du coup, les Etats-Unis ne ratifieront pas le protocole de Kyoto alors que Bill Clinton est président, Al Gore son vice-président et que le Congrès a mis son veto après, on l'a dit, une expertise économique.

Vous avez Al Gore dans votre collimateur !…

C'est un personnage clé. Le plus extraordinaire est ceci : alors que le désormais vice-président Al Gore s'affiche comme un partisan de la limitation des gaz à effet de serre, il parcourt la planète pour y implanter des sociétés américaines afin d'exploiter le pétrole un peu partout dans le monde. Derrière ses activités, il y a, en effet, Enron, la fameuse société qui fera une faillite retentissante. Al Gore, vice-président, n'a pas à ce moment-là précis de liens officiels avec Enron, mais il en deviendra administrateur et actionnaire dès sa sortie de la Maison-Blanche jusqu'à la faillite d'Enron. Pour trouver du pétrole, Al Gore se rend en Russie, en Chine, aux Philippines, au Mozambique, en

Afrique du Sud. Chaque fois, il est le « courtier » d'Enron. C'est le début du nouveau Al Gore : le voici fondateur de l'*ecobusiness* ! Un registre où il va exceller après son départ de la Maison-Blanche. Mais je m'interroge : agissait-il ainsi en serviteur de l'écologie ?

Comment Al Gore a-t-il justifié auprès de ses amis de n'avoir pas signé le protocole de Kyoto ?

Par le codicille qu'il avait fait ajouter à sa signature. Bush n'a fait que suivre Clinton avec le même argument : tant que la Chine, l'Inde et la Russie ne signent pas, les Etats-Unis ne signent pas.

Kyoto, c'est donc un échec ?

Deux choses sont fondamentales dans Kyoto. C'est cela, à mon sens, qu'il faut retenir. 1. Ce sommet n'a servi à rien. On n'a pas limité les émissions de CO_2 : elles ont même, depuis, augmenté. Le système d'achat des bons à polluer n'a donc pas fonctionné. 2. Le camp des alarmistes s'est enrichi d'un ténor supplémentaire : Tony Blair. Mme Thatcher avait, en quelque sorte, mis la Grande-Bretagne sur les rails. Le travailliste Blair, poussé par son conseiller scientifique David King, ami de Houghton, va en être la locomotive. De fait, la Grande-Bretagne devient le cœur du GIEC, avec le Hadley Center promu au rôle de collecteur de données sur la température.

Al Gore et Blair, cela fait un beau tandem !

Ce sont deux voix puissantes. Les deux hommes vont multiplier les conférences aux quatre coins du monde. Ils vont prêcher la bonne parole, tout autant dans les conversations privées avec les chefs d'Etat que dans les déclarations publiques. Les médias vont très vite et largement relayer leurs discours. Et c'est dans ce contexte qu'est rendu public le troisième rapport du GIEC.

C'est en 2001 ?

Oui. Et ce rapport va révéler, de mon point de vue, toute la duplicité de cette organisation. Il se produit, en effet, deux événements. 1. Richard Lindzen a été désigné par le gouvernement américain pour participer au GIEC. Il accepte et, compte tenu de sa qualité de scientifique reconnu, il est chargé de coordonner le rapport scientifique sur les processus physiques. 2. Je vous ai dit qu'en 1999 Michael Mann avait publié son historique courbe de température de la planète, la fameuse « crosse de hockey ». Or, dans une autre section du GIEC, on prend cette courbe au pied de la lettre, on la tient pour une évidence, et, bien sûr, on tient Lindzen à l'écart de cette prise de position capitale. Du coup, le rapport de 2001 va être, paradoxalement, le rapport le plus alarmiste jamais publié. S'appuyant sur une courbe de Mann littéralement sacralisée, le GIEC annonce – froidement, si j'ose dire – qu'en l'an 2100 les températures du globe pourraient s'élever de +6 °C et le niveau de la mer monter de 2 mètres. Et le GIEC d'égrener la liste des catastrophes afférentes…

Quelles sont les réactions ?

Ce rapport va être critiqué. Y compris par l'un des gourous du *global warming*, Stephen Schneider, de Stanford, qui le trouve extrême et sans nuances. Lindzen, lui, révèle qu'il a été tenu à l'écart de la rédaction et que le rapport de synthèse a été rédigé par quatorze personnes péremptoires. Il va témoigner devant le Sénat américain. Pourtant, l'alarmisme du GIEC va être amplifié pour des raisons politiques. Je ne veux pas dire politiciennes. Encore que…

A la Maison-Blanche, le patron, c'est George Bush... Et c'est peu dire qu'il ne fait pas, dans le monde, l'unanimité ! Avec lui, on est loin de l'idée de consensus.

Bien sûr ! Or Bush refuse de signer le protocole de Kyoto, et sa secrétaire d'Etat, Condoleezza Rice, fait une sèche déclaration : « Kyoto est mort. » Conséquence : les opposants à Bush, de plus en plus nombreux, vont identifier les opposants à l'alarmisme climatique ambiant à des pro-Bush. La science est désormais totalement liée à la politique. Ceux qui sont sceptiques à la lecture du rapport du GIEC sont, dit-on, des réactionnaires, des suppôts de Bush, liés sans doute au lobby du pétrole. Bien des scientifiques de talent qui sont réservés sur les positions du GIEC se taisent car ils sont démocrates, ils détestent Bush et ne veulent pas apporter de l'eau à son moulin. Le GIEC, lui, est présenté comme le symbole d'un humanisme responsable. Or le pauvre Lindzen a le malheur d'être républicain. Al Gore a donc beau jeu de rassembler autour de lui tous les démocrates.

Et Tony Blair ?

Il est très actif. Il parvient même à convaincre Vladimir Poutine, très réticent, d'organiser une conférence scientifique où les Anglais, conduits par David King, viendraient exposer aux Russes sceptiques les arguments sur le réchauffement climatique et l'impérieuse nécessité de signer le protocole de Kyoto. Cette offensive anglaise est tristement entachée d'exagérations totalement dénuées de fondement. En janvier 2004, David King n'a-t-il pas publié un article dans la revue *Science* en prétendant que le danger du réchauffement est plus grand que celui du terrorisme ? Il estime, il est vrai, qu'en 2080, 3,5 millions de Britanniques seront menacés d'inondations. En mars 2004, sur sa lancée, il affirme cette fois que l'Antarctique a perdu 40 % de sa glace (ce qui est absurde en l'état actuel de nos savoirs) et que la température en Europe pourrait baisser de 10 °C du fait de l'arrêt du Gulf Stream. Sur ce, il fonce donc à Moscou pour tenter de convaincre les scientifiques russes. Sans aucun succès.

Le discours de David King est-il isolé ?

Oui dans la forme. Non dans le fond. L'atmosphère générale est à l'exagération. En France, qui vient de vivre en 2003 une dramatique canicule, Jouzel, devant micros et caméras, proclame que cette situation va se reproduire dans le futur très souvent. Il ne faisait là qu'imiter le Hansen de 1988. Sa croisade aura de l'impact, en particulier dans le monde des médias.

C'est à ce moment-là que surgit le troisième rapport du GIEC…

Pour le coup, la fièvre gagne le monde politique et envahit les médias. Un mot, je l'ai dit, revient sans cesse, c'est l'alpha et l'oméga du nouveau credo : le mot « consensus ». Mais en face, dans la communauté scientifique, le scepticisme ne cesse de croître. Deux statisticiens – Stephen McIntyre, puis Ross McKitrick – ont établi que la courbe de Mann a été construite à l'aide de techniques statistiques mal assimilées, conduisant à des résultats faux. C'était la courbe fétiche. Elle est aujourd'hui jugée fausse. Les scientifiques étrangers à cette discipline qui se penchent sur le problème – notamment les plus prestigieux d'entre eux – concluent tous la même chose : les arguments développés pour affirmer la thèse du réchauffement climatique d'origine humaine sont faibles, et sujets à d'énormes incertitudes.

Que répondent les tenants du réchauffement climatique imputable à l'homme ?

Le clan du *global warming* fait front avec de plus en plus d'agressivité. Ce clan s'est numériquement renforcé car, sur le plan scientifique, l'engagement des chefs d'Etat se traduit par un accroissement considérable des budgets de recherche consacrés à ces domaines. On embauche à tour de bras de nouveaux chercheurs, surtout pour faire tourner les programmes. La mise en cause du dogme est vécue par tous ceux-là comme une inadmissible remise en cause de leur situation matérielle. Comme le dira avec beaucoup de franchise le directeur d'un grand laboratoire : « Il y a vingt personnes qui, depuis quinze ans, passent leur temps à écrire des lignes de codes. Si vous mettez en doute leurs résultats et la fiabilité de leurs prédictions, vous piétinez des milliers d'heures de travail. Ils deviennent fous… »

C'est compréhensible !

Certes, mais à qui la faute sinon à celui qui leur a donné comme sujet scientifique d'écrire à tour de bras des programmes informatiques en « oubliant » de leur dire que leur travail allait consister à tenter de comprendre le climat, et non pas à se précipiter sur d'improbables prévisions ? Car tous les gens sérieux le savent : on est incapable de modéliser convenablement les climats passés observés depuis l'an 1000. Faut-il taire la vérité pour ne pas déplaire ?

En somme, la situation est d'autant plus compliquée que les questions scientifiques et les questions politiques sont de plus en plus entremêlées…

Oui, malheureusement. Je vais plus loin : la dimension scientifique va passer au second plan, la question va devenir entièrement politique et médiatique. On se met à admettre comme un fait avéré que, si la teneur en CO_2 de l'atmosphère double, la température du globe augmentera de 2 à 3 degrés au moins, et qu'il s'ensuivra des catastrophes pour l'humanité. Il y a un consensus entre scientifiques, assène-t-on. Donc c'est la vérité. Al Gore et

Blair vont être les apôtres de ce nouveau credo. Dans les années 2006-2007, ils vont en plus être rejoints par le président de la Commission européenne, Jose Manuel Barroso. Dans un discours resté célèbre, n'annonce-t-il pas que la priorité de sa présidence sera la lutte contre le réchauffement climatique ? On croit rêver. Ce jour-là, il ne parle ni de la crise ni du chômage. Et il y a 30 millions d'Européens sans emploi !

On appelle cela un discours « décalé », non ?

Comment s'étonner, dans ces conditions, que la reprise de la croissance en Europe soit si laborieuse ? Et demain on va s'imposer les plus grandes contraintes en matière de taxes carbone alors que nos principaux concurrents ne font rien, ou plutôt sourient en constatant notre angélisme rebaptisé volontarisme. En Europe, les Verts ont gagné : on est effectivement dans le scénario de la décroissance.

C'est à partir de 2006 – du film d'Al Gore aux déclarations de Barroso – que le réchauffement climatique devient la conviction du plus grand nombre, et aussi « le » credo public…

Je me rends compte aujourd'hui – ce que j'ai sous-estimé largement à l'époque – que le film d'Al Gore et les extraits diffusés à la télévision – projetés dans des salles de classe ou dans des ciné-clubs, partout pris pour argent comptant – vont avoir un impact considérable. On vérifie là le rôle désormais fondamental, dans nos sociétés, de l'image. Certes, on parle depuis longtemps de la « civilisation de l'image », on discute la nature et le choix des images qu'impose la télévision dans tous les foyers, mais, à mon sens, ce qui s'est passé avec le film d'Al Gore a permis de mesurer quel était le poids réel de l'image…

Le principe, c'est : « Je l'ai vu, donc c'est vrai. J'ai été ému, donc c'est important. » L'image, c'est évidemment capital, personne ne le discute. Ne caricaturons donc pas. Il reste que l'effacement de la presse écrite – qui a, en principe, pour vocation de privilégier le débat, la réflexion, les questions – tend à nous plonger, c'est vrai, dans le monde turbulent des émotions, de l'instantané, du spectaculaire, du zapping. Pour peu, par exemple, qu'un film soit accrocheur, donc impressionnant, on le reçoit « à l'estomac », et cela devient sur-le-champ une vérité vraie puisqu'on l'a… vue à l'écran.

Médiatiquement, oui, le consensus autour du credo du réchauffement climatique s'installe à partir de cette année 2006 et de ce film-là. Les thèses ou hypothèses du GIEC sont, dit-on, des faits. Quelques journalistes se sentent investis d'une sorte de mission divine. Jacques Chirac se convertit à l'écologie, devient membre fondateur de la Fondation Nicolas-Hulot et emmène ce dernier avec lui à Johannesburg à un Sommet de la Terre que tout le monde a déjà oublié. Il confie à Nathalie Kosciusko-Morizet et à Valérie Pécresse le soin de préparer un texte de loi sur le « principe de précaution »…

Il va même le faire inscrire ensuite dans la Constitution…

C'est l'article de la Constitution le plus absurde qui soit. Souvenez-vous : lorsque Nicolas Sarkozy a créé la « commission Attali » – chargée de réfléchir aux pistes de réforme du pays –, cette dernière, à l'unanimité de ses 42 membres, a demandé que l'article concernant le principe de précaution soit retiré de la Constitution. Mais on n'a pas tenu compte de son avis. Que voulez-vous ? C'est un tabou.

Pourtant, la commission Attali était politiquement pluraliste...

Les convertis sont souvent les plus ardents. Chirac le productiviste – l'homme qui se moquait de Giscard et de ses penchants écolos au moment du Club de Rome – est un frais converti. Cela dit, rassurez-vous, il se déplace toujours sans se soucier de son bilan carbone ! Mais des convertis, il y en a d'autres. Alain Juppé aussi s'est converti après un séjour au Québec. Comme disait Edgar Faure, que l'on comparait volontiers à une girouette, « ce n'est pas moi qui tourne, c'est le vent ». Un adage que bien des hommes politiques connaissent par cœur !...

... Mais dont vous n'avez pas profité, vous !

Non, car, contrairement à tel de mes illustres prédécesseurs au ministère de l'Education nationale, je n'ai jamais eu la souplesse d'une girouette !

Sans être provocateur, les attaques dont vous avez été la cible ne vous ont-elles pas servi pour que vous puissiez mieux faire valoir vos convictions ?

Je m'en serais passé, de ces attaques ! Et puis je n'ai que mépris pour les fanatiques. Mon cas personnel n'est intéressant que parce qu'il éclaire un phénomène général. Ce qui est passionnant durant cette période, c'est qu'on va voir se catalyser une opposition de plus en plus forte aux thèses officielles.

Tout de même, pourquoi cette mise en cause du credo du GIEC a-t-elle mis tant de temps à naître, puis à se déve-

lopper ? Au début, un homme comme Lindzen semblait bien isolé. Et vous-même, au fond, étiez assez neutre…

C'est vrai. Je faisais alors confiance à mes collègues météo-climatologues. J'avais suivi les débuts de cette affaire de CO_2 avec mes collègues Suess, Keeling et Revelle. J'avais accompagné l'aventure Patterson sur le plomb. Je connaissais l'effet de serre, donc a priori, je vous le répète, j'avais tendance à faire confiance.

Quand avez-vous commencé à vous poser des questions ?

Comme je l'ai déjà dit, le déclic – donc mon doute –, c'est lorsque j'ai pris connaissance des courbes de Jones (que j'ai examinées le premier), puis de Mann. Je me suis alors penché sur les statistiques des données, un domaine que je connais bien et sur lequel j'ai travaillé. Et j'ai trouvé ces articles techniquement très faibles, donc absolument scandaleux. Ensuite, je me suis intéressé aux modèles. J'ai discuté avec ceux qui travaillaient sur ces sujets, et je suis obligé de dire que je les ai trouvés fermés. Mon trajet, je crois, a été identique à celui de tous les scientifiques qui se sont intéressés au problème.

Avez-vous cherché à discuter avec ceux du GIEC ?

Bien sûr ! Avec Vincent Courtillot et Jean-Louis Le Mouël, nous avons cherché le contact avec Jouzel et Le Treut. Avec Jouzel, il n'y avait pas de discussion possible : il récitait le catéchisme du GIEC, comme il le fait encore à la télévision. Avec Le Treut, c'était différent. Il souhaitait le débat, mais c'était difficile : il nous parlait informatique et lignes de code, nous lui parlions physique et observations concrètes. Donc, au total, cela n'a débouché sur rien..

A présent, que va-t-il se passer ?

Je crois que tout est en train de s'ouvrir, et va bientôt se retourner. Paradoxalement, l'attitude de l'unanimisme totalitaire et de l'alarmisme à tous crins a fini par déclencher des réactions sur le plan scientifique comme sur le terrain politique et sociologique.

Je crois que vous exprimez là un sentiment désormais partagé, mais sur quoi, au fond, repose-t-il ?

L'intolérance des tenants de la « vérité officielle » du GIEC qui ont pris l'habitude, au lieu d'argumenter comme tout scientifique doit le faire, d'asséner leurs affirmations a, à la longue, nourri des interrogations croissantes chez les climatologues, les physiciens, les géophysiciens. On a petit à petit découvert l'existence – le mot n'est pas excessif – de résistants, chacun ayant ses arguments. La Royal Society anglaise – dont Houghton avait fait un temple du *global warming* – vient d'être obligée d'organiser un débat contradictoire. On découvre chaque jour que les pratiques des tenants du consensus n'ont pas été impeccables. On apprend que, pour la période allant de 1999 à 2009, les données de température ont du être modifiées plusieurs fois pour enfin établir que la température moyenne du globe avait baissé et non… augmenté durant cette période. Des voix nombreuses et de qualité s'élèvent, y compris à l'intérieur du cercle du GIEC[1]. Les médias – notamment allemands et américains – relayent enfin l'avis des sceptiques. Bref, on ouvre les fenêtres. Il était temps.

1. S. Hayward, « Scientists Behaving Badly », *The Weekly Standard*, 14 déc. 2009.

Comment cela va-t-il finir ?

Je l'ignore. Je ne souhaite pas que la science soit brutalement rejetée comme cela a été le cas, *de facto*, après la publication des conclusions du Club de Rome. Mais je souhaite que les « ayatollahs » de la science soient renvoyés dans leurs « mosquées », et qu'on aborde enfin les problèmes qui se posent à la planète, ni en surestimant la science ni en l'ignorant, et surtout en disant ce qu'elle sait et ce qu'elle ne sait pas !

Qu'est-ce que le *climatgate* ?

Ce qu'on appelle désormais aux Etats-Unis le *climatgate*, c'est le piratage informatique du site du Hadley Center qui semble mettre au jour des pratiques inadmissibles : rétention, manipulation et destruction de données, organisation de cabales pour éviter la contestation, etc. Bref, tout ce que nous suspections depuis déjà quelque temps. Mais… car il y a un « mais » !

Quel « mais » ?

Ces informations ont été obtenues par des méthodes de piratage qui n'appartiennent pas à ma culture. J'ai donc beaucoup de mal à les utiliser. Je préfère attendre le résultat des commissions d'enquête qui ont été mises en place en Grande-Bretagne.

Mais, au fond de vous, disons intuitivement, êtes-vous convaincu que ce que contient le *climatgate* est exact ?

Je suis troublé. Je vis un conflit entre mon éthique personnelle – je suis hostile à la violation de toute correspon dance privée – et mon éthique scientifique. Or l'éthique est, pour moi, quelque chose d'important, de capital même. C'est aussi une motivation dans mon combat pour la vérité.

Sur le plan politique aussi, les choses changent…

Forcément !… Les gens sont fatigués de ces prédictions apocalyptiques permanentes. Sans compter qu'on leur parle de réchauffement, et qu'ils meurent de froid, en tout cas en souffrent. On leur parle de climat dans un siècle et, en attendant, eux sont au chômage. Alors, lorsqu'on a le culot de leur dire qu'il faudra qu'ils cessent de manger de la viande parce que l'élevage bovin dégage trop de CO_2 et que les vaches « pètent » du méthane, ils n'en peuvent plus, et je les comprends !

De nombreux citoyens – de droite comme de gauche et tous, à leur façon, écologistes – souhaitent, c'est vrai, qu'on leur délivre aussi des messages positifs. Assez du « *No future !* »…

Devenu – et je le déplore – l'adversaire numéro un des écolos classiques, je suis, du même coup, une sorte de… thermomètre d'ambiance. Dans la rue, les gens me parlent, m'interpellent, m'encouragent. C'est un signe.

Après le film d'Al Gore, celui de Yann Arthus-Bertrand a connu en 2009, au cinéma comme à la télévision, un succès monstre[1]. Celui de Hulot, en revanche, a fait un « flop ». Trop, c'est trop. Cela a été le coup d'arrêt au catastrophisme… Comment imaginez-vous, dans ce contexte, l'après-Copenhague ?

D'un côté, il y a la contestation de résultats scientifiques alarmistes. De l'autre, il y a l'échec patent du sommet de Copenhague. On voit bien, sur le terrain politique, qu'il n'y

1. *Home*. A la télévision, sur France 2, avec une audience record. Juste avant les élections européennes, qui seront marquées par le bon résultat des listes Europe-Ecologie.

aura pas de réponse simple – et encore moins simpliste – aux problèmes de la planète surtout si on ne donne pas la priorité à l'Homme. Mais les questions sont posées. Il faudra trouver une autre approche.

Alors, j'insiste, que va-t-il se passer ? Que peut-il se passer ?

Je crois que la vérité scientifique – c'est-à-dire l'incertitude sur les scénarios possibles et la nécessité d'une adaptation plutôt que des politiques contraignantes – va s'imposer. Ce que je souhaite, c'est, d'une part, que les politiques ne changent pas radicalement d'attitude et qu'on ne retourne pas dans le *business as usual*, d'autre part, que la science ne soit pas, après cette triste séquence, clouée au pilori et présentée comme incapable, inefficace et présomptueuse. Je souhaite donc qu'on accouche – tous ensemble – d'une vraie politique écologique, y compris vis-à-vis des émissions de CO_2.

Un de vos maîtres mots, c'est « s'adapter » ?

Bien sûr !… Demain ne sera pas la fin du monde, tout au plus la fin d'un monde. Et le génie de l'homme a toujours été, oui, de savoir s'adapter. Il faudra s'adapter sans aucun doute à la fréquence des phénomènes extrêmes : grands froids comme canicules. Il faudra s'adapter aux pluies torrentielles, donc aménager nos rivières et nos fleuves pour minimiser les effets de probables inondations. Il faudra s'adapter aux tempêtes côtières, en enterrant par exemple les lignes à haute tension. Si le mot « précaution » a, au-delà du fameux « principe » (hautement discutable), un sens, c'est bien là qu'il faudra l'appliquer. Avec le retour d'un aménagement physique du territoire, qui devra redevenir une « ardente » – ou fervente – obligation.

Seriez-vous l'avocat d'un retour au Plan, qui a joué un tel rôle dans les débuts de la Ve République, mais dont on ne parle plus guère, ou seulement à mi-voix ?

Oui, mais un plan d'aménagement souple... Lorsqu'on regarde avec un peu de recul le déroulement de cette « épidémie » du *global warming*, on est frappé par quelques éléments, qui se sont révélés décisifs. Le premier, c'est le mélange, depuis le début, entre science et politique. C'est Bert Bolin servant de référence à Olof Palme. C'est Hansen témoignant devant le Congrès. C'est le sommet de Rio organisé par Maurice Strong. C'est la création du GIEC, structure qu'on croit scientifique, mais qui est d'abord politique. C'est l'intervention de Houghton auprès de deux Premiers Ministres britanniques successifs. C'est le film d'Al Gore où la science sert d'alibi, et sème la peur. C'est enfin le prix Nobel de la paix qui associe – pour les célébrer – un politique (Al Gore) à un groupe qui a une apparence scientifique (le GIEC). Cette confusion, ce mélange des genres font sauter, petit à petit, tous les verrous de contrôle de la communauté scientifique, et permettent à un « clan » d'agir à sa guise, s'appropriant les moyens de recherche comme le soutien des bailleurs de fonds étatiques.

Tout de même, il ne peut pas ne pas y avoir une forme de lien entre science et politique ? Sinon, ce serait de l'angélisme !...

Si le lien entre science et politique est désormais indispensable, il ne doit pas se faire dans la confusion, mais toujours dans le pluralisme. Les Chinois, eux, ont résolu le problème : le président et le Premier ministre sont des ingénieurs ! Ma deuxième remarque, c'est qu'on s'aperçoit, au total, que quelques hommes seulement ont joué un rôle moteur : Al Gore, Hansen, Strong, Bert Bolin et le trio britannique Thatcher-Blair-Houghton. *A contrario* et involontairement, un homme aura, lui aussi, joué un rôle non négligeable de repoussoir catalyseur, c'est George Bush.

Lui, il n'était pas un tenant du « réchauffement » !

Mais c'est le problème, justement !... Son attitude bornée vis-à-vis de l'Afghanistan et de l'Irak, l'idée qu'il a laissée se développer d'on ne sait trop quelle « croisade » contre les pays du Mal se sont mêlées dans les esprits avec son opposition aux thèses du GIEC. Du coup, il a contribué, dans le monde entier, à valider les thèses en question : tout ou n'importe quoi, sauf Bush. Bien sûr, dans l'énoncé de ces minorités agissantes, on n'oubliera pas de citer le GIEC. Mais faut-il insister ? Bref, cette aventure – qui a mobilisé à Copenhague 112 chefs d'Etat et plus de mille journalistes du monde entier – a été le résultat de l'activisme d'une trentaine de personnes tout au plus. A part la prise de pouvoir, je l'ai dit, par les bolcheviks en Russie en 1917, je me demande s'il y a beaucoup d'autres exemples d'une minorité à ce point agissante...

... qui a su, en tout cas, mobiliser, avec quel talent, les moyens modernes de communication !

La troisième remarque que je souhaite faire, c'est souligner le rythme de l'opération. De la « prise de conscience », disent certains. 1988 : c'est le témoignage retentissant de Hansen devant le Congrès américain, sa rencontre avec Al Gore et, dans la foulée, la création du GIEC. 1997 : c'est le protocole de Kyoto, inefficace quant aux réductions d'émissions de CO_2 mais devenu, pour tous, une référence. 2006 : c'est le film d'Al Gore puis, quelque temps après, son prix Nobel de la paix. Une période de dix ans à peine. Oui, quel rythme !

Mais, avant Copenhague, la sensibilisation au thème du « réchauffement » de la planète a été, à travers le monde, très inégale…

Elle a surtout touché, c'est vrai, les Anglais et les Américains. Et marginalement quelques Allemands et Français. C'est donc, foncièrement, une aventure des pays du Nord. Bien sûr, pour avoir l'air ouvert au tiers-monde, on a bombardé l'Indien Pachauri, honnête économiste, président du GIEC – un titre qui, objectivement, ne veut pas dire grand-chose – mais il n'y a au GIEC aucun scientifique de premier plan : ni Russe, ni Chinois, ni Indien, ni Brésilien, ni Sud-Africain. Or tous ces pays ont des spécialistes tout aussi honorables que ceux qui ont fondé le GIEC, et notamment la Russie qui a une longue tradition de qualité en ce domaine. Cette constatation ne doit jamais être oubliée car, on va le voir, elle est la clé de bien des explications

Vous ne parlez pas de l'après-Copenhague ? Vous faites l'impasse ?

Nous n'avons pas encore le recul nécessaire pour juger de l'importance historique de ce qui s'est joué au Danemark. Je crois – en tout cas j'espère – que cela ouvrira la voie à un retour du bon sens et à la véritable responsabilité des hommes d'Etat, notamment européens !

Chapitre 6

Comment une telle imposture a-t-elle été possible au XXIe siècle ?

« Quand la vérité est libre et l'erreur aussi,
ce n'est pas l'erreur qui triomphe. »

Roger Martin du Gard, in *Jean Barrois*

« Il est plus difficile de désagréger un préjugé qu'un atome. »

Albert Einstein

Voici venu le moment d'aborder « le » problème peut-être le plus important : pourquoi l'idée que la température du globe pourrait augmenter de 2 ou 3 °C dans un siècle (cent ans !), que l'homme est (ou serait) responsable de cette augmentation et que cela pourrait provoquer des catastrophes terrifiantes a-t-elle pu susciter autant de craintes et mobiliser autant de chefs d'Etat, de médias et occuper la scène mondiale avec une telle intensité et aussi, il faut le dire, avec une telle débauche d'argent ?

C'est la confirmation que le monde marche sur la tête ! Au moment où l'on est dans une crise économique sans précédent, où l'on fait croire au peuple qu'on a réformé le système bancaire alors que tout continue comme avant, que des millions d'hommes sont au chômage, on se réunit en toute hâte, toutes caméras déployées, pour se préoccuper du climat qu'il fera dans… un siècle. On croit rêver. C'est tellement disproportionné, tellement incongru qu'on a du mal à faire entrer un rationalisme quelconque dans ce processus. Cette réaction montre que le monde est sans contrôle, et que même les chefs d'Etat perdent le sens commun. On comprend mieux, quand on observe cela, comment on a pu déclencher une guerre en Irak sur la base de fausses informations !

Vous avez une clé pour décoder ce que vous venez de décrire ?

Je n'ai pas la prétention de répondre à la question posée dans toute son ampleur car, n'en doutez pas, elle met à nu la crise de civilisation que nous vivons. Je vous propose de limiter nos ambitions à éclairer un peu une réflexion que le lecteur devra mener pour son propre compte, en fonction de sa sensibilité, de sa culture, de son expérience. La tâche est rude et difficile et, je vous le dis, je l'entreprends sans enthousiasme car c'est un triste constat qu'il nous faut faire : notre monde a perdu ses repères !

La mondialisation, vous le savez, fait peur à beaucoup, qui craignent d'en être les victimes. Les informations se succèdent à un rythme si effréné qu'il est difficile de les vérifier. Beaucoup se croient obligés de réagir au quart de tour, sans toujours prendre le temps de la réflexion. Et les gens – souvent étourdis par la rapidité des changements technologiques et psychologiques, par l'omniprésence obsédante de catastrophes multiples et par l'affaissement des repères traditionnels, religieux ou

idéologiques, auxquels ils étaient habitués – cherchent effectivement, c'est un fait, à quoi se raccrocher…

Je crois, comme vous, qu'il faut replacer ce phénomène dans le contexte général de la crise. Pendant un demi-siècle, le marxisme a, dans nos sociétés, pris, pour beaucoup, la place des religions traditionnelles – je dirais « ordinaires ». Devant la peur du vide, le marxisme était, en effet, structurant. Certains y croyaient comme à la solution ultime de l'Histoire. En face, les libéraux vivaient leur opposition au marxisme comme un choix créateur de dynamisme.

Pour le coup, la grande « référence », c'était l'Amérique !

Oui, c'est exact. L'essor de l'Amérique n'a jamais été perçu aussi positivement en Europe que lorsqu'elle était le contrepoids – quasi unique – au communisme soviétique. Du coup, je n'exagère pas, l'effondrement du communisme soviétique a été un traumatisme pour la majorité des intellectuels de tout l'Occident, particulièrement en France, qu'ils aient été auparavant pour ou contre l'URSS.

C'est à ce moment-là que l'Américain Fukuyama, brièvement encensé, a évoqué, c'est très significatif, « la fin de l'Histoire »…

Les religions traditionnelles auraient pu être des refuges si elles avaient su évoluer, et moderniser leur discours vis-à-vis de questions aussi essentielles que le contrôle des naissances, l'avortement, la liberté sexuelle, l'usage de l'embryon à des fins thérapeutiques. Or, globalement, elles ont choisi le repli frileux, et parfois même réactionnaire. Aux yeux de beaucoup, le bouddhisme – d'où le succès du dalaï-lama – ou les multiples sectes sont apparus du coup, dans le tourbillon du monde, comme de possibles substituts, ou au moins des refuges…

On est loin de l'écologie !

Pas du tout !… Je prétends que, pour beaucoup de ceux qui avaient cru dans les « lendemains qui chantent » et dont la critique de l'injustice sociale et du système capitaliste reste intacte, l'écologisme politique a été un débouché naturel, un nouvel engagement. Pour certains, cet engagement est proche d'un nouveau mysticisme : la Nature, la Nature, la Nature… Dans ce cadre, l'alerte climatique – en n'oubliant pas, sur un autre terrain, le combat contre les OGM – a été un support idéologique extraordinaire, relayant l'historique opposition au nucléaire. On défendait la planète, mais en interdisant l'usage des combustibles fossiles d'un côté et des OGM de l'autre, en mettant à bas l'industrie et l'agriculture, fondement de la vieille société occidentale. C'est la nouvelle idéologie

Vous iriez jusqu'à faire un parallèle entre les écologistes d'aujourd'hui et les communistes d'avant-hier !

Mais je le fais, ce parallèle ! En ce qui concerne l'engagement militant, la haine d'une société vécue comme injuste (qui, largement, l'est) et qu'il faut donc détruire est, sans aucun doute, le moteur intime de beaucoup d'écologistes militants comme cela l'était pour les communistes du XXe siècle !

Mais les communistes étaient hyperproductivistes. Ils étaient pour le progrès, pour l'industrie, pour l'agriculture…

Oui, parce qu'ils voulaient, grâce à cela, bâtir une société d'un autre type, qu'ils entendaient contrôler. Aujourd'hui, les ultras de l'écologie veulent d'abord détruire la société actuelle, le capitalisme, la technologie pour construire ensuite, disent-ils, une société différente, fondée sur la frugalité et le retour aux anciennes pratiques à usages énergétiques modérés. Une rétro-société antiprogrès. Le progrès, c'est une mauvaise pulsion de l'Homme. Le salut, c'est le retour au primat de la Nature, là où l'Homme n'a jamais mis les pieds. Ce qu'ils ont conservé de la pratique communiste, c'est le caractère non démocratique – *de facto*, totalitaire – de la démarche : « Nous pensons pour vous, nous savons ce qui est bon pour vous, taisez-vous, suivez-nous ! » C'est l'idée de l'avant-garde agissante… On frémit.

Tous les écologistes ne ressemblent pas à cette description !

Quand on analyse un groupe, l'important est de se focaliser sur le noyau dur, l'avant-garde. Je parle peut-être ici de ceux qu'on a baptisés les « khmers verts », mais c'est là que ça se passe car ce sont ceux-là qui imposent le rythme ! Ceux-là sont aujourd'hui dans la phase 1. Leur objectif : la destruction du système actuel. D'où une stratégie qui repose sur les taxes, les quotas, les interdictions. Le réchauffement climatique causé par l'homme est, pour eux, une aubaine, car qu'est-ce qui est, dans cette affaire, attaqué de plein fouet, mis en cause ? Le secteur de l'énergie, cœur de nos sociétés depuis le XIXe siècle. Bien sûr il y a des exceptions spectaculaires comme Daniel Cohn-Bendit, l'écologiste « à visage humain » (*sourire*).

Ne prêtez-vous pas aux écologistes une influence excessive ou, au moins, des arrière-pensées démesurées ?

Il y a – je l'ai dit, je le sais – plusieurs sortes d'écologistes. Mais le noyau dur militant et dirigeant, s'il n'abrite pas un grand nombre de personnes, est actif, avec des visées destructrices. Ces gens-là fournissent le terreau sur lequel d'autres viennent brandir et planter le drapeau de l'écolo-catastrophisme. Les militants de base qui suivent sont sincères, convaincus, courageux, prêts à beaucoup de sacrifices pour défendre leurs idées. En cela, psychologiquement, ils ressemblent un peu aux anciens militants communistes de base, que j'ai bien connus. Y compris dans ma propre famille. Vous comprenez que je n'ai pas d'antipathie pour eux ! Aujourd'hui, ces écologistes convaincus sont très présents dans les médias, dans l'enseignement. Beaucoup de jeunes journalistes ont une forte fibre écolo ou Attac, vous n'allez pas me dire le contraire ? Quant aux enseignants, hier majoritairement communistes ou socialistes, les voici aujourd'hui fortement convertis à la démarche écologiste, qu'ils soient à l'UMP ou chez les Verts (beaucoup le sont) ou au PS (c'est encore le cas d'une fraction d'entre eux). Du coup, les enfants sortent du lycée ou du collège persuadés que l'homme détruit le climat, et que les OGM sont toxiques. Certes, il y a depuis peu un mouvement de résistance à cela, mais il est loin d'être majoritaire. Peut-être que cela viendra.

Je note que la « droite », cette fois, est touchée autant que la « gauche » !

Oui, il y a une imprégnation culturelle globale. La nouvelle idéologie est souvent inconsciente, mais profondément ancrée dans les têtes. Tellement persuadé qu'il va « protéger la planète » puis « changer le monde » et qu'il a un rôle essentiel à jouer, le vrai écologiste militant ne sourit jamais. C'est une expression de l'idéologie : on est sé-rieux.

Quelle « idéologie » ?

Je simplifie : le « péché originel » se combine avec une poussée millénariste. Ça, c'est le fonds inconscient. L'idée que l'homme maltraite la planète et qu'il est donc « coupable » est en phase avec le thème de la repentance perpétuelle. Repentance vis-à-vis de l'Afrique, repentance vis-à-vis de l'esclavage, repentance vis-à-vis de la colonisation… Cette thématique imprègne la conscience occidentale alors même que les sentiments religieux se sont affaiblis, comme une rémanence de ces derniers. La doxa écologique s'accroche très bien à ces sentiments.

Pascal Bruckner a fait récemment du phénomène une analyse qui a retenu l'attention…

Cela touche deux catégories : celle qui est historiquement liée aux religions traditionnelles, et imprégnée par elles ; celle qui est en quête de spiritualité, et aujourd'hui tentée par les sectes ou par le bouddhisme. Tout cela fait déjà une base sociale – et politique – imposante : les laïcs déçus par le système social, les anciens croyants persuadés de leur culpabilité intrinsèque et les anciens marxistes en quête d'un nouveau credo. La panne sèche – sur le terrain des idées – de la social-démocratie européenne et, en France, le déclin (que j'espère provisoire) d'un PS sans autre programme que celui de servir des ambitions personnelles n'ont fait qu'alimenter le premier courant. L'intégrisme vert est hostile au progrès, à la technique et donc à la science qui l'alimente. Même si, ici, dans le cas du réchauffement climatique, il ne s'agit pas de science « dure » – donc de physique ou de chimie – mais de climatologie, une science qu'on pense « naturelle », où l'on n'invente rien. Alors, c'est formidable : pour une fois – une seule et unique fois – la science est avec nous, peuvent dire les Verts. Mieux encore : la science nous dit que notre monde est mauvais.

Ceux que vous décrivez constituent-ils pour demain une possible majorité ?

Les élections ne montrent pas cela. Mais cela constitue déjà une base importante, avec un pouvoir de propagande et de résonance disproportionné, souvent interne aux partis traditionnels.

Cette sorte de sentiment de « culpabilité » n'est-il pas aussi présent, au moins en filigrane, dans les élites ?

Oui. Mais, là, le mysticisme est revendiqué, assumé, affirmé. Il est intéressant de noter que les trois hommes politiques qui se sont impliqués puissamment dans la propagation alarmiste du *global warming* – Al Gore, Tony Blair, Maurice Strong – sont tous les trois profondément des croyants et peut-être même, à leur façon, des mystiques. Ne le revendiquent-ils pas ? C'est le cas aussi d'un des fondateurs du GIEC, Houghton[1]. Al Gore, après ses études à Harvard, a fait une retraite de six mois dans une maison religieuse, et il ne cache pas depuis lors sa foi militante. Il a terminé son discours de Kyoto (où il représentait Bill Clinton) en disant : « De toute manière, Dieu est avec nous. » Tony Blair aussi proclame sa foi haut et fort. Il a attendu d'avoir quitté le 10, Downing Street pour se convertir au catholicisme, la religion de sa femme, et a immédiatement rendu une visite d'allégeance au pape. En conclusion d'un long article donné au *Monde*, il a affirmé que son engagement en politique était dû à l'enseignement de Jésus-Christ. Quant à Maurice Strong, cheville ouvrière du montage onusien sans lequel l'affaire n'aurait pu prendre une telle ampleur, il a passé beaucoup de temps avec sa seconde épouse à organiser des rencontres pour tenter d'unifier les religions : chrétiens, musulmans, bouddhistes et même certaines sectes… Il a même créé une Fondation à cet effet. C'est un croyant œcuménique !

---

1. Lire son interview dans *Physics Today*, citée p. 196.

Votre conviction, c'est que l'écologisme ultra a pris racine sur une crise profonde de la pensée politique, et s'en est nourri ?

Une crise plus que politique : philosophique. Une vraie « crise des valeurs ». Nous vivons une puissante crise d'incertitude. Hier, on pensait que le libéralisme l'avait emporté définitivement : c'était la fameuse « fin de l'Histoire ». Aujourd'hui, avec la crise financière puis économique, on redécouvre le rôle des Etats. Ils reviennent en force. Obama n'a-t-il pas été suspecté de « communisme » par les républicains pour avoir nationalisé General Motors ? Brown a été attaqué de même pour sa prise de participation dans les banques anglaises. Et Sarkozy suspecté de s'être converti à la social-démocratie. Il y a trois ans, les journalistes économiques écrivaient que le keynésianisme était une doctrine du passé. Aujourd'hui, ils élisent Keynes « homme de l'année ».

Du coup, les frontières entre droite et gauche sont devenues encore plus floues…

Au-delà des étiquettes, la crise a mis en évidence la myopie des dirigeants politiques, leur désarroi et, aux yeux du citoyen, leur incompétence. Se rassembler à Copenhague pour avoir l'air – excusez du peu ! – de « sauver la planète » était, pour eux, un moyen de retrouver une crédibilité. La thématique est transparente : « Avec le G20, on s'est occupé de la crise. Avec Copenhague, on s'occupe de la planète. Nous sommes des chefs responsables. » C'était, notamment, clairement l'objectif des dirigeants occidentaux. Le tout, sur ce fond de religiosité qu'on a décrit, et qui est essentiel. Mais attention : quand la religion se mêle à la politique, ce n'est pas bon, l'Histoire nous l'enseigne. C'est même pourquoi nous, Français, avons développé la notion de *laïcité*. D'autant que, lorsque la croyance religieuse se mêle à la science, c'est pire. C'est le risque d'un retour aux fanatismes du temps de Galilée !

Ce danger est-il vraiment réel ?

Oui, il l'est. Le premier président du GI du GIEC, John Houghton, a déclaré lors d'une interview à *Physics Today*[1] qu'il avait agi en conformité avec sa foi, qui lui indiquait de… sauver le monde. Ce scientifique – dont la carrière a été plus administrative qu'innovante – avait déjà écrit un livre pour contester le caractère probabiliste de la mécanique quantique, avec une motivation religieuse : « Dieu ne joue pas aux dés ! » Ce fonds mystique de certains dirigeants, déjà perceptible lors des guerres en Afghanistan puis en Irak présentées comme des « guerres saintes », éclaire l'attitude de nombreux responsables politiques qui emboîtent le pas à Al Gore et à Tony Blair. La religion imprègne à nouveau les dirigeants politiques occidentaux (et même russes !) : la plupart y font désormais ouvertement référence.

Cela, c'est, si j'ose dire, un « climat ». Mais vous n'allez pas « oublier » tout de même le rôle spécifique des scientifiques ?

Evidemment non !.. Rien, bien sûr, n'aurait pu avoir lieu sans la dynamique enclenchée par un petit groupe de scientifiques. Le moteur, c'est une minorité agissante. J'ai souligné d'abord leur motivation purement corporatiste : stoppés dans leur élan de prévision, quelques météorologistes ont foncé sur l'étude du climat pour justifier leur activité scientifique, et protéger ainsi leurs équipes et leurs crédits. Ces leaders n'étaient pas des

1. Voir interview citée p. 196

scientifiques du secteur de la recherche libre, universitaire, mais des directeurs de services scientifiques d'Etat habitués aux contacts avec les responsables politiques. Les deux plus actifs, on l'a vu, ont été Houghton, directeur de la météorologie anglaise, et Hansen, directeur de la section climatologie de la Nasa. A ce tandem se joindront assez vite quelques responsables de la NOAA américaine qui, vers les années 1985, se trouvent sous une contrainte budgétaire croissante et menacés de suppression de postes. Nous sommes donc dans ce qu'on appelle la *Big Science*, une association de grandes institutions étatiques…

La *Big Science*, l'expression ne nous est pas familière !

C'est une science faite au sein de groupes nombreux, dans lesquels l'identification de la contribution de chacun est minorée, voire ignorée, où seuls les chefs sont visibles, où la hiérarchie est bien établie[1]. Ce sont des groupes qui disposent de moyens financiers considérables et les dépensent. Ici, ce sera dans l'achat d'ordinateurs de plus en plus gros, de plus en plus sophistiqués, dans les créations massives de postes dont beaucoup sont scientifiquement inutiles, mais aussi pour mener des actions de lobbying et de communication. La première motivation de ces techno-scientifiques : sauver leurs équipes et leur organisation. Mais bien vite, dès que le mouvement va s'enclencher, va se superposer, bien sûr, l'ambition naturelle de tout chercheur : être reconnu, voir son travail récompensé. Les prix, les médailles, les élections dans des académies de tous les membres du noyau initial, tout cela a été obtenu grâce à « l'épidémie » du *global warming*, sans cela la plupart n'auraient pas eu ces gratifications. Houghton, on l'a vu, a été

1. Hansen continue à signer de nombreux articles de son groupe alors qu'il ne s'occupe guère de science depuis quinze ans !

fait « sir » après le premier rapport du GIEC par Margaret Thatcher. A la même époque, Hansen a été élu (difficilement) à l'Académie des sciences des Etats-Unis et j'arrête pour ne pas être désobligeant avec d'autres. Comme je l'ai dit, Lindzen a étudié le « Citation index » de ces scientifiques en 1985 : cet index était, en général, médiocre... Autrement dit, ils n'étaient pas des « savants » incontestés !

Vous insistez beaucoup sur ce point. Il est, pour vous, si important que cela ?

Oui, il est important, car il y a « scientifique » et « scientifique ». La science ne consiste pas à faire un travail de routine en appliquant ce qu'on a appris à l'école. La recherche scientifique consiste à avoir des idées originales – donc minoritaires – et à les explorer avant de les exploiter. Là, rien de tel !... Après avoir été en 1971 l'un des grands prêtres du *global cooling*, Hansen répète depuis 1985 la même rengaine de la prévision informatique, alarmante mais à l'envers, avec depuis vingt ans approximativement les mêmes chiffres !

Il dit quoi « à l'envers » ?

Après avoir été le chantre du refroidissement global, il est devenu celui du réchauffement global ! Pour cela, il a manipulé les observations de manière qu'elles coïncident avec les prédictions. C'est son ancien supérieur hiérarchique de la Nasa qui le dit. Les Anglais du Hadley Center ont fait de même, et le reconnaissent aujourd'hui. Sans aucun doute, l'impact de ces scientifiques sur leurs collègues, sur les médias ou sur les politiques serait-il moindre si tout cela ne faisait pas appel au nouveau Dieu scientifique : l'ordinateur. Comme nous l'avons vu, tous les raisonnements, toutes ces prédictions sont fondés sur l'ordinateur et uniquement l'ordinateur. Les « observations », qu'on croyait solides, se sont évaporées. En revanche, les ordinateurs qui fascinent un certain nombre de scientifiques sont devenus les seules « preuves » des affirmations alarmistes. Certes, leur puissance de calcul, la quantité phénoménale d'informations qu'ils peuvent traiter en font des instruments irremplaçables. Ils nous aident beaucoup, mais doivent-ils penser à notre place ? Moi qui suis un utilisateur constant de l'ordinateur depuis trente ans, je peux vous dire sans hésitation : évidemment non ! C'est entendu, ils peuvent dessiner des cartes en couleurs impressionnantes de précision et très vite, ils peuvent faire des milliers d'opérations en quelques secondes, mais ce n'est pas la réalité. Trop de scientifiques se sont laissé abuser dans l'étude du climat – comme leurs collègues dans celle de la gestion des banques – par une passion aveugle pour l'ordinateur. Bien sûr, dans les deux cas, il y a l'aspect prédiction qui fascine d'autant plus…

Vous insistez aussi sur le mélange détonant entre science et politique !

La responsabilité des scientifiques est, sur ce terrain aussi, très lourde. C'est la déposition de Hansen en 1988 devant le Congrès américain et son immédiate association avec Al Gore qui enclenchent tout. Mais celui qui va propager les scénarios catastrophes les plus extrêmes dans le monde entier, c'est David King, le conseiller scientifique de Blair. Et tout cela va aller crescendo : en 1990, Al Gore ne va-t-il pas se fâcher avec Franck Press, ancien conseiller scientifique de Jimmy Carter et président de l'Académie des sciences des Etats-Unis, parce que cette institution, tout en mettant en garde contre les conséquences possibles d'une augmentation inconsidérée des teneurs en CO_2 de l'atmosphère, refuse d'endosser les thèses alarmistes de Hansen ? L'imbroglio scientifico-politique a été à l'origine du désastre.

Vous dites aussi que les revues scientifiques ont été, en quelque sorte, prises en main…

La seconde action exécrable qu'a menée le petit clan du *global warming*, c'est, en effet, d'infiltrer petit à petit la quasi-totalité des revues scientifiques et d'empêcher toute discussion contradictoire sur le sujet. Des revues généralistes comme *Nature* ou *Science* vont être totalement fermées à tout questionnement. Les grosses structures météorologiques envahissent les instances administratives de la recherche (en France comme ailleurs) et coupent les crédits de toute recherche contestant la vérité officielle. C'est ce qu'a décrit fort bien Lindzen dans son article du *Wall Street Journal.* Je peux témoigner, je le redis, que cette ambiance a muselé de nombreux jeunes chercheurs qui se posent des questions sur la fiabilité des modèles. Ils nous font part de leurs doutes, mais en réclamant l'anonymat, que l'on respecte bien sûr. Ils fourniront la relève quand le temps des « ayatollahs » sera fini !

La planète scientifique est à ce point verrouillée ?

C'est encore la réalité, hélas ! Au total, la convergence de nombreux facteurs – recherche faite dans de gros laboratoires très hiérarchisés, accroissement continu des moyens financiers et personnels, contrôle des revues et des crédits, liens étroits avec la politique, toute personne critiquant Hansen étant considérée comme pro-Bush, règle du « consensus » imposé au GIEC – a donné à ce secteur une allure de science totalitaire digne de ce qui a régné en Union soviétique ou au Moyen Age en Occident. C'est la vérité unique, la pensée uniforme propageant la peur.

Mais, depuis peu, c'est en train de changer, et à grande allure !

Depuis peu, oui. Avec les faits, les observations de l'évolution du climat (car chacun aura pu « observer » durant la période 2006-2010 le « réchauffement »), l'intérêt des scientifiques d'autres disciplines, on ne peut le nier : il y a un changement d'ambiance. Quelques scientifiques membres du « consensus » osent même courageusement poser des questions publiquement. Internet – qui a été, on le sait, un vecteur clé pour imposer la dictature d'une « vérité » – est désormais « le » canal pour le débat, donc pour la marche vers la liberté. Mais tout cela ne se fait pas dans la sérénité tant la dictature morale a été dure et sans nuances, et tant que quelques « ayatollahs », et quelques journalistes qui sont leurs zélateurs, s'accrochent. Les lendemains risquent d'être, pour les uns et les autres, difficiles.

On y revient : comment a pu se mettre en place et s'affirmer ce vous appelez une « dictature » ?

Des scientifiques dévoyés ambitionnant l'argent et la gloire, des politiques peu nombreux mais fanatisés à l'idée de sauver le monde et de se faire un nom, de jeunes journalistes, des enseignants et des militants de gauche révoltés contre la société et ayant perdu, pour les plus âgés d'entre eux, leurs repères marxistes : voilà les ingrédients du cocktail initial, mais ils n'auraient pas conduit au débouché que l'on connaît sans l'action de l'ONU et, en son sein, de quelques hauts fonctionnaires. Le *global warming* planétaire est aussi le produit de la technostructure onusienne et, nous le verrons, on n'aurait pas atteint de pareilles extrémités s'il n'y avait pas eu derrière de gigantesques intérêts financiers, d'ailleurs plus ou moins liés à l'ONU. C'est le point central, qu'il ne faut pas perdre de vue. Un tel scandale n'a pu se produire que parce qu'il a des causes multiples qui se sont additionnées.

L'action de l'ONU est souvent, et pas seulement dans ce dossier, discutée. C'est une question très importante dans un monde soumis à la mondialisation où certains rêvent de l'établissement d'une gouvernance mondiale. En même temps, l'ONU apparaît de plus en plus, selon le mot de De Gaulle, comme un « machin » budgétivore et inefficace. D'ailleurs, que sont le G8 et le G20 sinon des tentatives de contourner – voire de court-circuiter – l'ONU ?

Oui, c'est un problème clé et, à mon avis, un enjeu essentiel pour l'avenir du monde. En filigrane, il y a le risque d'une destruction des processus démocratiques, le pouvoir passant à des technocrates internationaux (FMI, OMC, secrétariat général de l'ONU), eux-mêmes « couverts » par des chefs d'Etat qui ne feraient, en réalité, qu'entériner ce que la technostructure onusienne a préparé. Ainsi le sommet de Rio a-t-il été voulu, défendu, imposé, organisé par Maurice Strong et ses subordonnés. Ce ne sont pas les chefs d'Etat ou les membres du G8 qui ont eu cette idée, c'est l'ONU. « Un sommet pour sauver la planète » : qui aurait pu avoir, en effet, l'outrecuidance de dire « Non, merci, c'est inutile » ?

Ce sommet de Rio a constitué, dites-vous, un tournant…

Oui. A partir de là, Strong – qui a à ses côtés Al Gore, qui lui-même est flanqué de Hansen – met le cap sur le climat : en avant toute ! Une structure permanente – le GIEC, à qui l'on donne de puissants moyens de secrétariat et des moyens financiers pour se déplacer sur toute la planète – voit le jour autour d'un petit groupe de scientifiques soigneusement sélectionnés. Un calendrier de rencontres périodiques aux quatre coins du monde dans des hôtels de luxe est fixé : Kyoto, Johannesburg, Nairobi, Bali, etc. Sans la machine onusienne, rien n'aurait été possible. Et, d'abord, faute des moyens matériels nécessaires mais aussi pour contrôler étroitement le choix des « experts » en choisissant ceux qui sont favorables à leurs thèses, les thèses « officielles ». Les fonctionnaires de l'ONU savent y faire. Tout en justifiant leur excellente situation matérielle, ils ont ainsi le sentiment d'être... utiles et même courageux. Dans tout cela joue à plein le processus d'accrétion, le même qui a permis de former les planètes du système solaire...

« Accrétion » : agglomération d'éléments », dit le dictionnaire. Soit, mais le rapport avec les planètes est lointain ?

Pas tant que cela !... C'est le même mécanisme. Il y a 4,5 milliards d'années, alors que le Soleil commençait à naître et à briller, le disque tournant autour de lui était composé de gaz et de poussières. Ces grains de poussière se sont collés les uns aux autres pour donner des billes. Puis les billes, à leur tour, se sont collées pour donner des balles. Et les balles, des ballons et, au bout du compte, on a vu surgir des planètes. Eh bien, pour l'alarme climatique, il en a été de même. Au début, un petit groupe de responsables scientifiques et politiques commence à sensibiliser une partie de la population, essentiellement autour des partis verts. La politique devient l'objectif majeur, la science est le prétexte... indispensable. Au niveau international, c'est une opération Hadley Center-Nasa-Suède (avec Bolin) qui va déclencher le processus. Puis les Allemands, du fait de la poussée électorale des « Grünen » et de leur participation au gouvernement, vont rejoindre le mouvement. Dans ce pays, le prix Nobel attribué pour la couche d'ozone à Paul Crutzen – dont les sympathies pour les Verts sont publiques – va faciliter (ou accélérer) bien des choses. Les menaces sur l'atmosphère, voyons, c'est sérieux !

Diriez-vous que, à ce moment-là, la France est encore à l'écart ?

Oui, malgré les efforts de Gérard Megie pour créer un grand laboratoire centré sur le climat[1]. Les Chinois, les Indiens, les Brésiliens, les Russes se tiennent également franchement à distance. Alors, pour internationaliser encore plus, on nomme un économiste indien sans grande notoriété – Pachauri – président du GIEC et on met un Français – Jouzel – comme secrétaire. Mais, dans les faits, le contrôle du GIEC reste anglo-américain. Avec le trio Hadley Center-Nasa-NOAA.

La canicule de 2003 en France va énormément peser…

Incontestablement. La canicule et la propagande alarmiste qui a suivi. En Grande-Bretagne, ce seront les inondations de 2005. Mais c'est à partir du film d'Al Gore que la propagande va vraiment se déchaîner en mélangeant tout mais surtout en « montrant » visuellement les conséquences de l'action du CO_2. Cela dit, si ce mouvement a pu se structurer et finalement mobiliser tant de monde, c'est qu'il est sous-tendu par des sentiments qui viennent de plus loin, mais, permettez-moi de le dire, qui ne sont pas caractérisés par la générosité.

1. Je l'ai aidé, et c'était une erreur. Il aurait mieux valu laisser en compétition intellectuelle plusieurs laboratoires indépendants.

Vous songez ici aux tentations millénaristes et malthusiennes dont on a repéré les premiers signes en Europe bien avant la publication des travaux du Club de Rome ?

Oui, mais il y a plus profond. Il y a la peur de la mondialisation et, au cœur de cette peur, la peur que provoque le développement de la Chine, de l'Inde, du Brésil. L'Occident veut contrôler ce développement pour le ralentir. Lorsque des gens comme Nicolas Hulot ou Arthus-Bertrand disent : « On ne peut pas laisser la Chine se développer comme nous l'avons fait, avec autant de voitures, d'usines. Ils vont polluer la planète de manière irréversible », ne traduisent-ils pas ce sentiment répandu de propriété exclusive de la planète par les grands pays industrialisés ? Ceux dont l'idéologie est de combattre la société de la libre entreprise – à savoir les Verts – poussent le raisonnement un cran plus loin. Voici, en substance, ce qu'eux disent : « Instaurons la décroissance, vivons de manière frugale, revenons aux anciennes pratiques, arrêtons le progrès ! Comme cela, nous serons un exemple et nous pourrons exiger que la Chine ou l'Inde nous imitent et ne se développent pas. »

Autrement dit, les pays émergents devraient suivre nos conseils, ou plutôt nos diktats…

Oui. Nous tentons de nous mettre en situation d'être « la » référence : « S'il vous plaît, imitez-nous ! Nous avons formé un groupe de savants – le GIEC – pour vous aider. Car le savoir, c'est nous qui l'avons. C'est donc nous qui allons vous dire comment vous devez vous développer ! » Mais comme ils ne nous imiteront pas, une telle stratégie conduira, en retour, au déclin irréversible de l'Occident. Nous prendrons, en effet, en pleine figure la manche du râteau que nous aurons mal manœuvré. Nous nous imposons taxes et contraintes pour « donner l'exemple » au tiers-monde. Nous n'avons pas compris que nous ne sommes « plus » l'exemple. Cette volonté de contrôler le développement du tiers-monde a été, de façon explicite, au cœur des débats de l'association qu'on appelle la « Trilatérale » et qui réunit périodiquement et de manière confidentielle – si ce n'est secrète – des responsables mondiaux : des banquiers, des chefs d'entreprise, des leaders politiques et aussi des technocrates internationaux. Copenhague était clairement une entreprise à leur image, voire à leur initiative, donc vouée à l'échec. Car, répétons-le, le temps n'est plus – mais plus du tout ! – où le tiers-monde était fasciné par l'Occident. En tout cas, il ne l'est pas par l'Europe.

C'est ce que disent ouvertement et parfois sans ménagement les Chinois et les Indiens, et désormais de plus en plus d'Africains.

L'organisation de Copenhague - avec la présence de 112 chefs d'Etat – était pourtant inspirée par ce sentiment : au nom du climat, on va donner le *la*, et tout le monde devra suivre. Sinon, pourquoi avoir fait venir à Copenhague des pays dont la contribution aux émissions de CO_2 est négligeable ? Derrière ce souci global de contrôler la croissance, il y a depuis le Club de Rome, j'insiste, l'ambition de modérer et de contrôler plus spécifiquement le développement du tiers-monde. En ce sens, avant Copenhague, la tournée de Borloo dans les pays africains était complètement hors sujet. C'était une démarche néo-colonialiste, en fait décalée et inutile.

Parce que ces pays n'émettent pas de CO_2 ?

Soyons sérieux : les émissions de CO_2, cela concerne les Etats-Unis, la Chine, l'Europe, l'Inde, le Brésil, le Japon, la Russie et quelques autres. L'Afrique du Sud et l'Indonésie peut-être. Les autres pays ont d'abord besoin de se développer. Si de nouvelles technologies – davantage d'énergies moins émettrices de CO_2 – se développent, ces pays, croyez-moi, sauront les utiliser.

Cette volonté, comme vous dites, de « contrôler » le développement du tiers-monde recoupe la peur que suscite le « bond en avant » de la Chine et aussi de l'Inde. Mais, en fait de « peur », n'y a-t-il pas aussi, derrière cela, la peur de l'immigration ?

Oui. Tous ces sentiments – diffus – s'entremêlent, et nourrissent les peurs. Les mots d'ordre des écologistes, implicites ou explicites, on les connaît : « Arrêtons tout ! Arrêtons le progrès ! Stoppons la mondialisation ! Revenons au bon vieux temps ! »… qui, pourtant, n'était pas bon.

L'échec de Copenhague n'est-ce pas aussi le refus – impressionnant – des pays du tiers-monde de se laisser contrôler par le Nord *via* l'ONU ?

Oui, et cet aspect-là – essentiel – est plutôt, de mon point de vue, une bonne nouvelle. Le seul aspect positif dans l'implication qui a été faite du tiers-monde, c'est l'accord pour protéger les forêts. Encore que, là aussi, le problème n'est pas simple : si les paysans brésiliens détruisent la forêt, c'est qu'ils en ont besoin comme nos ancêtres l'ont fait en leur temps. Pour le reste, derrière toute cette machinerie du *global warming*, il y a, bien entendu, l'argent. L'argent des chercheurs en climatologie qui, mine de rien, ont orienté en dix ans plus de 20 milliards d'euros vers leurs organismes et laboratoires. Il y a surtout l'argent officiellement baptisé « Business of climate change » et assumé comme tel. Et, pardonnez-moi ma colère mais il faut que « ça » sorte, les champions du « fric climatique », ce sont, comme par hasard, Al Gore et Maurice Strong.

Pourtant, vous avez dit que, depuis ses cours à Harvard, Al Gore avait, sur ce sujet, une conviction sincère et profonde !

Je le crois, en effet. Mais – que voulez-vous ? – en Amérique, en plus du Dieu chrétien, il y a le Dieu dollar. Et si on peut vénérer l'un en faisant fructifier l'autre, c'est un accomplissement. S'enrichir en défendant la « bonne cause », n'est-ce pas la preuve que Dieu est avec nous, et nous encourage ? Or force est de constater que l'éco-business est florissant, surtout aux Etats-Unis. Dans son thriller *Etat d'urgence* – où les chapitres de fiction sont entrecoupés de données actuelles et factuelles – Michael Crichton décrit très bien cet éco-business américain. Il raconte ainsi comment les associations écologiques américaines drainent des quantités colossales d'argent en exploitant la naïveté et le mysticisme des riches Américains…

Au premier rang, il y a, sauf erreur, les vedettes d'Hollywood et du show-biz !

Ce sont elles qui permettent là-bas aux présidents des groupes écologiques et à leurs associés de mener le train de vie d'un président de multinationale tout en ayant une action concrète dont on attend encore les résultats ! Chez nous, les Nicolas Hulot et Arthus-Bertrand ne sont que leurs très lointains imitateurs.

Vous avez déjà publiquement stigmatisé Al Gore et ses conférences payées 200 000 dollars l'heure Et sa maison qui dépense en énergie, dites-vous, vingt-trois fois plus que la maison d'un couple d'Américains moyens…

Ce petit business continue de plus belle !… Héros des écologistes, adoubé officiellement par le prix Nobel de la paix, reçu en grande pompe par tous les chefs d'Etat, voyageant à travers le monde en jet privé et en même temps presque milliardaire, Al Gore vit un conte de fées ! Car en plus, je l'ai dit, il est sincère. Peu importe qu'on exagère les données scientifiques et qu'on mente sur les chiffres puisque, dit-il, c'est pour la bonne cause ! Et il dit qu'il faut réduire au silence les contradicteurs : c'est, pour les scientifiques, un devoir. Du beau Al Gore ! Il a donc réagi à sa condamnation par la justice britannique en ce sens. N'a-t-il pas déclaré qu'il se réjouissait de cette condamnation car elle prouvait qu'on prenait son film au sérieux ?

Al Gore, pour vous, c'est Dr Jekyll et Mr Hyde ?

Si vous voulez !… En tout cas, durant toute sa croisade, il n'a jamais perdu… le nord ni le moindre dollar. En 1990, Al Gore est vice-président des Etats-Unis, élu avec Clinton. Pendant leur campagne, c'était lui qui était chargé de collecter les fonds auprès des grandes banques et des entreprises. A la vice-présidence, c'est lui qui va aider la fameuse entreprise Enron à s'implanter en Inde, en Russie, en Chine. Après son échec à la présidentielle, il devient membre du board d'Enron, avant que s'ensuive la faillite que l'on sait. Il devient aussi conseiller d'une non moins célèbre banque : Lehman Brothers…

La banque dont la faillite a déclenché la crise mondiale ?

Tout juste. Mais il y a mieux. Savez-vous sur quel dossier il conseillait le directeur de cette banque, Theodore Roosevelt IV ?

Je n'en sais rien.

Il lui apportait son expérience et ses avis pour un programme baptisé – cela ne s'invente pas – « The business of climate change ». Idée centrale : comment se lancer dans le fameux marché d'échange de carbone, c'est-à-dire les fameux « droits à polluer ». Autrement dit, celui qui conseillait la banque était celui-là même qui, avec son fidèle Hansen, s'était fait l'avocat à Kyoto du marché du carbone.

La faillite de Lehman Brothers a brisé la tentation, non ?

Cette faillite n'a ralenti ni l'activité de businessman d'Al Gore ni sa volonté de promouvoir cette idée du « marché carbone ». Il devient président de la société « Alliance for Climate Protection », organisation de lobbying pour faire adopter des lois et règlements pour le marché carbone. Il crée la société « Generation Management LPP », société spécialisée dans la levée de capitaux pour la création d'entreprises. Il devient l'expert de nombreuses sociétés, participe au management d'une... chaîne de télévision, d'Apple et de Google. Il est pour toute l'industrie la caution écologique, mais pas gratuitement bien sûr ! Parallèlement, il utilise sa position influente au sein du Parti démocrate pour être, là aussi, l'infatigable lobbyiste du marché carbone. Cet activisme politique mêlé à son activité dans les affaires a attiré l'attention d'une des commissions du Congrès qui l'a interrogé sur ses activités financières.

En France, certains appelleraient cela de l'affairisme...

En Amérique aussi.

Et comment ça s'est passé devant la commission du Congrès américain ?

Al Gore s'est décrit, j'insiste, comme un philanthrope désintéressé, sauveur de la planète. Il a été interrogé sèchement par la représentante Marsha Blakburn : « Alors, monsieur Gore, si vous étiez si désintéressé, où avez-vous trouvé l'argent pour investir personnellement 35 millions de dollars chez Capricorne Investment[1] ? » Al Gore est resté sans voix. Savez-vous pourquoi Al Gore, candidat malheureux à la présidence des Etats-Unis – puisqu'il a été injustement déclaré battu par Bush –, n'a pas été candidat, comme on pouvait s'y attendre, à l'investiture démocrate en 2008 ?

Parce qu'il y avait, dans le camp démocrate, un accord entre Bill Clinton et lui pour ne pas gêner Hillary ?

Pas du tout !… Il a pris conscience que, lorsqu'on est candidat à la présidence des Etats-Unis, la presse fouille, pas à pas, toute votre vie. Dans le cas d'Al Gore, il n'avait pas peur qu'on découvre une maîtresse cachée ou une baby-sitter russe. Il avait peur qu'on vienne mettre le nez dans ses affaires d'éco-business…

Echappera-t-il, malgré cela, à la presse américaine qui adore faire chuter les idoles ?… Le second acteur essentiel a été, avez-vous dit, le Canadien Maurice Strong.

Secrétaire général adjoint de l'ONU, il aura été, pour Al Gore, un relais crucial.

Et lui aussi a été mis en difficulté ?

Il a été obligé de quitter l'ONU à l'occasion du scandale de l'Irak et du fameux deal « armes contre nourriture », où il était personnellement impliqué. Il était aussi suspecté d'avoir été impliqué financièrement dans les affaires de Corée. Et le voici qui se recycle dans les affaires financières liées au climat : n'est-il pas membre du « Chicago Climate

---

1. Voir les détails de cette affaire dans C. Booker, *op. cit.*

Exchange », l'un des centres mondiaux de l'économie carbone ? Lui aussi est devenu, petit à petit, multimillionnaire.

Vous décrivez un monde dont les militants écologistes anticapitalistes n'ont, comme nous, pas la moindre idée !

Mais c'est ainsi. Tout est enchevêtré. Il faut absolument comprendre que le système du marché carbone est vicié à la source. On est parti de l'idée du « pollueur-payeur » : celui qui pollue doit payer pour les dommages qu'il provoque. Cela paraît logique et juste. Puis on est passé au stade de l'achat des « droits à polluer ». Vous avez une activité qui pollue en CO_2 ? Pour pouvoir continuer, il faut vous acquitter d'une taxe (« Vous achetez vos droits »). Alors, vous pourrez continuer à polluer.

Quelle est l'idée derrière ce mécanisme ?

L'idée, c'est que le prix de ce que vous produisez va mécaniquement augmenter, donc que ce sera pour vous une incitation à développer des méthodes plus « propres ». En fait, cela ne fait qu'augmenter le prix de vente ! Mais lorsqu'on a institué cela à Kyoto – les pays riches pouvant continuer à polluer moyennant une redevance à payer aux pays pauvres –, l'idée inavouée mais sous-jacente, c'était déjà de bloquer ou, au moins, de freiner le développement des pays pauvres. C'est exactement l'ancien système des « indulgences » : ceux qui ont les moyens de payer paient, et peuvent ensuite faire n'importe quoi !

A vous écouter, on se dit que l'échec de Copenhague a dû faire perdre beaucoup d'argent à certains, notamment à Al Gore, présent là-bas…

Sauver la planète n'a pas de prix, mais il faut là-dessus être très clair, ce devait être un bon business. D'ailleurs, ça l'est déjà pour certains... Développer des entreprises innovantes en matière d'énergie, de minimisation d'énergie ou de séquestration du CO_2, voilà d'excellentes idées ! C'est le financement de l'innovation que j'appelle de mes vœux. Mais cela n'a rien à voir avec le marché carbone car il ne s'agit pas d'un marché de la pollution, mais d'un marché de la création. Ce qui, dans tous les cas de figure, est exécrable, c'est de mélanger business et politique. Ceux qui font les lois, les décrets, les règlements ne peuvent pas être ceux qui en bénéficient !... Par ailleurs, beaucoup d'économistes pensent que la tentative pour créer un nouveau business de banque fondé notamment sur le marché du carbone est une opération intrinsèquement instable, donc économiquement susceptible de créer une nouvelle bulle financière.

De toute manière, ce « marché carbone » n'a pas pris ?

Non. Kyoto a été un échec, et Copenhague ne va pas améliorer les choses. Mais je reste révolté par le fait qu'on ait donné le prix Nobel de la paix à quelqu'un – pas loin d'être un vrai affairiste – qui exploite financièrement la panique qu'il a créée.

Ce qui est assez étonnant, c'est qu'Al Gore et ses amis soient passés jusqu'ici, si l'on peut dire, à travers les gouttes, et qu'on se soit si peu intéressé à la possible confusion entre convictions écologiques et business...

Parce que tout cela a été empaqueté dans un emballage irréprochable : l'économie (au sens théorique du terme). Le business, la finance, ça sent mauvais ! L'économie, en revanche, c'est sérieux, c'est intellectuel, c'est donc respectable. Et l'une des étapes essentielles dans le phénomène d'empaquetage économique a été le rapport Stern.

De quelle façon ?

Le « rapport Stern » a provoqué une intense activité des économistes, et aussi une polémique. On a déjà souligné que ce rapport a été techniquement très critiqué. Mais cette polémique a eu une conséquence : la légitimité d'une économie carbone a été établie avec l'idée qu'elle pourrait être un facteur de croissance.

Ce n'est pas la philosophie des Verts qui, globalement, défendent la décroissance…

Non, bien sûr. C'est pourquoi on va imaginer en France – avant qu'elle soit censurée par le Conseil constitutionnel – une taxe carbone bizarre : une fois prélevée, elle est censée être « rendue » aux citoyens sous des formes variées, par exemple un « chèque vert ». Les écologistes sont, bien sûr, les dindons de la farce. Comme toujours, les vrais pollueurs sont exemptés et le big business – notamment celui des banquiers – exploite la naïveté des gens pour gagner de l'argent !

Ce sont de très grosses sommes qui sont en jeu !

Comprenez-le bien : un facteur important dans le développement du *global warming* a consisté, pour certains, à promouvoir l'économie carbone. Et si Copenhague avait réussi, alors un certain nombre de banques spécialisées dans ce marché auraient « couvert » la planète. L'échec de Copenhague, c'est donc l'arrêt du business carbone !

Progressivement, vous décryptez une stratégie mondiale, où se coagulent des intérêts, des désirs, des aspirations

variées et très contradictoires. Toutes les cartes, c'est un grand classique, ne sont pas sur la table...

Lorsqu'on regarde l'évolution de ce mouvement planétaire, cela ressemble beaucoup à un processus physique d'instabilité. J'ai déjà évoqué, s'agissant du climat, les phénomènes de l'instabilité et du chaos. J'ai déjà mentionné les fractales, sans pour autant les définir ni m'y attacher. Il faut y revenir car c'est fondamental. Sous prétexte de facilité, nous privilégions, dans l'éducation, les problèmes simples et les relations de cause à effet que l'on peut facilement traduire en expressions mathématiques. Or nous sommes plongés dans des systèmes complexes, qu'il s'agisse des systèmes naturels – météo, climat, tremblements de terre, typhons, relations entre espèces vivantes, adaptation au milieu, etc. – ou des systèmes économiques et sociaux...

C'est ce que dit Edgar Morin lorsqu'il s'exprime en sociologue de nos sociétés...

C'est vrai aussi pour une discipline qui est devenue très importante : la psychologie sociale, dont l'un des fondateurs est Serge Moscovici, le père de Pierre, le député socialiste. Des scientifiques d'origine se lancent aujourd'hui dans l'étude complexe de la psychologie sociale scientifique. Serge Galam illustre cette démarche. Mais, plus généralement, on ne peut plus tenir les sciences humaines à l'écart du développement scientifique. La tour d'ivoire, c'est fini. Le scientifique est un acteur du système social. Tous ces systèmes sociétaux sont caractérisés, d'une part, par des interactions permanentes entre *les constituants* – dans le cas précis : la sociologie ou l'économie des individus – et, d'autre part, par une logique globale qui correspond à la vérité de *chaque groupe*. Or aujourd'hui, avec le développement des médias, des images planétaires et la mondialisation, les choses ont changé de dimension. On sait que les systèmes complexes sont caractérisés par des phénomènes d'agglomération et d'instabilité. Ces instabilités conduisent parfois au chaos, mais parfois aussi, selon l'expression consacrée, à des « bifurcations » et des processus d'agglomération. Cela me fait penser aux changements de direction d'un banc de poissons. Vous avez déjà observé un banc de poissons ?

Bien sûr !…

Dans un banc de poissons, tous nagent dans la même direction. Que quelques-uns tournent et, peu après, tout le banc de poissons bascule ! Aujourd'hui, la comparai son n'est pas insolente, les médias - qui jouent un rôle essentiel – ont des postures similaires · tout le monde ou presque tient le même discours et puis, un beau jour, d'un seul coup, tout le monde vire de bord… Le système – désormais mondialisé – est tel qu'il peut propager une information en quelques heures, et elle submerge alors la planète. On l'a vu lors de la guerre en Irak où l'idée que l'Irak possédait des armes de destruction massive a été admise comme une « vérité » lors du débat à l'ONU. Le fait lui-même n'a pas été vérifié. Or c'est une « information » qui, aujourd'hui, se révèle nulle et n'ayant jamais existé. Personne, y compris les opposants à la guerre en Irak, n'a eu les moyens – ni peut-être le courage – de vérifier ces allégations.

« Information non vérifiée », dites-vous, en tout cas non discutée : vous faites le parallèle avec Copenhague ?

Toutes choses égales, oui. Quand on observait, en décembre dernier, les chefs d'Etat parlant à Copenhague, le mécanisme qui prévalait était le même qu'au moment de l'Irak. Pas le moindre doute sur les conclusions prédictives du GIEC : on a parlé au Danemark comme d'un fait établi – pour voir quelles conséquences en tirer – de la correspondance entre degré de température et quota d'émissions de CO_2. Personne ne s'est interrogé sur le fait que le réchauffement supposé était à l'ordre du jour alors qu'une vague de froid et de neige s'abattait au même moment sur l'hémisphère Nord, après celle de l'année d'avant. Personne n'a osé émettre l'idée qu'il faudrait peut-être vérifier les « prédictions » des scientifiques.

Certains ont fait le parallèle avec le virus H1-N1…

Ils ont raison. N'a-t-on pas vu une panique médicale se propager dans le monde – après, déjà, l'épisode de la grippe aviaire à Hong Kong – avec cette histoire de grippe H1N1 surgie du Mexique ? La réponse à ce virus – évidemment nécessaire – n'a-t-elle pas été disproportionnée ? Aujourd'hui, tout le monde ou presque l'admet, mais hier ? Ne croyez-vous pas qu'une réforme essentielle s'impose dans le système mondial de circulation de l'information ?

L'uniformisation croissante des médias et la course permanente à celui qui sera le plus rapide – pour imposer « son » scoop, un vrai ou un faux – recèlent, c'est le moins qu'on puisse dire, des pièges…

Longtemps, *Le Figaro* a écrit sur le *global warming* presque les mêmes choses que *Libération*. Seuls les titres différaient. Il y a une autre évolution, de plus en plus spectaculaire : la prime au sensationnel, l'alarmisme aux dépens de la réflexion. Je ne m'éloigne pas, quoi que vous pensiez, de l'analyse des systèmes complexes. On aurait pu penser que la concurrence entre des médias multiples – multiples par les orientations politiques, multiples aussi par les formes de diffusion de l'information – allait renforcer, voire accélérer le pluralisme de l'information. Eh bien, c'est l'inverse qui se produit ! L'information tend à devenir uniforme. Et cette uniformisation – à de trop rares exceptions près – est en train de tuer la presse. Pourquoi les gens reculent-ils, en effet, devant la presse dite d'information, ou lui tournent-ils carrément le dos ? Parce qu'ils ont le sentiment d'être submergés par ce qu'on appelle dans un vocable vague « l'information », et parce qu'ils craignent – pas toujours à tort – de ne rien apprendre de plus ou de différent en achetant un journal. Ils veulent une presse d'opinion ou de réflexion, ou les deux...

En dehors des problèmes de fabrication et de distribution, donc de coût – à ne pas sous-estimer –, la presse écrite, c'est une évidence, souffre. Elle est même aujourd'hui potentiellement en danger de mort alors que, à condition qu'elle sache se régénérer, elle est vitale, aujourd'hui comme hier, dans une démocratie. Quatre maux, entre autres, la menacent : 1. L'oubli que l'information – la vraie – a un prix. Il faut donner ou redonner aux journalistes les moyens de travailler. A charge pour eux de réveiller le débat, et de sortir du « politiquement correct ». 2. Le vertige suicidaire du sondage à répétition, à tout-va, à tout propos et, du coup, hors de propos, compte tenu du fait que le sondage professionnel et dosé est, cela va de soi, un instrument de nos démocraties modernes. 3. Encouragée par le développement d'Internet, où l'essentiel « fricote » avec l'intox et où la « manipulation » retrouve, hélas, un terrain et des acteurs, la prime trop systématique à l'émotionnel, à un mélange poisseux vie publique-vie privée. 4. Comment ne pas évoquer, enfin, la façon dont les journaux – pour la survie desquels il faut

se battre – traduisent si souvent la réalité ? Sous prétexte que le journaliste a le devoir – ce qui est vrai – de s'intéresser aux trains qui n'arrivent pas à l'heure et d'en parler, il n'y a plus, dirait-on, que des trains qui n'arrivent pas à l'heure. En clair, par moments, avant d'ouvrir son journal, un lecteur doit souffler profondément, prendre son élan et se dire que, malgré tout, ce ne sera pas demain la fin du monde, et qu'il y a encore, au terme de sa lecture et au bout du chemin, des raisons d'espérer, des motifs d'« y » croire…

L'intoxication mondialisée, ce n'est pas un phénomène totalement nouveau…

Vous pensez à quoi ?

Je pense aux vols habités, aux projets de station internationale…

Vous avez tenté de vous y opposer !

Quinze ans après, chacun reconnaît que nous avions raison. Mais on ne sait pas bien comment atterrir sans perdre la face. Alors, on continue sans continuer..

Puisque, sur le climat, vous admettez que, désormais, les choses bougent, cela interdit d'être fataliste, non ?

Dans le contexte actuel, c'est clair, le nombre des sceptiques sur la fiabilité des modèles informatiques pour prédire le climat dans un siècle est, dans la communauté scientifique, supérieur à ceux qui défendent les positions du GIEC. Mais cette majorité a été longtemps silencieuse, soumise à une pression morale considérable. Si certains ont fait preuve de courage, c'est sur un mode.. « contrôlé ». Si, aujourd'hui, des voix de plus en plus nombreuses commencent à se faire entendre, ce n'est pas parce que le doute les aurait brutalement saisies, c'est parce qu'elles voient la possibilité de s'exprimer enfin sans danger. Que voulez-vous ? Il y a eu des dérapages, mélange entre politique et science, mélange entre science et médias. Quelques journalistes se sont pris pour des scientifiques. Quelques scientifiques leur ont laissé croire qu'ils l'étaient s'ils leur emboîtaient le pas et les mettaient en vedette. Objectivement, ici ou là, l'influence des médias dans l'obtention des crédits de recherche a pu conduire à des catastrophes.

De l'extérieur, on est surpris de découvrir comment, parfois, se décident des choix budgétaires si importants pour la recherche…

La Nasa, dans ses méthodes, a été prisonnière de la *Big Science,* où il faut convaincre le Congrès de voter un budget qui ne doit être qu'en expansion. Ce qui fait que, quelques jours avant le vote des membres du Congrès, on fait toujours – l'avez-vous remarqué ? – des découvertes importantes. Un jour, c'est l'indice qu'il y a de la vie sur la Lune. Une autre fois, c'est l'observation qu'une météorite pourrait heurter la Terre, détruire une ville comme New York, et donc qu'il faut une mission pour l'étudier.

Est-ce ce qui s'est passé pour le climat ?

Oui, en partie. Au tout début, le « gang » du climat était animé – c'est important – par deux hommes qui viennent du milieu spatial, et sont donc habitués à ces pratiques-là. Houghton est un ingénieur qui a développé des instruments pour les missions spatiales. Hansen, un employé de la Nasa. La stratégie de communication – essentielle pour leur croisade –, ils en sont donc familiers et, très vite, ils vont dépenser en « com » des sommes importantes. Dès la première rédaction du premier rapport du GIEC, Houghton annonce, rappelez-vous : « Il nous faut être alarmistes. » C'est aussi ce que dit Hansen après son audition au Congrès de 1988 ou Bert Bolin à des collègues pourtant convaincus du danger du CO_2, comme Stephen Schneider qui lui reproche cependant publiquement d'avoir « exagéré ». Lui répond que c'est le seul moyen d'avoir des moyens pour développer les recherches en ce domaine. Il répondra la même chose à ses supérieurs hiérarchiques à la Nasa : « Je me bats pour notre budget. » Au moins, c'est clair. Dès lors va croître et embellir une politique de propagande, où le mensonge est considéré comme « normal », pourvu qu'il serve la « bonne cause ». Vieille histoire : la fin justifierait les moyens.

Vous dites que tous les arguments – sans aucune limite – ont été utilisés ?

Au début et jusqu'en 2005, on va utiliser la courbe du *hockey stick* pour démontrer que la Terre court un grand danger. Mais avec les doutes qui surgissent sur les détails des courbes de Mann et de Jones (on apprendra plus tard, comme nous l'avons vu, qu'elles ont été trafiquées !), les arguments dits « scientifiques » vont être escamotés. On décide de faire plutôt appel à la sensibilité des gens. Nul doute que le champion médiatique a été, de ce point de vue, l'ours blanc, perdu sur sa plaque de glace et dont on annonce – à tort – la prochaine disparition. La fonte des glaces arctiques et de montagne – phénomène incontestable, je l'ai dit – va être, elle aussi, exploitée. On pose pour principe que tout est imputable au réchauffement, donc à l'effet de serre du CO_2. Sans le moindre argument sérieux.

Le cyclone Katrina, a-t-on aussi affirmé, serait une conséquence directe de l'accroissement du CO_2...

Effectivement, et c'est une sornette. Certains téméraires iront même jusqu'à dire que le tsunami de Sumatra est plus ou moins lié au réchauffement. Il y a peu, exploitant la mode, on aura vu le maire d'Hyères (Var) se plaindre, lui, de l'érosion des plages de Porquerolles, conséquence « évidente » de la montée du niveau de la mer (rappelons que, au mieux, il s'agit de 3 millimètres par an), et réclamer à cause de cela une indemnisation de l'Etat !

Trop, c'est trop, dites-vous...

A coups d'images et de déclarations alarmistes à la télévision, une forme de vrai matraquage n'aura pas cessé depuis le film d'Al Gore. On ne réfléchit plus, on voit. On ne discute plus, on croit. J'ai été accusé de ne pas croire. Comme me l'a bien dit un collègue : « Tu n'as pas été critiqué, tu as été excommunié. » Le temps de l'Inquisition est revenu. Or la science – on ne le répétera jamais assez – n'a progressé que dans la liberté d'expression, dans la diversité des opinions que l'on confronte. C'est ainsi que naissent des idées nouvelles, qui bousculent les anciennes. La simple idée d'une « vérité scientifique » établie par une commission de l'ONU, c'est un crime contre l'intelligence. Non seulement il faut mettre fin au GIEC, mais il faut interdire à tout jamais que pareil processus se reproduise si on veut demain réunir avec succès des scientifiques pour avoir un avis sur tel ou tel aspect qui concerne la planète, la possibilité de chute d'une météorite, la pollution de l'océan global, la prévision des séismes ou des éruptions volcaniques, etc. La règle du consensus devra être à tout jamais bannie. On doit juger un apport sur les arguments des uns et des autres, pas sur la majorité des opinions. C'est une condition essentielle de survie de nos sociétés et de la science elle-même.

Ce que vous décrivez est, d'une certaine façon, effrayant. Vous pensez vraiment qu'une poignée d'individus – bien organisés et bien introduits dans la technostructure internationale, où l'on mélange sciemment science et politique – est capable d'avoir manœuvré la planète dans son ensemble ?

Pendant un temps, sûrement. On a cru à l'efficacité des banques, aux bienfaits d'une économie financière incontestablement imaginative et garantie par les ordinateurs. Et puis, d'un coup, tout s'est effondré. Les responsables politiques qui n'avaient rien vu venir, malgré de nombreux signes avant-coureurs, se sont alors lancés dans la réforme du système financier international…

… Avec des résultats à ce jour incertains si l'on en juge par le ballet des traders et des fonds spéculatifs !… Au point qu'il a fallu – en urgence – mettre en place, pour commencer, une nouvelle réglementation sur les rémunérations desdits traders !

C'est vrai. Du coup, je le dis : les responsables politiques occidentaux ayant montré aux citoyens leur incapacité à maîtriser la situation économique du monde ne se sont pas lancés par hasard dans la lutte contre… le réchauffement climatique. Ils entendaient montrer qu'ils ont une conscience aiguë des enjeux à long terme, et des menaces qui pèsent sur notre planète ! Ils voulaient redorer leur image.

Mais, à en juger par Copenhague, cela n'a pas marché. C'est même un terrible fiasco !

En fait, on constate une division croissante du monde entre ceux qui vivent dans le virtuel, « l'idéel », le futur lointain et ceux qui s'organisent en fonction des réalités du présent. Les seconds – Chine, Inde, Afrique du Sud, Brésil – ont dit non aux chimères proposées par les « idéalistes » européens. A Copenhague, les Etats-Unis ont choisi leur camp : lorsque Barack Obama s'est enfermé dans une pièce avec la Chine, l'Inde, le Brésil et l'Afrique du Sud – mais sans l'Europe ni le Japon –, il a posé un acte fondateur. Les Etats-Unis veulent – et ils n'ont pas tort – se situer dans le camp de l'avenir. Lorsqu'on regarde les taux de croissance prévus pour 2010, on voit où se situe la clairvoyance : Chine + 9 % ; Inde + 7 % ; Brésil + 5 % ; Etats-Unis 3 % ; Europe entre 0 et 1 % ou négatif. La décroissance chère aux Verts, nous y sommes. Il est temps que les dirigeants européens reviennent au principe de réalité, et surtout acceptent de vivre dans les temps présents, qu'ils cessent d'escamoter au profit d'un avenir mythique les dures réalités d'aujourd'hui.

Cela signifie quoi ?

Je mets les points sur les i : pour l'Europe, la priorité, c'est la reprise économique et la lutte contre le chômage galopant. Ce n'est pas la lutte contre un imprévisible changement climatique. D'autant qu'il est possible de mener cette politique sans sacrifier l'environnement mais, au contraire, en l'utilisant comme levier de croissance.

Quelles leçons tirez-vous de votre diagnostic ?

Permettez-moi trois remarques simples, d'ordre général. 1. Dans le système de distribution mondialisé et chaotique des informations dans lequel nous sommes plongés, il est maintenant établi que quelques individus, agissant de façon discrète et coordonnée, ont les moyens de manipuler l'opinion, en tout cas de l'orienter. 2. Al Gore, personnage central de l'aventure, s'est engagé dans la vie politique avec une ambition énorme, et l'idée de se faire le champion de la défense de la planète et des nouvelles technologies de l'information. Souvenez-vous qu'il a prétendu être le père d'Internet, qu'il appelait pompeusement « les autoroutes de l'information » ! Naturellement, chacun sait qu'il n'en est rien. 3. Son ambition a rencontré celle de quelques scientifiques désireux de se faire un nom à partir d'une discipline qu'ils entendaient créer, et qu'on pourrait appeler la climatologie scientifique. Deux scientifiques américains marquent cette ambition : Stephen Schneider et James Hansen, qui seront successivement les alarmistes du *global cooling* puis du *global warming*…

Avec la météo de cet hiver 2009-2010, peut-être vont-ils repasser au *global cooling* !

Ils en seraient capables, comme ceux qui, aujourd'hui, nous expliquent que le fait qu'il fasse froid prouve bien qu'il va… faire chaud demain. Cela dit, « la » rencontre décisive pour Al Gore + Hansen (et Schneider) a été celle de Maurice Strong. Strong, c'est l'ONU, ses moyens financiers et sa bureaucratie en quête d'autojustification. Tout cela, c'est la mécanique. Mais elle n'a pu avoir cette étonnante efficacité que parce qu'elle a agi sur une opinion publique occidentale en perte de repères philosophiques et apeurée par la mondialisation.

Et le GIEC, c'est quoi, son rôle ? Leur « bras armé », comme vous le suggérez ?

Oui. C'est l'instrument de propagande. Un instrument politique sous une apparence pseudo-scientifique qui a assuré la continuité de l'entreprise. L'autre « héros », c'est Al Gore. A l'origine, il rêvait de devenir président des Etats-Unis, et le voilà qui découvre le business écologiste, un business lucratif et souterrain qui, finalement, va lui donner une position extraordinaire. Par ce biais-là, n'a-t-il pas retrouvé son ambition initiale de devenir le maître du monde ?

CHOC DES CULTURES. TECHNIQUE TRADITIONNELLE MODERNISÉE !

Chapitre 7

Pour une vraie écologie

« Et l'Homme, quand en sera-t-il question ? »

Saint-John Perse

Confirmez-vous que l'« imposture » la plus importante – pour reprendre votre mot – de la part des tenants du réchauffement climatique d'origine anthropique, c'est, au fond, d'avoir fait croire au monde entier que le problème le plus urgent, c'était celui du réchauffement…

Un réchauffement qui, s'il est vérifié, aura des conséquences fâcheuses seulement dans un siècle !… Bien sûr que l'imposture numéro un, c'est d'avoir tu, caché, occulté, nié les véritables problèmes qui se posent à notre planète, et cela non pas dans cent ans, mais demain matin ! Or ces problèmes, ils sont nombreux, urgents, potentiellement dévastateurs.

On vous sent très en colère…

Oui. Je suis révolté par l'égoïsme et la vanité d'un quarteron de chercheurs qui monopolisent l'attention et les financements du monde pour attirer l'attention sur leur discipline – ou (et) sur eux-mêmes – en laissant sciemment de côté les vraies urgences de la planète, les priorités des priorités…

Lesquelles ?

Par exemple, le manque d'eau ou de nourriture, qui tue chaque jour des milliers de personnes. Je dis bien chaque jour. Réfléchissez : si on évalue – ce qui est raisonnable – à plus de 20 milliards de dollars les sommes allouées à ces chercheurs dispersés aux quatre coins du monde depuis dix ans, eh bien, cette somme correspond à ce que demandent les responsables qui s'occupent du dossier de l'eau pour sauver un demi-milliard de personnes. Et ceux qui vous rétorquent que le réchauffement climatique sera demain le premier responsable de ce manque d'eau se moquent du monde. J'insiste : c'est aujourd'hui que des gens meurent dans l'indifférence générale faute d'eau. J'ai été de ceux qui ont tiré la sonnette d'alarme, il y a trente ans. Si on amalgame tout et qu'on ne se fixe pas de priorités, voilà le résultat que l'on obtient : d'un côté, des défenseurs autoproclamés de la planète ; de l'autre, des centaines de milliers de morts par manque de nourriture ou d'eau, et le plus souvent des deux. Voilà pourquoi, oui, je suis en colère. Une colère que j'espère faire partager.

Si vous deviez classer les problèmes par ordre d'urgence ? On l'a compris : la question du changement climatique viendra après…

Je mentionnerais en premier la démographie mondiale. Avec son rythme et ses dissymétries géographiques. Lié à cela, j'évoquerais le dossier clé de l'éducation et de l'emploi des femmes dans le tiers-monde. Dans le même degré d'urgence, il y a l'eau dont je viens de vous parler et, liée à l'eau, la nourriture. On ne le répétera jamais assez. Autre problème (même si le mot « problème » est un peu dérisoire) : la pollution des rivières, des sols, de l'air des villes, des océans. Dans beaucoup de pays, on dépense l'énergie sans discernement. S'impose donc un grand programme d'économie d'énergie à l'échelle mondiale. Mais, bien sûr, il ne faut pas dissocier cela des problèmes sociaux de nos sociétés : la pauvreté, le chômage qui s'étend.

Il y en a des « chantiers », comme on dit…

Mais ce ne sont là que les urgences immédiates. A plus long terme, outre la nourriture, l'océan, l'énergie, il y a les déchets, la biodiversité (à condition de ne pas y mettre tout et n'importe quoi et de ne pas répéter l'expérience du GIEC !). Tout cela est passé sous silence ou presque car – n'est-ce pas – cela ne relève pas de l'urgence. Songez au récent sommet de l'eau à Ankara : on n'a même pas réussi à faire voter une résolution sur le droit à l'eau. En revanche, Copenhague aura occupé pendant des mois et des mois chancelleries et médias du monde entier.

Comme toujours, vous êtes enthousiaste, mais, parfois, trop sévère et un peu injuste !

En quoi « injuste » ? La planète marche sur la tête. Il y a des problèmes urgents. On les laisse de côté, et on se préoccupe du climat dans cent ans !… Et vous voudriez que je soupèse chacune de mes phrases, que je m'exprime dans la langue ouatée des diplomates, que je me fixe comme modèle M. de Norpois ! Il faudra expliquer cela aux chômeurs et demain à nos enfants et petits-enfants, et ce ne sera pas, croyez-moi, l'exercice le plus facile. Comment comprendre que des gens intelligents, responsables et avisés se soient laissé entraîner dans cette illusion du *global warming* ?

Les égarements collectifs, puisque vous décrivez la situation ainsi, on en trouve traces dans l'histoire !

Mais ces égarements sont aujourd'hui planétaires !

Parce que les décisions collectives sont devenues planétaires !

Notre planète, c'est incontestable, subit des outrages considérables de l'homme. J'ai écrit, je vous l'ai rappelé, un livre dès 1990 pour dénoncer ce manque de respect pour la nature[1]. Mais faut-il pour autant proposer le retour en arrière, la décroissance, l'arrêt du progrès ? Faut-il déifier la Nature, qui serait exemplaire et qu'il ne faudrait pas contrarier ? Mais la Nature est dure, impitoyable, en particulier pour l'Homme. Pour ceux qui l'auraient oublié, le séisme d'Haïti vient de nous le rappeler. L'Homme a conquis sa place durement contre la Nature et le combat n'est pas fini. Il faut, certes, éviter de perturber les équilibres naturels, mais cela ne peut se faire en condamnant l'homme et en le fragilisant !

Mais que proposez-vous comme alternative ?

On ne répond pas à pareille question en trois paragraphes. Je ne peux vous donner ici que quelques faveurs. Pour vous faire sentir la manière dont j'aborde ces problèmes. Mais je le précise tout de suite énergiquement : je n'ai évidemment pas « une » solution toute faite aux problèmes qui se posent à la planète. Ma philosophie, c'est, en effet, de compter sur l'intelligence de l'Homme, sur son imagination. Ma stratégie, c'est celle de l'innovation, et de l'invention permanente de nouvelles techniques pour résoudre les problèmes qui nous sont posés. Et ma philosophie, c'est aussi le respect de l'indépendance des peuples : ce n'est pas – certains diraient ce n'est plus – à la France de dire comment l'Afrique doit se développer. Ce n'est pas au monde occidental de dire comment l'Inde ou

1. *Economiser la planète*, Fayard, 1990

la Chine doivent avancer et progresser. Si l'on veut des conférences internationales, c'est pour y confronter des points de vue, pas pour contraindre qui que ce soit, pas pour y asséner notre credo occidental et encore moins nos peurs séculaires. Si la contrainte prévaut, ce seront toujours les plus faibles qui en seront victimes. Et disant cela, je n'innove pas : je suis simplement fidèle à mes principes humanistes mais aussi au principe de réalité. C'est comme cela que l'humanité a toujours évolué. C'est cela qu'on appelle le progrès !

Soit, mais dépassons le discours indigné. Soyez concret, cher Claude Allègre !

Eh bien, commençons par le commencement. Comme je vous l'ai dit, je ne suis pas favorable aux dégagements de CO_2 dans l'atmosphère, car ils acidifient l'océan et, à terme, ils auraient une action sur le climat, et puis parce que réduire les émissions de CO_2, c'est économiser les combustibles fossiles pour nos enfants. Mais comment les limiter ? En créant des quotas par pays ? En permettant aux riches de polluer, et en l'interdisant aux pays en développement, aux pays « émergents » comme on doit dire maintenant ? En développant un marché du carbone qui permettra aux banquiers, aux riches de s'enrichir, aux pauvres de s'appauvrir et à nous de nous mouler dans les habits de l'*ecobusinessman*, cher à Al Gore ? Toutes ces pistes seront inefficaces et, d'abord, elles seront refusées parce qu'elles ont de forts relents de néo-colonialisme, voire pire.

On sait que ces « approches » vous indignent !

Elles ne m'indignent pas par caprice. Elles m'indignent car elles portent en germe l'écologie totalitaire.

C'est quoi « l'écologie totalitaire » ?

C'est ce qu'exprime à voix haute Nicolas Hulot en disant : il faut « de gré ou de force » adopter la bonne cause ! A terme, ne vous y trompez pas, ce serait la Terre gérée par un gouvernement mondial de technocrates qui pensent et décident en lieu et place des citoyens au nom du salut de la planète.

Vous êtes favorable à la réduction du CO_2 et de ses possibles effets, mais vous ne voulez pas de cela. Cela signifie-t-il que vous êtes opposé à une intervention de l'homme sur les phénomènes naturels qui gouvernent la planète ?

C'est ce qu'on appelle la géo-ingénierie. C'est l'idée de l'homme démiurge, l'homme se substituant à Dieu et modifiant les grands phénomènes naturels ! La plus spectaculaire de ces idées, c'est celle proposée initialement par le Russe Budyko qui consiste à ensemencer la stratosphère avec des oxydes de soufre, pour refroidir l'atmosphère. Paul Crutzen, le prix Nobel de chimie obtenu pour son étude sur la couche d'ozone, est devenu le propagandiste déterminé de ce scénario.

Cela suppose, bien sûr, que l'on soit persuadé du réchauffement de la planète...

Bien sûr, qu'il soit naturel ou pas !... Mais, outre le prix très élevé d'une telle opération, qui demande de mobiliser les réserves de soufre et de les pulvériser à l'aide d'avions ou de ballons dans la stratosphère, les dangers seraient considérables. Les oxydes de soufre se combinant avec l'eau produisent de l'acide sulfurique. L'acide sulfurique retombera sur terre avec la pluie. C'est donc prendre le risque de créer des pluies acides à l'échelle planétaire avec les effets dévastateurs que l'on imagine sur les bâtiments, la végétation, la vie animale. Cela pour la somme de 50 milliards de dollars tous les cinq ans !

C'est sérieux, ce scénario fou ?

Il y a, je crois, une énorme opposition à un tel projet. Le plus probable est qu'il ne verra donc pas le jour, mais sait-on jamais ? La fièvre actuelle implique que l'on soit vigilant. Crutzen incarne une tendance réelle et préoccupante : le scientisme vert.

Et que pensez-vous de l'idée d'ensemencer l'océan avec du fer pour y développer le plancton, donc stimuler la photosynthèse et, du coup, absorber plus vite le gaz carbonique ?

A priori, c'est une idée moins dangereuse, même si elle est peut-être illusoire. Les facteurs qui contrôlent la croissance du plancton, c'est un peu le fer, mais beaucoup le phosphore et les nitrates. On sait, bien sûr, quel effet les phosphates et les nitrates ont sur le développement des algues dans le milieu aquatique. Ces produits d'une agriculture peu économe sont responsables de l'eutrophisation des lacs naturels ou des barrages, et surtout des invasions d'algues vertes sur les côtes méditerranéennes ou bretonnes. L'idée de base est que si l'on favorise le développement du phytoplancton des micro-algues vertes, elles vont absorber du CO_2 par photosynthèse, donc elles feront diminuer le CO_2 de l'atmosphère, ensuite elles vont être absorbées par ce qu'on appelle le zooplancton, qui va créer des coquilles calcaires, donc de nouvelles absorptions de CO_2 transformé en carbonate de calcium. A la mort des organismes, ces squelettes et coquilles vont tomber au fond de l'océan et s'accumuler sous forme de boues calcaires. C'est ce qui se produit déjà. Mais l'idée est de stimuler le processus naturel qui a lieu dans l'océan pour lui faire absorber plus de CO_2. Et en même temps de rétablir la chaîne alimentaire océanique, aujourd'hui en déclin...

Il s'agirait donc d'ensemencer l'océan avec du phosphate ou des nitrates ?

On le pourrait en faisant en sorte que les rejets agricoles aient lieu au large, et pas sur les côtes. Cela demanderait des investissements, et de longs tuyaux d'évacuation. Pour l'instant, on s'est focalisés sur le fer, oligoélément essentiel pour le développement du plancton.

A vous écouter, ce n'est pas une idée absurde...

En effet, mais dès qu'on touche aux équilibres naturels, toute idée doit être au préalable soigneusement testée. Depuis 1993, on a multiplié les expériences en ce sens : les plus spectaculaires ont eu lieu au large des îles Kerguelen en 2005 (expérience Kheops), au large de l'Argentine en 2009 (expérience Lahofex)[1].

Et pour quels résultats ?

Ils ont été jusqu'à présent décevants. Il semble que ce n'est pas le fer qui soit le moteur dominant du développement du plancton.

Pour autant, vous n'êtes pas hostile à ces tests ?

Je ne suis pas hostile à une expérimentation pour mieux concilier les processus de développement du

1. M. Thomas-Bourgneuf et P. Mollo, *L'Enjeu plancton*, Editions Charles Léopold Mayer, 2009.

plancton. Quant à passer à l'échelle planétaire, c'est tout autre chose. J'aimerais que l'on se décide à évacuer au grand large les eaux polluées bretonnes qui contiennent des phosphates et des nitrates. On ferait alors de ces zones de vrais paradis pour la pêche ! En général, je ne suis pas favorable à des opérations à grande échelle avant qu'on ait compris le fonctionnement chimique et biochimique de l'océan, ce qui est loin d'être le cas. Comme j'aime à le répéter, il faut d'abord stimuler la recherche océanographique avant de jouer les apprentis sorciers, et de miser sur tel ou tel modèle. Le scientifique doit savoir dire quand il ne sait pas !

Et la technique du « génie génétique », autrement dit la fabrication de plantes continentales ou marines qui absorbent davantage de CO_2 que les plantes naturelles, et donc accélèrent la capture du CO_2 par l'océan, qu'en pensez-vous ?

C'est, bien sûr, une idée intéressante. Des groupes de chercheurs, notamment à l'université de Stanford, travaillent en ce sens. Encore une fois, tant qu'il s'agit d'un travail expérimental en laboratoire, c'est très bien, mais lorsqu'il s'agira d'utiliser d'éventuels résultats à grande échelle, il faudra, là encore, être prudents. Je rappelle que le CO_2 dans l'atmosphère est indispensable à la vie sur Terre. Supposez que, par un mécanisme de pompage du CO_2, son niveau descende au-dessous du seuil qui ferait diminuer la production agricole et provoquerait pendant un certain temps des famines. Vous me direz sans doute que des phénomènes naturels de contre-réaction se mettraient en place. Mais dans quels délais ? Attention aux apprentis sorciers !

Vous parlez de « pomper » le CO_2 par les plantes, mais il y a, paraît-il, des projets pour pomper directement le CO_2 de l'atmosphère par des pompes et, à partir de là, de le piéger…

C'est vrai, je vais y revenir lorsque nous parlerons de la séquestration du CO_2. Mais, encore une fois, je suis réticent devant toute intervention directe sur les phénomènes naturels. Ces phénomènes, on n'en comprend pas toujours la logique. Répétons-le : ils sont très, très complexes.

Encore votre amour de la complexité !

Lorsqu'on parle de complexité, ça ne veut pas dire que le système est un fouillis incompréhensible. Cela veut dire qu'il faut analyser le système pour en hiérarchiser les facteurs, et ensuite le traiter comme un tout. Pierre-Gilles de Gennes pour les sciences physiques et Edgar Morin en sciences sociales ont bien montré comment on devait aborder les systèmes complexes. Nous sommes loin d'avoir compris le fonctionnement des cycles géochimiques. Il faut donc être prudent avant de chercher à les modifier. En revanche, je suis partisan de tenter de contrôler les perturbations que l'homme introduit dans ces cycles naturels…

Ce qui s'appelle la « pollution » !

En ce qui concerne le CO_2, l'idée est de capturer le CO_2 à la sortie des usines, puis de l'injecter dans le sous-sol et de le séquestrer ainsi. L'idée, c'est qu'à long terme, ce CO_2 enfoui se transforme par réaction avec les roches en carbonate de calcium, autrement dit en calcaire. C'est une façon d'essayer de reproduire artificiellement le mécanisme par lequel la nature a fait passer la teneur en

CO_2 de l'atmosphère, qui était de 80 % il y a 4,4 milliards d'années, à la teneur qu'elle a aujourd'hui.

Où est passé entre-temps ce CO_2… évanoui ?

Dans les calcaires. Si vous détruisiez artificiellement tous les calcaires présents dans la croûte terrestre, l'atmosphère terrestre serait formée de 80 % de CO_2, et la pression au sol serait la même qu'à 5 000 mètres sous la mer ! Nous essayons aujourd'hui de séquestrer le CO_2 dans des sites expérimentaux au Canada, en Norvège, en Algérie, en Allemagne, en Pologne, en Australie. A ce jour, la difficulté, c'est la première étape du processus de piégeage du CO_2 à la « sortie » des usines. Il faut séparer le CO_2 des autres gaz On sait le faire, mais cela coûte pour l'instant très cher : 80 dollars la tonne pour la séparation (on dit « captage »), 5 dollars la tonne pour l'enfouissement. Les Etats-Unis et la Chine ont des réserves de charbon gigantesques qu'ils exploiteront de toute manière. Steve Chu, secrétaire d'Etat à l'Energie des Etats-Unis, ne l'a pas caché dans un discours récent[1] : « Il faut donc développer la capture et la séquestration du CO_2 à la sortie des usines », a-t-il dit. Et d'annoncer la mise en place d'un centre de recherche sino-américain sur le sujet. L'Europe doit aussi s'engager dans cette compétition scientifique, ne serait-ce que parce que la Pologne, la République tchèque, l'Allemagne ont des réserves importantes de charbon.

Où en est-on aujourd'hui ?

On en est, pour l'instant, au stade des prototypes. On peut (et on va) construire une ou deux centrales électriques à charbon dont on piégera à la sortie le CO_2, qu'on enfouira ensuite dans le sous-sol.

1. *Science*, novembre 2009.

Les écologistes disent déjà que le gaz que vous êtes en train d'accumuler dans le sous-sol va, tôt ou tard, exploser. N'y a-t-il pas là, de fait, un vrai danger ?

Les écologistes sont contre tout. Leur but, c'est la destruction de notre monde, qu'ils abhorrent. Ils sont contre tout ce qui peut permettre de continuer à se développer. Cela dit, il y a plusieurs réponses à cette objection. Je ne veux pas, en effet, adopter la posture des tenants du *global warming* qui refusent d'examiner les autres hypothèses. Il est légitime de se demander comment se comportera un gaz carbonique injecté en profondeur Cela demande réflexion et étude. D'abord, il faut savoir que, compressé, le CO_2 super critique est plus lourd que l'eau, au point que certains envisagent de stocker le CO_2 dans les fonds océaniques. Ensuite, il faut se rappeler qu'il existe dans le sous-sol beaucoup de réserves de gaz naturels qui ne font pas exploser les réservoirs qui les contiennent, et que ces réservoirs de gaz et leur exploitation nous donnent une expertise dans la manipulation des gaz du sous-sol. La technologie vers laquelle on s'oriente, c'est d'injecter le CO_2 dans des aquifères souterrains. Le CO_2 se transforme alors en bicarbonate puis, par réactions avec le calcium des roches, finit par précipiter sous forme de calcaire. Car, à terme, toutes les études ont pour objectif de transformer le CO_2 en calcaire, c'est-à-dire en roches. Le problème ne me paraît donc pas être là, mais dans le prix de la capture. Il est aujourd'hui de 80 dollars la tonne : il faut le faire baisser jusqu'à 10 dollars.

Vous pensez que ce sera un jour possible ?

Quand je vois de combien a chuté le prix du dessalement de l'eau de mer en trente ans, je ne peux qu'être optimiste.

On va développer des matériaux qui, j'en suis convaincu, capteront le CO_2 à des prix raisonnables. Elargissons maintenant le débat, car je veux mettre en lumière tout le potentiel de ce que j'appelle la vraie écologie. Les réserves de pétrole – en y incluant les découvertes toutes récentes faites en Sibérie et au Brésil – nous permettent, au rythme actuel, de tenir encore un siècle. Celles du charbon, un siècle et demi. Celles du gaz également. Une attitude sage vis-à-vis des générations futures consisterait donc à mettre en place une politique de réserves à long terme, en limitant – autan que faire se peut – l'usage des combustibles fossiles.

Avec quel objectif raisonnable en tête ?

A mon avis, on pourrait se fixer comme objectif de garder des réserves pour deux siècles. C'est ambitieux mais ce n'est pas irréaliste. Faisant cela, nous stabiliserions les teneurs en CO_2 de l'atmosphère, et nous conserverions des matières énergétiques pour nos descendants. Dans ces conditions, « la » solution dont personne ne parle, c'est de limiter la production mondiale de pétrole. Comme la demande va augmenter, le prix va, lui aussi, grimper en flèche. La stratégie, c'est de laisser opérer le mécanisme du marché qui, automatiquement, va limiter la demande. On est donc conduit tout naturellement à la conclusion qu'il faut développer de nouvelles sources d'énergie, et limiter l'exploitation des combustibles fossiles. Mais sans panique et en proposant des solutions concrètes. C'est l'imagination qui prend le pouvoir, ce n'est pas la répression.

Quelles nouvelles sources d'énergie ? Votre raisonnement n'est pas, pour l'instant, contradictoire avec celui des écologistes...

Où avez-vous entendu parler, dans ma bouche, de taxes et d'interdictions ? Où les avez-vous entendus parler d'innovation et de progrès technique ? Pour moi, tout cela doit se mettre en place à partir des lois d'un marché équitable sur la base d'une incitation forte des puissances publiques mondiales. Il faut, pour commencer, déblayer et écarter les idées fausses, donc en finir tout de suite avec la priorité à l'éolien. Je suis d'accord avec Valéry Giscard d'Estaing. L'éolien, c'est laid, cela coûte cher, ce n'est pas fiable. Le Grenelle a favorisé l'éolien à l'aide de subventions, dont une partie non négligeable va directement... en Chine, grand producteur et exportateur d'éoliennes. C'est une illusion écologique juteuse pour certains. La première des solutions concerne l'habitat et les locaux industriels qui consomment, rappelons-le, 45 % de notre énergie. La solution tient ici en un triptyque : isolement, géothermie, photovoltaïque (ce dernier coûtant encore trop cher et nécessitant donc un gros effort de recherche).

C'est ce qu'ont souligné les chefs d'Etat africains, en décembre dernier, à Copenhague : « On veut que nous développions nos pays avec du photovoltaïque, mais il coûte trois fois plus cher ! »

C'est donc un objectif de recherche important. Certaines entreprises – comme Schneider ou Saint-Gobain en France – y travaillent déjà d'arrache-pied. Seconde piste : le nucléaire. Bien sûr, il y a des déchets dangereux. Bien sûr, la question des réserves se pose car la technologie actuelle dite « aux neutrons thermiques » n'utilise que 1 % de l'uranium naturel. Il ne faut pas nier ces difficultés, mais il faut les surmonter. Il faut donc passer à la quatrième génération, celle qui utilise les neutrons rapides. Une « génération » qui sera aussi plus propre car beaucoup de déchets radioactifs seront détruits. En plus, sur ce sujet, la France est leader mondial.

Mais les Verts ne veulent pas entendre parler du nucléaire !

Vous pouvez mettre ce refrain en facteur, comme on dit en mathématiques. Les écologistes sont contre tout ce qui apparaît comme une solution à quelque problème que ce soit. Ils sont contre les OGM, contre les nanotechnologies, contre les téléphones mobiles, contre les cellules souches. Désormais, ils sont contre la consommation de viande à cause du méthane dégagé par les vaches. Demain, ils seront contre le poisson car la mer est polluée, puis contre le maïs et le riz car leur culture exige trop d'eau... Nous vivons avec ces écologistes-là – ou plutôt à cause d'eux – le temps de l'écologie dénonciatrice et castratrice. Moi, je défends l'écologie réparatrice et motrice. Les citoyens devront choisir. Isolation, géothermie, photovoltaïque, nucléaire : voilà l'axe des solutions pour demain.

Il y a aussi les voitures, mais le tournant commence à être pris, non ?

Ce n'est que le début du « tournant ». Il va falloir accélérer. Il nous faut des voitures électriques et hybrides, l'électricité étant d'origine nucléaire. Plus tard, on utilisera l'hydrogène qu'on pourra, en attendant, développer pour les bateaux et les camions.

Vous semblez avoir sinon réponse à tout, en tout cas une panoplie de solutions « toutes prêtes »...

Non. Il y a des pistes, et je sais que certaines solutions peuvent être mises en œuvre très vite. Dès lors, le « marché » jouera son rôle, et les prix baisseront. En tout cas, j'ai une certitude : oui, il y a des problèmes, mais l'innovation et la science peuvent trouver des solutions nouvelles et originales, et ces solutions seront les moteurs de la croissance de demain.

Là, vous n'êtes carrément pas en phase avec les écologistes !

J'ai même une vision totalement opposée. Ma logique et leur logique dans la façon d'aborder les problèmes qui se posent à la planète ne sont pas conciliables. Non seulement je ne crois pas que les problèmes que nous rencontrons aujourd'hui sont des obstacles au développement, mais je pense, à l'inverse, qu'ils constituent un terreau d'une extraordinaire fécondité pour la croissance à venir. Nous sommes au seuil d'une nouvelle ère de prospérité pour l'humanité. Je ne crois pas au retour en arrière. Ce qui m'inquiète, c'est que cette dynamique s'enclenche en Asie et en Amérique, pas en Europe.

Mais, en l'état, la croissance démographique, vous l'avez dit, est inquiétante. Jusqu'où allons-nous aller ? Jusqu'où pouvons-nous aller ?

La démographie, c'est un excellent sujet, car ce dossier permet de repérer des clivages idéologiques décisifs. D'abord, il faut savoir que la population du globe ne va pas exploser : elle atteindra un maximum de 8 milliards et demi, pour redescendre ensuite[1].

Qu'est-ce qui vous fait dire cela ?

L'examen attentif des courbes d'évolution démographique des divers pays et du monde. Depuis 1970, il y a une décélération très nette. Lisez le livre de l'un de nos grands démographes, Hervé Le Bras[2]. Il prévoit que la population du monde tendra vers 8 milliards et

1. Voir notre discussion avec D. Jeambar, *Le Défi du monde*, Fayard, 2006.
2. H. Le Bras, *Vie et mort de la population mondiale*, Le Pommier, 2009.

demi. Mais si on développe l'éducation et l'emploi des femmes en Afrique, on peut imaginer une croissance moindre.

La Terre peut-elle nourrir 8 milliards et demi d'habitants ?

Quand on pose cette question, on voit surgir, dans le débat public, des clivages très graves. Jacques-Yves Cousteau n'a-t-il pas déclaré en 1970[1] : « Il faudrait tuer 350 000 personnes par jour. » Il ajoutait cyniquement, odieusement même, quelque temps plus tard : « C'est pourquoi je ne signe jamais les pétitions pour la faim en Afrique, car c'est une bonne chose. » Cet extrémisme, ne vous faites pas d'illusions, est partagé sur le fond – sinon sur la forme – par beaucoup d'Occidentaux. Le grand Claude Lévi-Strauss lui-même s'interrogeait vers la fin de sa vie : « Ne sommes-nous pas trop nombreux ? » Et nous avons évoqué les déclarations du Vert Yves Cochet qui préconisait de réduire la natalité en France. Ce sont des attitude malthusiennes, élitistes et néocolonialistes. Au nom de l'Humanisme, je les combats sans relâche.

A ceux-là – qui avancent masqués ou pas –, vous répondez quoi ?

D'abord, je dis que la planète est capable de nourrir et d'accueillir 8 ou 9 milliards de personnes. La FAO elle-même l'affirme. A condition, bien sûr, de veiller à une meilleure distribution, à une meilleure répartition de la nourriture. Ce qui est en cause, ce ne sont pas les 8 milliards et quelques d'êtres humains, c'est leur « distribution » géographique. Ma seconde réponse, c'est que ce

1. *Le Courrier de l'Unesco* (1970).

n'est pas à nous – citoyens du monde développé, donc globalement riches – de dire aux pays pauvres ou émergents comment ils doivent s'y prendre pour se développer à leur tour. Nous aurons, de toute façon, à gérer de gigantesques problèmes d'immigration qu'il faudra traiter avec humanité, mais sans angélisme. Je le dis donc sans fard : je ne crois pas, à l'inverse des écologistes, que le développement de demain va nous imposer une vie frugale ou ascétique. Oui, notre vie sera différente : plus économe en gaspillage d'énergie, plus organisée vers les recyclages et orientée vers la croissance et la réduction des inégalités par le haut ! Croissance et progrès seront au rendez-vous !

Quels exemples avez-vous en tête ?

Il y en a tant !... Dominique Nora[1], je l'ai citée, a écrit un livre superbe pour montrer comment les Etats-Unis se préparent à cette nouvelle croissance. Mais pour notre survie, c'est au cœur de la vieille Europe que tout va se jouer : ou bien on reste passifs et, à terme, on coule ; ou bien on y croit et on se bat pour cela, et on sera sauvé.

Vous parodiez là – ou peu s'en faut – cette célèbre émission de télévision des années Mitterrand qu'avait présentée Yves Montand, et qui s'appelait « Vive la crise ! »...

Hier comme aujourd'hui, j'ai du mal avec un tel slogan, car les crises engendrent tant de violences, et laissent toujours au bord du chemin les plus pauvres, les plus vulnérables. Je n'abdiquerai jamais mon idéologie dite « de gauche », une gauche qui pourtant n'a pas toujours été exemplaire. Cela dit, sur le plan économique et sur le ter-

1. D. Nora, *op. cit.*.

rain de la croissance, la crise écologique combinée avec la crise financière, c'est, je n'hésite pas à le dire, une opportunité pour défricher ensemble les chemins d'une nouvelle croissance. Une croissance plus respectueuse de la nature, pas uniquement fondée sur les marchés financiers et qui donne plus de chances aux talents, quelle que soit leur origine.

Cela veut dire que, à vos yeux, il faut sinon faire la révolution, au moins changer radicalement de comportement collectif ?

Changer, oui, et cela urge, mais pas en mettant la maison par terre. Je n'aime plus le mot « révolution » ! Nous devons passer d'une société de consommation linéaire – je prends, j'utilise, je jette – à une société du recyclage généralisé. Recyclage de l'eau, des déchets, des matières premières, de la nourriture. Prenons l'exemple des déchets industriels ou domestiques. Leur traitement permet de produire de nouveaux matériaux, ou de nouveaux aménagements. Le recyclage des métaux précieux – platine, or, argent – va devenir un défi pour la chimie, mais aussi une source potentielle de profit. Le recyclage de l'eau des villes va devenir essentiel, surtout pour des villes comme Mexico, Lagos ou même Montpellier ou Poitiers. Globalement, le recyclage va être un nouveau pôle de développement

Mais une société du recyclage, n'est-ce pas une société de la stagnation ?

Nullement, et l'histoire de la Terre en est l'illustration. La Terre n'évolue qu'à travers les cycles géologiques qui recyclent tout : l'eau, les roches, la matière vivante. Partant de là, la Terre n'a jamais cessé d'évoluer et de se diversifier. La société « cyclique » sera une société de croissance, à condition de bien intégrer, dans la nouvelle économie, tous les problèmes écologiques. L'homme saura s'adapter, et il sait le faire, croyez-moi. Son destin, comme toujours, repose sur le savoir, l'invention, le progrès. Bref, pour sauver la planète, tournons le dos aux tentations réactionnaires, sectaires et millénaristes, et croyons en nous-mêmes, en nos capacités, en notre élan. Oui, regardons devant nous, et croyons au progrès !

Mais c'est ce que dit Jean-Louis Borloo !

C'est vrai et c'est bien mais, hélas, il ne met en pratique que partiellement ce qu'il dit. Le « Grenelle de l'Environnement » était une bonne idée, mais le fait de l'avoir organisé en le centrant sur le *global warming* et les thèses du GIEC l'a défiguré.

En quoi ? Il a tout de même marqué les esprits, et donné le coup d'envoi d'un certain nombre d'actions concrètes…

Il n'a pas abordé des questions essentielles comme l'eau, le nucléaire de quatrième génération, la séquestration du CO_2 ou, j'y reviens, les OGM et plus généralement les nouvelles techniques agricoles, la géothermie, la prévention des catastrophes… Ça fait beaucoup d'oublis !

Forcément, les OGM, c'est, pour les écologistes, le chiffon rouge. Or le « Grenelle de l'Environnement » avait pour objectif politique de séduire les Verts !

Pour la réduction du CO_2, c'est raté. Pour le reste, il ne peut y avoir, à mon sens, d'accord politique avec eux que s'ils abandonnent l'idée de décroissance et leur hostilité au nucléaire et aux OGM. Chercher à séduire les Verts, c'est une impasse politique !

Mais pourquoi attachez-vous tant d'importance aux OGM qui suscitent la méfiance et parfois une franche hostilité non seulement des écologistes, mais aussi d'une large partie de la population française ?

Parce que ce sont des éléments essentiels pour l'avenir de la France, et aussi des pays pauvres !... Parlons d'abord de la France. L'agroalimentaire est, pour la France, le second poste de son commerce extérieur. Sur le plan économique, l'agriculture est l'une de nos forces. Or, si on prive l'agriculture française des OGM, on va affaiblir sa compétitivité sur les marchés internationaux. Aujourd'hui, à cause des interdictions, on importe du soja OGM d'Argentine, avec lequel on nourrit nos vaches, mais on interdit à nos agriculteurs d'en cultiver !... Laissons maintenant de côté cet aspect purement économique pour revenir à la dimension purement écologique. Je vous pose la question : voulez-vous des produits alimentaires dont la culture n'utilise ni pesticide ni insecticide ni nitrate ?

A priori, je vous réponds évidemment oui, comme tout le monde le ferait à ma place, y compris les écologistes !

Très bien. Seulement la solution de toutes ces exigences réside, au-delà du mot « OGM », dans les nouvelles techniques d'hybridation. Nous avons à l'INRA d'excellents spécialistes, mais nous nous privons de leur expertise par peur des écologistes. Parlons maintenant du reste du monde, et notamment des pays les plus pauvres. Demain, même si la population mondiale n'explose pas, elle va tout de même passer, en quarante ans, de 6,5 milliards d'êtres humains à 8 milliards. Il faudra les nourrir.

Mais vous avez récusé les thèses malthusiennes, et affirmé que c'était parfaitement possible !

Globalement, oui, mais à condition de s'organiser. L'un des éléments essentiels pour développer l'agriculture, c'est l'eau. Or l'eau va manquer – et manque déjà – dans certaines régions. Lorsqu'on pompe trop l'eau des fleuves, on provoque des désastres comme la mer d'Aral ou des tensions politiques comme pour le partage des eaux de l'Euphrate, du Sénégal ou du Jourdain. Il est donc essentiel d'avoir des cultures qui consomment moins d'eau, et qu'on puisse arroser facilement au goutte-à-goutte. Or on sait aujourd'hui réaliser des plantes OGM qui consomment 50 % moins d'eau que les cultures ordinaires. On sait aussi par symbiose faire assimiler à certaines plantes – comme le soja – l'azote de l'air, supprimant l'usage des engrais. Mais, dans cette économie agricole nouvelle, il faudra aussi exporter vers les pays où il ne « pleut » pas de la nourriture : l'agriculture française et européenne a donc encore un rôle international à jouer. Encore faut-il organiser les mar chés en conséquence.

On dit que beaucoup de pays africains se lancent aujourd'hui dans la culture OGM : l'Afrique du Sud, le Kenya et, pour le coton, le Burkina…

C'est vrai, mais ce ne sont pas les semenciers européens – comme Limagrain ou Bayer – qui en profitent, mais l'omniprésente firme américaine Monsanto. Là encore, il y a un espace de développement où la France aurait pu jouer le rôle numéro un. Je dis numéro un puisque les OGM sont nés en Belgique et en France. Mais je n'en finirais pas de vous détailler tous les chantiers qu'on peut développer demain dans cette nouvelle économie verte.

Vous vous engagerez pour cela ?

De quelle façon ? Je ne sais pas encore. Mais m'engager, oui, à 100 %.

Une sorte de démarche… révolutionnaire ?

En quelque sorte, oui. Car, avec la nouvelle écologie, on va changer de monde et, pour le coup, tous ensemble, le sauver, j'espère. C'est, en tous les cas, mon combat : pour une écologie véritable qui mette l'Homme au cœur de la planète.

Glossaire

CH_4 : C'est la formule chimique du méthane qui est un gaz jouant lui aussi un rôle dans l'effet de serre. Outre les émissions dues à la combustion incomplète de l'essence, le CH_4 est aussi émis par les ruminants.

CO_2 : C'est la formule chimique de la molécule de gaz carbonique qui associe un atome de carbone et deux atomes d'oxygène. Cette molécule est la vedette de tout le livre !

Couche d'ozone : L'ozone de formule chimique O_3 est en somme un oxygène oxydé ! La molécule d'ozone a la propriété d'absorber les rayonnements ultraviolets. Son abondance maximale dans l'atmosphère normale est vers 35 kilomètres.

Deep ecology : Ecologie profonde qui a eu son heure de gloire aux Etats-Unis dans les années 1980. C'était la protection de la Nature dans son intégralité. On a fait des procès aux fabricants de DDT pour défendre les charançons et à des bûcherons pour avoir coupé des arbres ! Lire le livre de Luc

Ferry, *Le Nouvel Ordre écologique*, Grasset.

Effet de serre : Le Soleil éclaire la Terre. Cet éclairage se fait en majorité dans les longueurs d'ondes dites visibles, celles qui impressionnent l'œil. Mais le sol ou l'océan ainsi chauffés émettent à leur tour un rayonnement. Celui-là est invisible, il est dans le domaine d'ondes qu'on appelle l'infrarouge. Or, ce rayonnement infrarouge est en partie arrêté par les molécules de vapeur d'eau, de CO_2 et de CH_4 de l'atmosphère et par les nuages de basse atmosphère. De ce fait, une partie de la chaleur est retenue dans la basse atmosphère. On a comparé cet effet (un peu abusivement) à l'effet du verre à vitre d'une serre de jardinière qui laisse passer les rayons visibles mais arrête les rayons infrarouges réémis par le sol.

Effet papillon : Edward Lorenz a montré que le système de l'atmosphère était si instable qu'une petite perturbation à un instant donné pouvait entraîner des différences très grandes dans la météo qu'il fera dans trois mois au même lieu. Pour frapper les esprits (et en exagérant un peu), on a imaginé qu'un simple vol de papillon suffisait à modifier la météo en un lieu dans trois mois.

El Niño : C'est un phénomène qui périodiquement inverse les courants équatoriaux dans le Pacifique. Cet événement a lieu d'une manière irrégulière avec une pseudo-périodicité allant de deux à sept ans. Lors de cet événement, les courants de surface viennent de l'Ouest Pacifique vers le Pérou et annulent les courants ascendants qui d'habitude ont lieu dans l'océan le long des côtes du Pérou et lui assurent une activité de pêche très intense. El Niño apporte la disette !

Forçage Ce sont les phénomènes qui exercent une influence extérieure sur le système climatique.

Global cooling : C'est une idée développée dans les années 1970 suivant laquelle la température moyenne de la Terre pourrait baisser dans le futur par suite de la pollution de l'atmosphère par les aérosols. Cette idée revient à l'ordre du jour.

Global warming : En anglais, l'expression se traduit par réchauffement global. En pratique, cette expression qualifie l'idée développée par certains suivant laquelle la température moyenne du globe augmenterait sous l'influence des dégagements de CO_2 dus à l'homme.

Gulf Stream : C'est un courant marin de l'Atlantique Nord qui part du golfe du Mexique, remonte le long des côtes américaines, traverse les côtes américaines puis redescend vers le sud le long des côtes européennes.

Ionosphère : Partie supérieure de l'atmosphère où il y a très peu d'atomes et de molécules mais où ils sont ionisés, c'est-à-dire électriquement chargés.

Irradiance solaire · C'est l'énergie totale reçue par la Terre du Soleil.

MIT : Massachusetts Institute of Technology, l'une des plus grandes et prestigieuses universités américaines. Elle est localisée à Cambridge dans la banlieue de Boston.

Nasa : Sigle de National Air and Space Administration. C'est l'équivalent américain du Centre national d'études spatiales (CNES) français.

NOAA : Sigle de National Oceanographic and Atmospheric Administration. C'est pour les Etats-Unis l'équivalant de notre Météo nationale.

p.p.m : Partie par million. C'est équivalent à 1 gramme par tonne.

Rayonnement cosmique galactique : C'est un flux de particules chargées, la plus abondante étant le proton (H+), qui parcourt l'univers avec des énergies du BeV. On pense que leur origine provient des explosions de supernovae. Ce flux de particules serait dévié par les champs magnétiques des étoiles et modulé par le champ magnétique terrestre.

Stratosphère : C'est la couche d'atmosphère qui va en moyenne de 20 à 45 km d'altitude. Cette couche est caractérisée par le fait que lorsqu'on s'élève en altitude, la température augmente (ce qui est l'inverse des deux couches qui l'encadrent).

Subsidence · Mouvement d'affaissement de l'écorce terrestre dû à la masse des roches accumulées à la surface.

Tropopause : C'est une zone de l'atmosphère qui fait transition entre la troposphère et la stratosphère, soit entre 15 et 20 km d'altitude.

Troposphère : C'est l'enveloppe gazeuse qui entoure la Terre jusqu'à 15 km d'altitude en moyenne mais dont l'épaisseur varie avec la géographie.

Annexes

LA CHRONIQUE DE CLAUDE ALLÈGRE

Neiges du Kilimandjaro

Dans la même quinzaine, on a vu les photos spectaculaires de Yann Arthus-Bertrand montrant le Kilimandjaro déplumé, sans ses neiges, et l'on a immédiatement entendu le refrain sur le réchauffement de la planète et lu dans la revue *Science* un important article d'une série d'éminents glaciologues qui montre que, en trente ans, le volume des glaces antarctiques n'a pas varié (1). Tous les spécialistes sont d'accord : si un réchauffement général du globe a lieu, il sera beaucoup plus important près des pôles qu'à l'équateur. Or ces auteurs expliquent qu'en certains endroits du continent Antarctique il y a une destruction massive de la banquise, mais qu'ailleurs il y a épaississement de la glace.

Alors, y a-t-il ou non réchauffement climatique ? L'argument du Kilimandjaro paraît imparable. On le voit, on le touche. Certes, mais les choses ne sont pas si simples. La disparition progressive des neiges du Kilimandjaro est souvent attribuée à des phénomènes locaux, et au premier chef à la désertification de l'Afrique de l'Est. Récemment, dans la revue *Nature*, des chercheurs français ont montré que cette désertification était largement due à des mouvements tectoniques responsables de la remontée progressive du continent africain, modifiant la circulation météo. L'effet de serre n'a aucun rôle majeur là-dedans.

La cause de la modification climatique reste inconnue. Donc, prudence

Après le mois d'août qu'a connu la moitié nord de la France, les Cassandre du réchauffement auront du pain sur la planche pour faire avaler leurs certitudes à nos compatriotes. Il y a sans doute un changement climatique, mais ce dernier est caractérisé plus par de brusques fluctuations, à la fois dans l'espace et dans le temps (la canicule ou l'« été pourri » en sont des exemples, comme les tornades extrêmes ou l'augmentation des inondations), que par un réchauffement général. La cause de cette modification climatique est inconnue. Est-ce l'homme ? Est-ce la nature ?

Les archives glaciaires ou historiques nous indiquent que le climat est un phénomène capricieux. Les théories météorologiques mathématiques le confirment. Donc, prudence. Mais la dénonciation de la responsabilité de l'homme quant au réchauffement de la planète permet de ne rien faire (les effets des mesures préconisées ne se feront sentir que dans un demi-siècle !). En revanche, la lutte contre les théorèmes extrêmes peut être menée avec des résultats ! Toutefois, comme ce n'est pas à la mode, on reste passif. En attendant, l'écologie de l'impuissance protestataire est devenue un business très lucratif pour quelques-uns ! **allegre.express@ipgp.jussieu.fr**

(1) A. Monaghan *et al.*, *Science*, vol. 313, 11 août 2006

LA CHRONIQUE DE CLAUDE ALLÈGRE

Climat : la prévention, oui, la peur, non

Ma chronique sur le « réchauffement climatique » ayant suscité trois ou quatre réactions d'une violence hors de propos, je me dois de mettre les points sur les i.

Il me semble y avoir effectivement une modification climatique comme on en connaît dans l'histoire des hommes ou l'histoire géologique. L'idée la plus généralement admise postule que ce changement consiste principalement en un réchauffement global et qu'il serait causé par le gaz carbonique (CO_2) émis par l'homme suivant le phénomène physique dit de l'effet de serre. Je fais partie des membres de la communauté scientifique, certes aujourd'hui très minoritaires, qui contestent cette interprétation, la trouvant simpliste et occultant les dangers véritables.

Nous ne nions nullement le changement climatique, mais nous considérons que le réchauffement global n'est pas le phénomène essentiel. Si la température augmente de 1 ou 2 °C par siècle et que le niveau de la mer augmente de 25 centimètres, cela ne nous paraît pas catastrophique. Nous pensons, pour notre part, que le phénomène essentiel est l'augmentation de la fréquence des phénomènes extrêmes : canicule ou hiver russe, fortes pluies avec inondations et sécheresse avec manque d'eau potable, tornades violentes et fréquentes. Le tout avec des répartitions géographiques apparemment aléatoires.

La seconde question est celle de l'influence du CO_2. L'augmentation des teneurs en CO_2 dans l'atmosphère est un fait d'observation et l'homme en est très certainement responsable. A terme, cette augmentation deviendra sans nul doute une pollution néfaste, mais son rôle exact sur le climat est moins clair. Divers paramètres nous paraissent plus importants que le CO_2. Ainsi, le cycle de l'eau et la formation de divers types de nuages, avec les effets complexes des poussières industrielles ou agricoles. Ou bien les fluctuations de l'intensité du rayonnement solaire à l'échelle du siècle et de l'année, qui semblent mieux corrélés avec les effets thermiques que les variations de teneur en CO_2.

En réponse à mes détracteurs, je me dois de mettre les points sur les i : je ne nie nullement le changement climatique, mais je considère que le réchauffement global n'est pas le phénomène essentiel

Enfin, les effets observés sont, à nos yeux, différents dans l'hémisphère Sud et dans l'hémisphère Nord, où la disparition de la calotte glaciaire du Groenland paraît incontestable, au contraire de l'Antarctique. Troisième point de désaccord, nous pensons qu'il est impossible de prévoir à long terme l'évolution du climat, car il dépend de la logique des phénomènes chaotiques, comme l'a montré Edward Lorenz. Ce que confirment l'observation paléoclimatique – avec l'occurrence des événements imprévisibles qu'on appelle les Dryas ou les événements de Heinrich – et encore plus les études historiques comme celle de Le Roy Ladurie, qui relève l'existence de phénomènes de canicule mortelle au XVIIIe siècle, lors du Petit Age glaciaire.

Mais ce qui me distingue des fanatiques de l'effet de serre, c'est que leurs proclamations consistent à dénoncer le rôle de l'homme sur le climat sans rien faire pour combattre ce danger, si ce n'est organiser des colloques et préparer des protocoles qui restent lettre morte. C'est l'attitude de l'écologie dénonciatrice. Je me situe clairement dans l'écologie réparatrice. Celle qui propose des solutions concrètes pour préserver notre planète. Dans le cas présent, en aménageant le territoire pour la préservation de l'eau et la prévention contre les cyclones, en défendant l'idée des voitures hybrides ou électriques dans les villes et les recherches sur la séquestration du CO_2.

Enfin, je rappelle à ceux qui ne le sauraient pas que j'ai écrit deux livres, en 1990 et en 1993, sur l'écologie, que j'ai été à la pointe du combat contre les dangers du plomb atmosphérique, que j'ai soutenu les recherches sur la couche d'ozone et l'effet des CFC et que, bien que partisan de l'énergie nucléaire pour préserver le pétrole, je me suis opposé à l'enfouissement profond des déchets radioactifs ! Ce qui me distingue de certains, c'est que je crois en la capacité de l'homme à résoudre les défis, à condition de ne pas se tromper sur l'origine du danger ! Ce dont je rêve, c'est que l'écologie soit le moteur du développement économique et non un obstacle créateur de peurs. ●

allegre.express@ipgp.jussieu.fr

Lire aussi Repères lecteurs, page 42

Pour aller plus loin

Allègre, C., *Ma vérité sur la planète*, Plon-Fayard.
Allègre, C., *Economiser la planète*, Fayard.
Anger, V., *La Dernière Croisade, polémiques sur l'écolomania*, L'Arganier.
Bélouve, J. M., *La Servitude climatique*, M. Bénard éditeur.
Bigg, G., *The Oceans and Climate*, Cambridge Univ. Press.
Bridgman, H. et Oliver, J., *The Global Climate System*, Cambridge Univ. Press.
Brooker, C., *The Real Global Warming Disaster*, Continuum Publishing Corporation.
Bryant, E., *Climate Process and Change*, Cambridge Univ. Press.
Burroughs, W. J., *Climate Change*, Cambridge Univ. Press.
Cabrol, L., *Climat : et si la Terre s'en sortait toute seule ?*, Le Cherche Midi.
Chalon, J.-P., *Combien pèse un nuage ?*, EDP Sciences.
Courtillot, V., *Nouveau Voyage au centre de la Terre*, Odile Jacob.
De Gennes, P.-G., *Les Objets fragiles*, Plon.
Duplessy, J.-C. et Morel, P., *Gros Temps sur la planète*, Odile Jacob.
Dyson, F., *La Vie dans l'Univers*, Gallimard.
Fellous, J.-L. et Gauthier, C., *Comprendre le changement climatique*, Odile Jacob.
Ferry, L., *Le Nouvel Ordre écologique*, Grasset.
Galam, S., *Les scientifiques ont perdu le nord*, Plon.
Gerondeau, C., *CO_2 : un mythe planétaire*, éd. du Toucan.

Gleick, J., *Chaos*, Penguin.
Hartmann, D., *Global Physical Climatology*, Academic Press.
Jacob, D., *Introduction to Atmospheric Chemistry*, Princeton Univ. Press.
Jouzel, J., Lorius, C., Raynaud, D., *Planète blanche*, Odile Jacob.
Kump, L., Kasting, J., et Crane, R., *The Earth System*, Prentice Hall.
Lauwson, N., *An Appeal to Reason*, The Overlook Press.
H. Le Bras, *Vie et mort de la population mondiale*, Le Pommier.
Le Roy Ladurie, E., *Abrégé d'histoire du climat*, Fayard.
Le Treut, H., *Nouveau Climat sur la Terre*, Flammarion.
Legendre, A., *L'Homme est-il responsable du réchauffement climatique ?*, EDP Sciences.
Lenoir, Y., *Climat de panique*, Favre.
Lenoir, Y., *La Vérité sur l'effet de serre*, La Découverte.
Lomborg, B., *Cool it*, Random House.
Mandelbrot, B., *Les Fractales*, Flammarion.
Nordhaus, W., *A Question of Balance*, Yale Univ. Press.
Pilkey, O. et Pilkey-Jarvis, L., *Useless Arithmetic : Why Environmental Scientists Can't Predict the Future*, Columbia Univ. Press.
Plimer, I., *Heaven and Earth*, Taylor.
Schmittner, A., Chiang, J., Hemming, S., *Ocean Circulation,* AGU Monograph.
Singer, F., Avery, D. T., *Unstoppable Global Warming*, Rowman et Littlefield.
Thomas-Bourgneuf, M., Mollo, P., *L'Enjeu plancton*, éd. Charles Léopold Mayer.
Zedillo, E., *Global Warming : Looking Beyond Kyoto*, Brooking Institution Press.

Table

Composition et mise en page

NORD COMPO
multimédia

Cet ouvrage a été imprimé en France
par CPI Bussière
à Saint-Amand-Montrond (Cher)
pour le compte des Éditions Plon
en avril 2010

N° d'édition : 20985/13. – N° d'impression : 101104/1.
Dépôt légal : février 2010.